BODYWEIGHT STRENGTH TRAINING ANATOMY

Human Kinetics
Website: www.HumanKinetics.com

Acquisitions Editor: Tom Heine; Developmental Editor: Cynthia McEntire; Assistant Editor: Elizabeth Evans;Copyeditor: Annette Pierce;Graphic Designer: Fred Starbird;Graphic Artist: Kim McFarland;Cover Designer: Keith Blomberg;Photographer(for cover and interior illustration references): Neil Bernstein; Visual Production Assistant: Joyce Brumfield; Art Manager: Kelly Hendren; Associate Art Manager: ALan L. Wilborn; Illustrator(cover and interior): Jen Gibas

自重筋力トレーニング アナトミィ

ブレット・コントレラス 著
東出 顕子 訳

目次

本書の目的と使い方

あなたがこの本を読んでいるということは、自重トレーニングで筋力をつけ、健康になる方法に関心があると言って間違いないと思う。すばらしい！　ぴったりの本を選びましたね。

この20年、私は筋力トレーニングを3日と休んだことがない。膨大な数の立派なジムやスタジオや施設でのトレーニングが主だが、自宅やアパート、ホテルの部屋にあるもので間に合わせなければならないこともたびたびあった。15歳で初めてウェイトを使ったトレーニングを開始したとき、私は自分のしていることがわかっていなかった。ほとんどのエクササイズにぎこちなさや違和感や不調和を感じたことを覚えている。実を言うと、多関節エクササイズのほとんどを避けていた。アイソレーション（単関節）エクササイズのようには効いている気がしなかったからだ。今思えば、私は痩せこけて虚弱であり、コアの安定、片脚の安定、運動制御のレベルが極端に劣っていた。計画も立てず、これといった目的もなしにさまよい歩いていたにすぎず、いきあたりばったりに次から次へとエクササイズに手をつけていたのだ。

当初、私はプッシュアップができなかったから、わざわざやろうとはしなかった。それどころか、チンアップ、ディップ、インバーテッド・ロウもできなかった。当時、自重のフル・スクワットをやっていたら、背中は丸まり、膝が崩れ落ちていた（メルティング・キャンドル症候群）のではないかと思う。私の殿筋はあまりにも弱かったし、正しいフォームの知識も皆無だったから。自重のチンアップやディップができるようになるまでに5年もかかってしまった。

私はこれまで20年を費やして筋力やコンディショニングに関連する人体のことを可能なかぎり勉強してきた。今知っていることを当時知っていたなら、正しい漸進的なエクササイズ体系やサンプルプログラムに従って数年は早く成果を出せていただろう。敢えて言えば、フォームやエクササイズの漸進性の原則やプログラム設計を正しく理解していたなら、トレーニング開始1年目にチンアップやディップをできていただろう。過去に戻って、若く、混乱していた（が、決意だけはあった）自分に教えてやりたいくらいだ。今の自分がかつての自分をコーチできたならと思う。

時は流れて20年後。私はすこぶる快調、関節の健康は抜群に良好、筋力レベルが格段に向上し、筋肉制御もすぐれている。今は自分の体重とありきたりの家庭の家具だけを使って申し分のないトレーニングを実践できる。カウチに背中をもたれさせて殿筋を鍛え、テーブルや椅子にしがみついて背中や脚を鍛える。胸、肩、脚、コアのトレーニングには地面（床）さえあれば事足りる。

筋力トレーニングをする人は誰しも、フリーウェイトなどのトレーニング法に進む前に自重を抵抗として使いこなせるようになるべきだと私は思う。自重エクササイズは先々トレーニングを成功させるための土台となるが、正しく実行するには可動性、安定性、運動制御の精密な融合が要求される。上達し、筋力がつくにつれて、自重トレーニングで自分を追い込んでいき、持続的に筋肉に負荷を与え、運動能力を高めることができる。しかし、そこに到達するには、まず自重エクササイズを学び、ロードマップを持たなければならない。

本書は、次のような人を対象にしている。

- 自重トレーニングの基本を学ぶ必要のある初心者。プッシュアップやスクワットは誰でも知っているが、ヒップ・スラストやRKCプランク、インバーテッド・ロウは誰でも知っているわけではない。これらのエクササイズは、すべての筋トレファンがルーチンのメインにすべきものだ。

- シェイプアップしたいがジムに行きたくない人。あなたがこれに当てはまるなら、ご安心を。どこにいようと常に充実したトレーニングを受けられるようになる。

- 健康のために運動したいが家を空けることの多い人。自宅で高価な筋力トレーニング器具を使えることは確かにすばらしいが、しょっちゅう出張や旅行に出かけている人にとって、筋力トレーニング器具を買い揃えることは、必ずしも現実的ではない。

- すべての筋トレファン。週末にスポーツに打ち込む人、アスリート、ウェイトリフター、コーチ、トレーナー、療法士、いずれにせよ、フィットネスに関わることをしている人なら、自重トレーニングを理解しておく必要がある。機能的筋力を高めるとか、筋肉をつける、あるいは脂肪を落とす、姿勢改善など、フィットネスの具体的な目標がある場合、自重トレーニングは目標達成の助けになる。

ここで本書の構成について触れておこう。第１章では自重トレーニングを紹介する。第２章から第９章では、機能解剖学とそれがスポーツや美容において果たす役割について述べ、腕、首と肩、胸、コア、背中、大腿、殿筋、ふくらはぎと筋群ごとにベストな自重エクササイズを解説する。第10章では全身エクササイズを取り上げ、その目的について説明する。最後に、最も重要な章、第11章でプログラム設計の基本を伝授し、いくつかのサンプルプログラムを提示する。本書は約150種のエクササイズの図版、ステップ説明、解説を特長としており、筋力がつくにつれて、難易度の低いエクササイズバリエーションから高いものへと進んでいけるようになっている。各エクササイズの難易度の目安として、次のマークをつけてある。

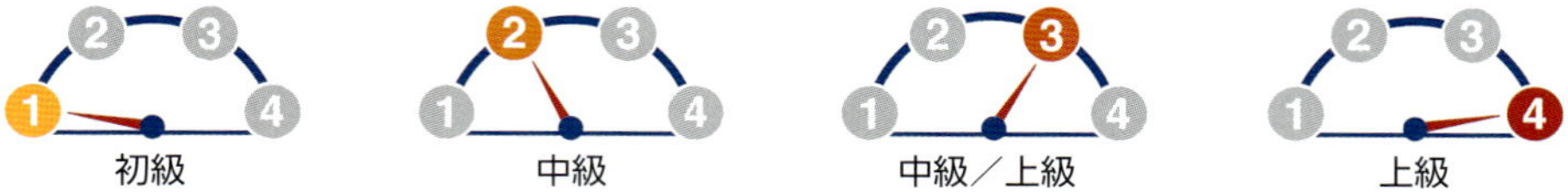

本書ならではの詳細な図版は、エクササイズ中にストレスのかかる筋群と筋肉の部分を特定するときに役に立つ。研究によれば、ある筋肉の特定の部位をターゲットにすることは可能だが、そうするにはトレーニング中にその筋肉を意識して該当部位をターゲットにすることが欠かせない。各エクササイズの主動筋と補助筋は、エクササイズに添えた解剖学的イラスト中で色分けして示されているから、マインド—マッスルコネクション（心と筋肉のつながり）発達の一助となるだろう。

本書を読めば、人体内部の筋群について正しく理解し、それぞれの運動パターンと筋肉をトレーニングする多数のエクササイズを把握できる。将来の上達にとって重要な自重エクササイズの正しいやり方もわかる。どこから始め、どう進んでいけばいいか理解できるから、適切な柔軟性と筋力をつけて、停滞せずに少しずつ進歩していける。コアの安定と殿筋の強さが基本的な運動に果たす重要な役割、そして自分の独自性や好みに基づいて効果的なプログラムを設計する方法も理解できる。最終的には、筋力トレーニングの最も簡便な形態、自重トレーニングに対するあなたの評価が劇的に高まるはずだ。

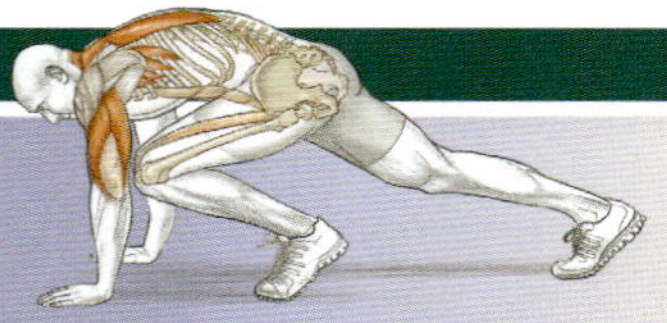

第1章

自重に挑む

自分の体重を利用したトレーニングに関する本はこれまで数えきれないほど書かれてきた。そのほとんどは、自重トレーニングに共通するエクササイズを包括的に概説している。しかし、エクササイズがたくさん収録されていればよいというものではない。達成される結果はさまざまな要因に左右される。そうなると重要なのは、最適なエクササイズバリエーションを実行し、バランスのとれたルーチンを守ることだ。

私は20年間レジスタンストレーニングをつづけてきたが、ここ10年はストレングス&コンディショニングの世界を探求している。世界最高レベルのコーチや生体力学（バイオメカニクス）研究者、理学療法士、研究者から多くのことを学んできた。だから経験から言えるのは、長く仕事をしてきた専門家ならば、プログラムを一目見ただけでプログラムが効率的かどうか、最良の結果をもたらすかどうかすぐにわかるということだ。

プログラム設計にかけては、私は誰よりもストレングスコーチを信頼している。ストレングスコーチは担当するアスリートの筋力、パワー、コンディショニングを最高のものにすることに強い関心があるだけでなく、関節の健康と寿命という重要な問題を考慮しなければならない。彼らの仕事は、機能障害を予防しながら進歩を確実にする健全なプログラムをまとめあげることなのだ。

プッシュとプル

自重トレーニングはプル（引く）よりもプッシュ（押す）に大きく偏っていると理解しておくことが大切だ。重力のおかげで、押すトレーニングをしっかりやりたければ、体を地面（床）のほうに沈めてから、押し上げるだけでいい。スクワット、ランジ、プッシュアップ、ハンドスタンド・プッシュアップ（逆立ち腕立て伏せ）を考えてみよう。これらは、すぐれた押す運動であり、絶対にやるべきだ。だが、引く運動はどうすれば？　地面はつかめないから体をどこにも引っ張れない。

プル系の自重エクササイズには、懸垂バーかサスペンションシステム、何も器具がなければ頑丈な家具が必要になる。家具の周囲で体を操作すれば、引っ張る筋肉を強化できる。引っ張る筋肉は、体に構造的バランスを与え、押す運動による姿勢順応を打ち消す働きをする。

私がこれまで目にしてきた自宅用の自重プログラムのほぼすべてが、現に押す運動に偏っている。こうしたプッシュ系エクササイズの効果は高いが、そればかりに偏らず、エクササイズの順序にも、引く運動のエクササイズ数、セット数、レップ（反復）数にも同等の注意を払ったプログラムにしなければならない。さ

懸垂バーとサスペンションシステム

がっしりしたドアや梁《はり》やテーブルではなく、専用の懸垂バーやサスペンションシステムを使ってプルアップやロウのバリエーションを行うほうがやりやすい人もいるだろう。懸垂バーやインバーテッド・ロウ用ステーションを自作するか、購入することを検討しよう。最近は、アイアン・ジム(Iron Gym)やTRX*など、ドア枠の上に簡単に取り付けられるモデルが豊富に市販されている。こういうものがあれば、握り方を変えて、より自然な動きで運動できる。

もないと構造的なアンバランスが生じてしまう。大腿四頭筋優位と膝痛、猫背と肩痛、骨盤の前傾と腰痛は、うまく設計されていないプログラムに従った場合に起こり得る弊害の一部にすぎない。

私が本書の執筆に挑戦した理由は2つある。第1に、適切なエクササイズ選定とバランスのとれたプログラム設計に重点を置いた質の高い自重トレーニング本がトレーニング業界で切実に必要とされていたから。第2に、私自身が自重トレーニングに熱中しているから。体の後面の筋肉を鍛える自重エクササイズを私ほど考えてきた人間はほかにいないと思う。前述の通り、体の前面の筋肉は押す筋肉だから自重トレーニングで鍛えるのはたやすいことだ。しかし、アスリートらしい強健な人になるには、体の後面の筋肉も強くなければならない。そして、この後面の筋肉を鍛えるプル系の自重エクササイズはそう単純ではない。創造力が要求されるのだ。

自重のメリット

自宅という便利な場所で効率的にトレーニングできるなら、ほとんどの人がそれに越したことはないと思うだろう。フィットネスに熱心な人たちは、たいていジムの会員であり、筋肉を鍛えるのにマシンやフリーウェイトに頼るのがあたりまえになっている。あらゆる種類の抵抗を利用することを大いに支持している私だが、自重トレーニングは間違いなく最も簡便な種類の抵抗だ。必要なのは自分の体だけ、器具や設備がないからできないということもなければ、スポッター(補助者)も必要ない。つまり、自分の体をバーベルとして使いこなせるようになれば、いつでも立派なトレーニングができるようになるというわけだ。革新的な自重トレーニングによって筋力、パワー、バランス、持久力の面で身体機能が著しく増進するのはもちろん、最近の研究によれば、レジスタンストレーニングはストレッチと同等か、それ以上に柔軟性を高めることもわかっている。

私はあらゆる種類のアスリートのトレーニングを観察するのが好きだ。ストレングスコーチとして、数え切れないほどのアスリートがウェイトを上げるところを見てきた。私にとって筋肉のコントロールの点で常に抜きん出ているのは2種類のアスリート、体操選手とボディビルダーだ。畏敬の念をもって、体操選手が吊り輪や鞍馬で体を正確に操るところを私は注視する。ボディビルダーが全神経を集中し抵抗に逆らって筋肉を収縮させるところも注視する。自重を利用してトレーニングする場合、こうしたアスリートから

*Iron Gymは懸垂バー、TRXは米軍で開発されたサスペンショントレーニングシステム。どちらも日本でも販売されている。

学び、マインド――マッスルコネクション（心と筋肉のつながり）を大いに発達させることが必要だ。そうすれば、どこに行こうとも、すばらしいトレーニングを成し遂げられるようになる。

本書で私が伝えたいことは、ベストな自重エクササイズ、ならびにそれらを組み立ててあなたのフィットネスの目標に合致したまとまりのあるプログラムをつくる最も効果的な方法だ。難易度の低いバリエーションから最も複雑で高度な自重エクササイズまで上達していく術が学べるだろう。腹筋や殿筋を使って体幹を所定の姿勢に固定し、頑強な支柱としながら四肢を動かせるようにもなる。ぜい肉のない、しなやかで、アスリートらしい体が手に入る。プッシュアップやプルアップにおじけづくこともなくなるし、殿筋がかつてないほど機能するようになる。さらに、このプログラムから得た自信が生活全般を輝かせてくれるはずだ。

休暇に出かけても、トレーニングの質が普段より落ちる心配はもうなくなる。ホテルの部屋という快適な環境で効果的なトレーニングを行えるようになるからだ。バーベルもダンベルもエクササイズバンドも不要だとわかるだろう。自重トレーニングの生体力学について確かな知識があれば、重い抵抗でトレーニングしたのとまったく同じ負荷を筋肉にかけられるようになる。

さらによいことに、トレーニングの質を犠牲にせずに高いジムの会費を節約できる。浮いたお金を食費に回して今までよりヘルシーな食事を心がければ、トレーニングの成果が一段と上がると実感できるだろう。快適な自宅にいながらにしていいことずくめ！

最近こういう質問をされた――自重エクササイズだけであなたの筋肉と健康を維持できると思いますか？　迷いなく「はい」と答えた。上達して難易度の高いバリエーションをこなすにつれ、さまざまなエクササイズのレップ数が増えるにつれ、絶えず神経筋系に挑むことになる。体は、より多くのタンパク質を合成し、より多くの筋肉組織を形成することによって反応する。要するに、体はより大きなエンジンをつくることで適応するのだ。最近の研究でレップ数を多くすると強い筋肉増強刺激を与えられることが明らかになった。ほとんどの専門家が想像していたよりも強い刺激なのだそうだ。あなたが自重の挑戦を受けて立ち、自分の体をうまく使って世界に通用するレベルのトレーニングを実践する方法を学ぶ決心をしてくれて嬉しい。もうジムの奴隷にはならないと決心してくれたことが嬉しい。今や世界中があなたのジムであり、あなた自身が抵抗なのだ。

安全第一！

一般的な家具を利用したエクササイズ法をたくさん紹介するが、椅子がすべったり、ドアが蝶番《ちょうつがい》からはずれたりしてケガをしてもらいたくない。懸垂バーやウェイトベンチなど、標準的なフィットネス器具も現実的な選択肢だということを忘れないでほしい。それでも家具を利用することを選ぶなら、トレーニングに利用する家具はどれもしっかりした、安定性のある、頑丈なものでなければならないことを強調しておく。家具を壁にくっつけて置くとか、しっかりしたラグの上に置くとかすれば、家具があちこちにずれるのを防げる。開いたドアの下に本を差し込めば、よりしっかりした支えになる。すべったり、落ちたりする危険があるなら、カーペットや芝生など、やわらかいものの上でエクササイズをする。1、2回安全かどうかテストしてから本番のトレーニングにとりかかろう。セットしたものがアンバランスだったり不安定だったりするようなら、別のエクササイズに切り替えるか、もっと安全な代用品を探すこと。

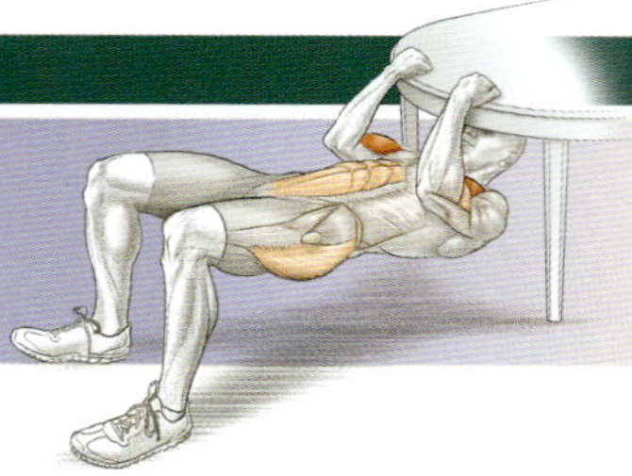

第2章

腕

筋力トレーニングを始めたばかりの10代の少年に話かければ、おそらく真っ先に聞かれるのは腕のトレーニングのことだ。男にとって、体のどこをたくましくしたいかといえば、何はともあれ上腕二頭筋・三頭筋だろう。それもそのはず、体のなかで最も露出度の高い大きな筋肉なのだから。胴体や脚はほとんどがシャツ、パンツ、短パン、ソックスなどで隠れてしまうが、腕はたいてい包み隠さず、誰にでも丸見えになっている。

常々、数え切れないほどの男が鏡を前に両腕で力こぶをつくるポーズをとっているはずだから、男性諸君は世界中のバスルームで、腕というよりも、収縮した筋肉の盛り上がりを見つけようと四苦八苦する。ひょろひょろした腕の持ち主なら、シャツの袖を筋肉で充填するためなら何でもする。上腕二頭筋ばかりが栄誉に浴しているようだが、腕の見た目を格好よくするには、腕の後面の三頭筋も正しく鍛えることが欠かせない。

腕のエクササイズは男だけのものではない。女性陣にとっても重要だ。ファーストレディ、ミシェル・オバマの筋肉の発達した、ひきしまった腕は「なりたい腕」としてメディアにもてはやされた。ストラップレスドレスをひけらかすつもりのもうすぐ花嫁になる人や花嫁の付添人になる人に聞いてみるといい。筋肉のくっきりした腕が羨望の的だとわかるから。多くの女性は、特に上腕三頭筋のたるみを気にしており、三頭筋を鍛えるエクササイズで筋肉を発達させて、その部分をひきしめようとする。

腕の筋肉

腕の筋肉を鍛えるベストな方法をよく理解するために、まずは基本的な解剖学を押さえておこう。上腕の前面には肘の屈筋がある。肘の屈曲とは、腕を曲げて手首を肩のほうに動かすことである。主要な肘の屈筋は上腕二頭筋であり、これは実際には長頭と短頭の二頭から成り立つ（図2.1）。ほかに知っておくべき肘の屈筋は上腕筋と腕橈骨筋である。これら肘の屈筋は、肘の屈曲エクササイズがどう行われるかによって、さまざまな度合いで運動を担う。一般に、上腕二頭筋は回外グリップ（手のひら上、逆手）で、腕橈骨筋はニュートラルグリップ（手のひら向かい合わせ）で、上腕筋は回内グリップ（手のひら下、順手）で最も活動する。そうなるのは、ポジションと運動範囲に応じて、それぞれの筋肉のてこの作用が働くからだ。

上腕の後面には肘の伸筋がある。肘の伸展とは、肩から手首までが一直線になるように腕を伸ばして

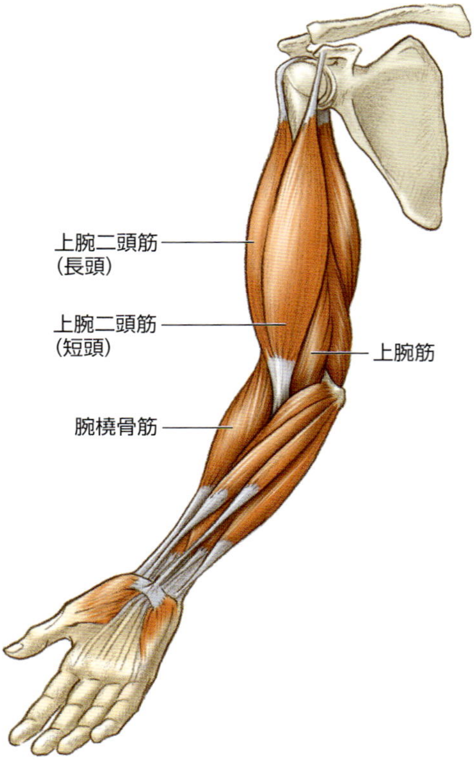

図2-1　上腕二頭筋、上腕筋、腕橈骨筋

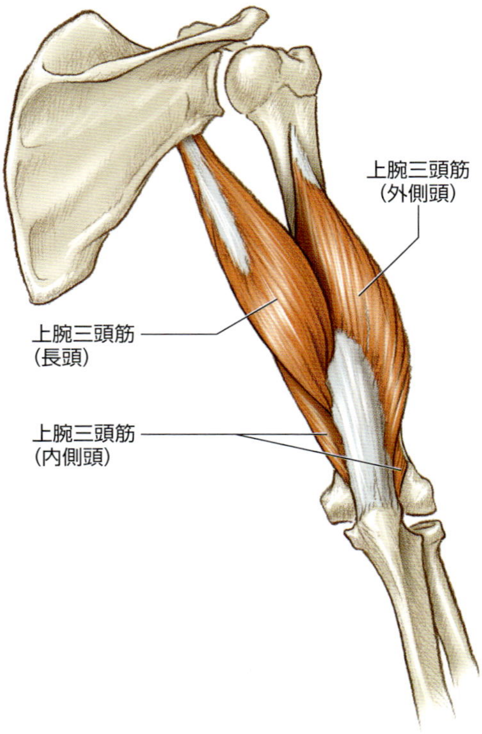

図2-2　上腕三頭筋

手首を肩から遠ざけることである。主要な肘の伸筋は上腕三頭筋であり、これは長頭、内側頭、外側頭の三頭から成り立つ(図2.2)。

腕はさまざまな運動競技で重要な役割を果たす。野球のバットやゴルフクラブを振るとき、アメリカンフットボールのスティッフアーム(腕を突き出して敵を押しのける)のとき、バレーボールでスパイクを打つとき、野球やアメリカンフットボールでボールを頭上に投げるとき、肘の伸筋が強く収縮する。バスケットボールのチェストパス、ボクシングのジャブや右クロス、陸上競技の砲丸投げでも肘の伸筋が大いに使われる。

テニスでラケットを振るときやボクシングのフックでは、肘の屈筋がエネルギーを移動させる。総合格闘技でクリンチ(相手に組みつく)するとき、腕への関節技を試みたり、それをかわしたりするとき、アメリカンフットボールで敵にタックルするとき、ロッククライミングで体を引き上げるとき、どれも肘の屈筋が頼りだ。さらに、肘の屈筋は、ストロングマン大会やボート競技において体の前で重い物体を運び出す動作をするときにも使われる。

腕のエクササイズ

腕は、1度に2つ以上の関節の運動が関与する上半身運動のときにしっかり使われる。プルアップとロウなら、どんな種類でも十分に肘の屈筋を使うし、プッシュアップとディップなら、どんな種類でも十分に肘の伸筋を使う。だから、胸、肩、背中をトレーニングすれば、必ず腕もトレーニングすることになる。

多関節運動中の腕の筋肉の動員は自重トレーニングの観点から特に重要である。フリーウェイトやケーブルを使うなら、腕の筋肉をアイソレート（分離）して鍛えるのは簡単だ。重さのある道具を握って、肘を曲げるか、伸ばすかするだけでいい。しかし、体をバーベルとして使おうとすると、事はもっと複雑になる。肘関節を軸に体を操作するのは難しい。単関節運動で腕を鍛えようとするのが悪いと言っているわけではないが、総合的な筋出力（筋力の発揮）に関しては多関節運動が最も効率的だと理解しておくことがきわめて重要だ。

腕のエクササイズをするときは、目的の筋肉をしっかり絞ることを意識し、ほかの筋肉で代用しないように注意しよう。アーノルド・シュワルツェネッガーは、ハードな肘の屈曲エクササイズをする前に、上腕二頭筋が山のごとく大きくなるところをイメージしたという。望ましい動きにするために腕の筋肉が収縮するのを感じることに集中しよう。これをボディビルダーはマインド—マッスルコネクション（心と筋肉のつながり）と呼ぶ。この神経筋回路が十分に発達するまでには時間がかかる。スポーツや身体機能が目的のトレーニングは動きのトレーニングを重視し、体形や美容が目的のトレーニングは筋肉のトレーニングを重視する。よって、腕のトレーニングは抵抗に逆らって筋肉を収縮させることだと考えてほしい。そうすれば、目的の筋肉に最大限のストレスをかけやすくなる。

前腕については、確かに腕の一部ではあるが、背中の筋肉をトレーニングする場合のプルアップやロウなど、握る運動で鍛えることになる（第6章参照）。

Triceps Extension

トライセプス・エクステンション（上腕三頭筋の伸展）

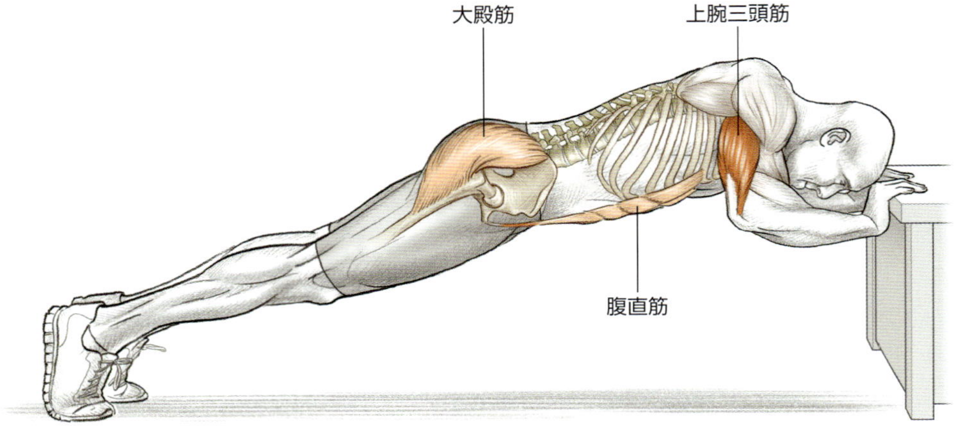

安全のヒント 安定した頑丈なテーブルや椅子を選ぶ。

エクササイズ・ステップ

1. テーブルか椅子の座面の縁に両手をつき、適切な位置までバックする。
2. 脚と腕を伸ばし、つま先に体重をかけ、腹筋と殿筋を引き締めて体を一直線に保ちながら、肘を曲げて体を下げる。
3. 上腕三頭筋を使って体を押し上げ、肘を伸ばす。

動員される筋肉

主動筋：上腕三頭筋

補助筋：腹直筋、大殿筋

エクササイズ・メモ

トライセプス・エクステンションは、上腕三頭筋が厳密にターゲットになる稀なエクササイズの1つである。それは、ほぼ肘の伸展だけで肘関節を中心に体が回転するからだ。しっかり接地し、腹筋と殿筋を絞ってぶれない姿勢をとり、頭からつま先まで一直線にそろえておこう。この姿勢を最後まで崩してはいけない。腰が落ちてこの姿勢が崩れると、正しい運動にならないばかりか、下背部を痛めるリスクがある。また、肩関節をあまり動かさないようにして、できるだけ肘関節を軸に動くようにする。三頭筋を使って体を上下させること。

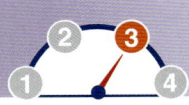

このエクササイズは、椅子やテーブルの高さを調整することで難易度を変えられる。易しくするには、高めの椅子やテーブルを使う。逆に難しくするには、低めの椅子やテーブルを使う。

バリエーション

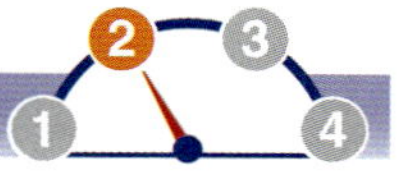

Short-Lever Triceps Extension
ショートレバー・トライセプス・エクステンション

このエクササイズがきつい人は、膝をついてレバー（てこ）を短くしてもよい。膝をつくと、持ち上げる体重の割合が減る。このバリエーションには頑丈な椅子かコーヒーテーブルを使う。普通のテーブルでは高すぎる。

Short-Lever Inverted Curl

ショートレバー・インバーテッド・カール
(てこを短くした反転カール)

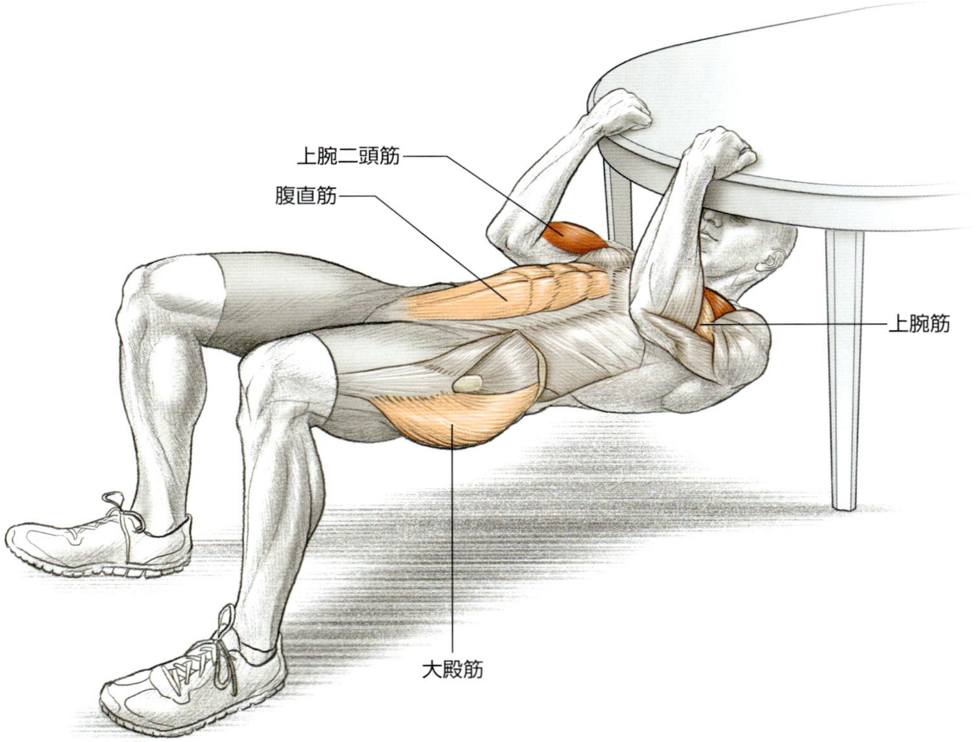

安全のヒント 頑丈なテーブルや椅子を選ぶ。カーペットなどソフトな面の上でエクササイズを行う。

エクササイズ・ステップ

1. 仰向けになり、頑丈なテーブルか高い椅子の下で位置につき、回外グリップ(逆手)で家具の外縁をつかむ。
2. 体幹と脚を一直線に、首はニュートラルポジションにし、膝を直角に曲げて、踵に体重をかけ、腹筋と殿筋を引き締めながら、肘を曲げて体を引き上げる(首がニュートラルポジションなら、頭と首は自然な位置にある。顎を引いたり、頭を後ろに傾けたりしない)。
3. コントロールしながら体を下げてスタートポジションに戻る。できるだけ肩ではなく肘で動くようにする。

動員される筋肉

主動筋：上腕二頭筋

補助筋：上腕筋、腹直筋、大殿筋

エクササイズ・メモ

ショートレバー・インバーテッド・カールは、純粋な上腕二頭筋エクササイズの１つである。ほかの二頭筋運動のほとんどは背中の筋肉も大いに関与する。体幹と脚を一直線に保つために、殿筋など、コアの筋肉を絞ることを忘れないようにしよう。そうすれば、コアの安定を維持しながら肘関節を軸に体を動かすことができ、二頭筋がターゲットになる。

このエクササイズは、椅子やテーブルの高さを調整すれば筋力レベルに応じて難易度を変えられる。易しくするには高めの椅子やテーブルを使い、難しくするには低めの椅子やテーブルを使う。椅子やテーブルの種類によっては、頭が家具にぶつかってしまい、可動域いっぱいに動けないかもしれない。その場合は、体を引き上げた状態を一定時間保つアイソホールド（アイソメトリックホールド）だけにするか、狭い範囲の上下運動を繰り返す。あるいは、ドアの上に差し込んだタオルの両端を握る。ニュートラルグリップ（手のひら向かい合わせ）にすると、やや二頭筋よりも上腕筋と腕橈骨筋を使う運動になる。タオルを使うバリエーションについては、p.99のタオル・インバーテッド・ロウを参照するとよい。

バリエーション

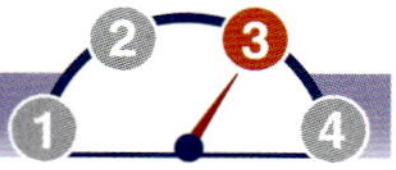

Long-Lever Inverted Curl
ロングレバー・インバーテッド・カール

このエクササイズが楽にできる人は、足を別の椅子やベンチに載せて脚をまっすぐにすることでレバーを長くしてもよい。こうすると、持ち上げる体重の割合が増える。

Biceps Chin-Up

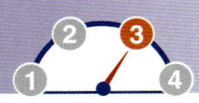

バイセプス・チンアップ
（上腕二頭筋の懸垂）

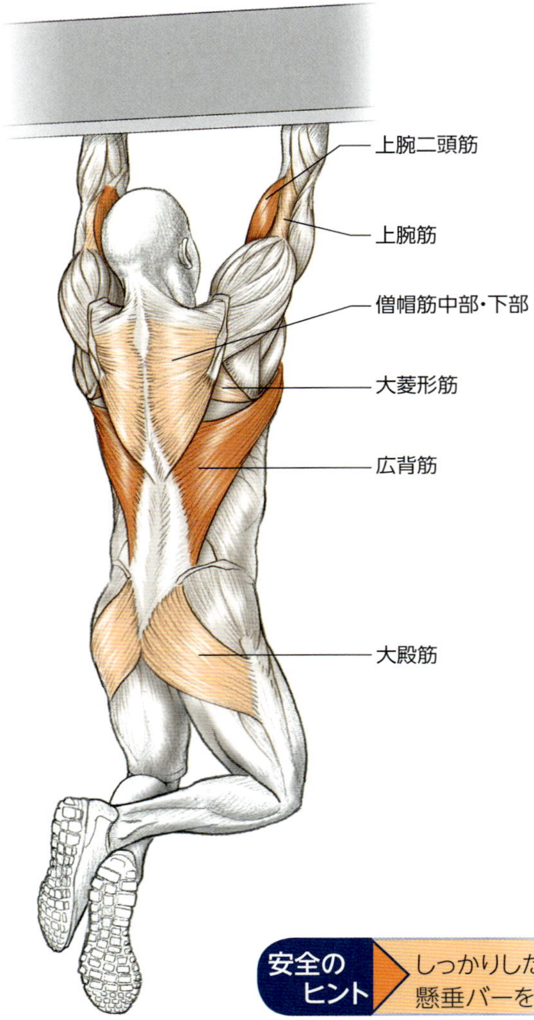

安全のヒント しっかりした梁《はり》か懸垂バーを使う。

エクササイズ・ステップ

1. 腕を伸ばして回外グリップ（逆手、手のひらを自分に向ける）でしっかりした梁か懸垂バーからぶら下がり、腕を完全にストレッチしたポジションから開始する。つま先が床から離れる。膝は、そのほうが楽ならば曲げてもよい。
2. コアの安定を保ちながら、胸骨が梁か懸垂バーの高さにくるまで体を引き上げる。
3. コントロールしながらスタートポジションまで体を下げきる。

動員される筋肉

主動筋：上腕二頭筋、広背筋

補助筋：上腕筋、僧帽筋中部・下部、菱形筋、腹直筋、大殿筋

エクササイズ・メモ

チンアップは、上腕二頭筋と背筋を鍛える典型的な自重エクササイズである。手のひらを自分に向けた回外グリップは二頭筋を最も使う。だから、このバリエーションが腕の章に含まれている。この運動には、回外グリップでぶら下がれる梁かバーが必要になる。

チンアップでよくある誤りとして、体の引き上げや引き下げが中途半端になること、脚をばたつかせて勢いを利用すること、下背部が反りすぎること、体を引き上げたとき肩をすくめることがある。コアと殿筋を強く収縮させてコアの安定を保ち、肩から膝までの直線が崩れないようにしよう。顎がバーの上にくる動きの頂点では、肩甲骨を背中のポケットにたくし込むイメージで、肩甲骨を寄せて引き下げておく。完全停止ポジションから開始して、梁が上胸部に触れるところまで体を引き上げ、可動域いっぱいに動くこと。このように正しくチンアップを行えば、やりがいのある上半身トレーニングになるのはもちろん、効果絶大なコアトレーニングにもなる。

Narrow Triceps Push-Up

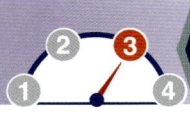

ナロー・トライセプス・プッシュアップ
(両手の間隔を狭くした三頭筋腕立て伏せ)

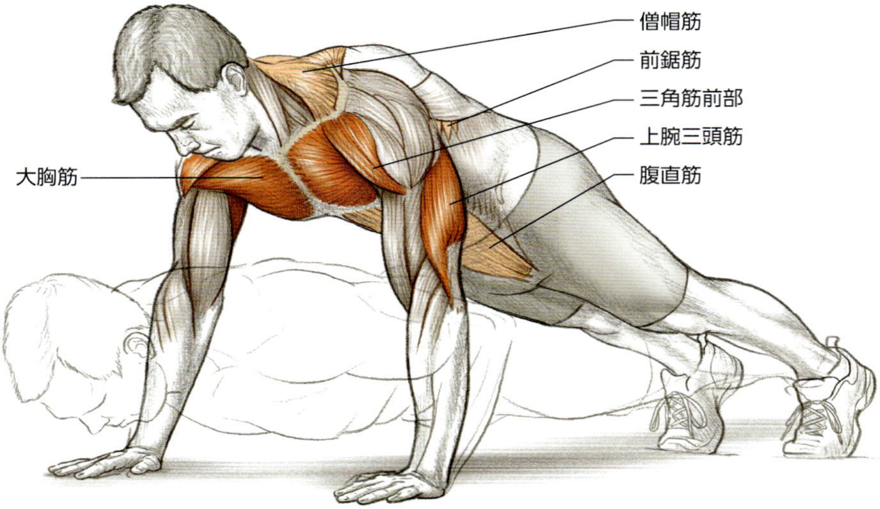

エクササイズ・ステップ

1. うつ伏せになり、肩幅に両手をつき、脇を締めて肘を曲げる。
2. 両足を適度に開き、またはそろえ、コアを安定させながら、体を押し上げる。
3. 胸が床につくまで体を下げる。

動員される筋肉

主動筋：上腕三頭筋、大胸筋、三角筋前部

補助筋：僧帽筋上部・下部、前鋸筋、腹直筋、大殿筋

エクササイズ・メモ

両手の間隔を狭くして行うプッシュアップは、上腕三頭筋と大胸筋をターゲットにした典型的なエクササイズである。きわめて効果的なのは間違いないが、正しく行える人は少なく、腰が落ちる、視線を上げて首が過伸展になる(反る)、上下運動が中途半端になる、肘が開く、といった誤りが起こりがちだ。腹筋と殿筋を収縮させて強いコアを保つこと、終始、体を一直線に保ち、腰を落とさないこと、胸が床につくまで体を下げること、セット中は下を見て、肘と手首を同じ方向にそろえておくことに注意しよう。体をぶれない姿勢に固定しておけば、効果的な上半身トレーニングになるのはもちろん、すぐれたコアトレーニングにもなる。

バリエーション

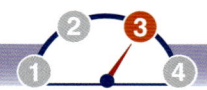

Diamond Triceps Push-Up
ダイヤモンド・トライセプス・プッシュアップ

このバリエーションは、ナロー・トライセプス・プッシュアップよりやや難しい。三頭筋によりいっそう重点的に負荷がかかるからだ。両手の親指と人差し指を合わせてダイヤモンド形をつくって行う。

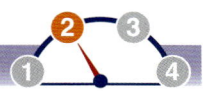

バリエーション

Short-Lever Triceps Push-Up
ショートレバー・トライセプス・プッシュアップ

通常のナロー・トライセプス・プッシュアップがきつい人は、膝をついてレバーを短くしてもよい。膝をつくと、持ち上げる体重の割合が減る分、フォームを正しくできる。

Three-Point Bench Dip

スリーポイント・ベンチ・ディップ
（3点ベンチ・ディップ）

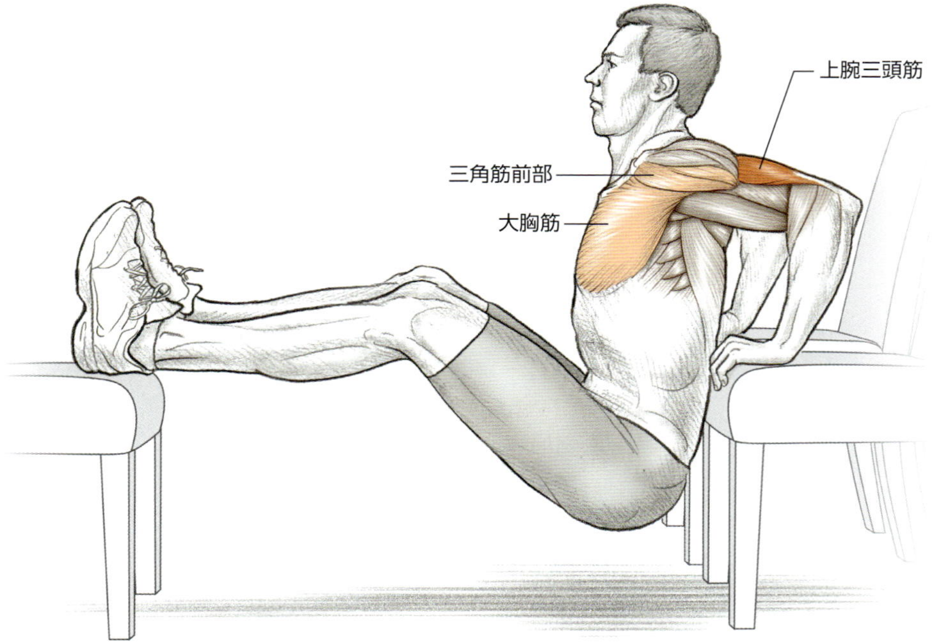

安全のヒント 安定した頑丈な椅子かウェイトベンチを使う。

エクササイズ・ステップ

1. 椅子を3脚用意し、1脚に両足を載せ、ほか2脚の間に体の中心が位置するように並べる（ウェイトベンチの場合は2台用意する。2台を平行に並べ、1台に手のひらをつき、もう1台に踵を載せる。つまり、体がベンチに対して垂直になる）。
2. 2脚の椅子の端に手のひらをつく。指を前に向け、体幹を直立させ、両脚をまっすぐ伸ばす。コントロールしながら、十分にストレッチされるまで体を下げる。危険なので下げすぎないこと。上腕が床と平行になれば十分だ。
3. 体を押し上げてスタートポジションに戻る。

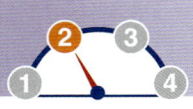

動員される筋肉

主動筋：上腕三頭筋

補助筋：大胸筋、三角筋前部

エクササイズ・メモ

ベンチ・ディップは、世界中のジムで行われているエクササイズである。効果的な上腕三頭筋トレーニングであり、筋力レベルに応じた調整も簡単だ。難易度を下げるには、足を床につき、膝を曲げて行う。こうすると持ち上げる総体重が少なくなる。筋肉が適度にストレッチされるようにしっかり体を下げるが、深く下げすぎて軟組織をリスクにさらさないこと。いつも深く下げすぎていると、肩関節周辺の組織を損傷する恐れがある。これは正しく行わないと危険なエクササイズでもある。エクササイズ中は胸を張り、下背部を丸くしないようにする。必ず肘がロック（関節を伸ばしきること）されるまで体を押し上げること。

第3章

首と肩

強く、たくましい男といえば、筋肉隆々の肩と太い首だ。強い男になよなよした肩やひ弱な首はありえない。さらに、肩ががっしりしていると、錯覚でウェストが細く見え、憧れのＶ字に絞られた上半身になる。Ｘ字体型は男にとって理想の外見だ。広背筋は、このＸの上半分をつくるうえで重要ではあるが、Ｘの最上部は実際には三角筋で始まる。Ｘ字体型になるには、強い上半身の筋肉、細い中間部、そして強く、筋肉の発達した殿部と大腿が必要だ。三角筋から細い中間部までのＶ字形は健康なスポーツマンの象徴だ。

女性は、強い上半身を物語る筋肉がくっきりし、引き締まった三角筋を望むことが多い。強い上半身はハードな鍛錬と努力の賜物だ。多くの人にとって、肩はトレーニングになかなか反応しない部分だけに献身的な努力を要する。肩と首のトレーニングに適切に取り組むには、肩と首の筋肉のさまざまな機能を理解しておくことが大切だ。

首

首は、多くのスポーツで重要な役割を果たす。アメリカンフットボール、ボクシング、ラグビーなど、体をぶつけ合うスポーツでは、打撃を吸収し、脳震盪《しんとう》や首の負傷を防ぐために強い首が必要だ。レスリングやブラジリアン柔術などの格闘技でも、サブミッション（相手の体を自分の体で固定する技）や首の負傷を防ぐために強い首が要求される。

首は、屈曲、伸展、側屈、回旋、前突、後退など、あらゆる運動が可能だが、本書では主に首を前方に動かす（屈曲）か後方に動かす（伸展）かしながら首の筋肉をアイソメトリックトレーニングで強化することに焦点を当てる。これが、脊柱の安定性に関して見落とされがちな一面、強く、安定した首をつくる。この2種類の運動は、回旋や側屈など、ほかの首の運動を受け持つ筋肉、僧帽筋と胸鎖乳突筋のさまざまな筋繊維、斜角筋、肩甲挙筋を強化するから、２種類ですべての基本をカバーする。

僧帽筋上部（図3.1）を鍛えるには、肩甲骨の挙上が必要な肩をすくめる運動（シュラッグ）をするしかないと思っている人が多い。これは正しくない。僧帽筋上部は、肩甲骨の上方回旋に大きく関与し、したがってハンドスタンド・プッシュアップ（逆立ち腕立て伏せ）でしっかりとターゲットになる。同じことが僧帽筋下部にも言える。つまり、本書で紹介する水平姿勢と垂直姿勢の押す運動と引く運動をバランスよく行えば、僧帽筋の筋繊維を十分に発達させることができるのだ。

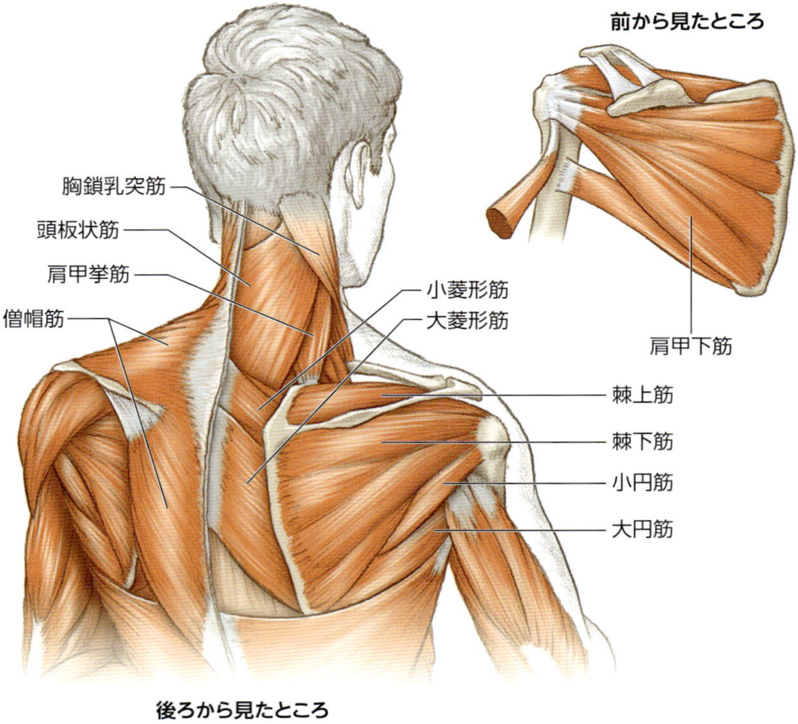

図3-1　首と上背部の筋肉

頭上で押す運動（オーバーヘッドプレス）は生体力学的に見て複雑である。この運動を正しく行うには、肩、上背部、上腕に十分な筋力と可動性があることが必要だ。1日のほとんどをコンピュータにかぶさるようにしてデスクワークで過ごせば、姿勢が悪くなり、引き上げる構造が損なわれる。だから、初心者の場合、上半身をストレッチし、肩の可動性と安定性を同時に高めるエクササイズで少しずつ上達していくほうがよい。特に、脊柱上部は適切に伸展および回旋できるのが望ましいし、肩は全方向に十分に動かせることが望ましい。上半身の関節全体のバランスのとれた強さと柔軟性があってこそ、生涯にわたって肩の健康と正常な機能が維持される。

肩

三角筋（図3.2）は、関節窩上腕関節の重要な安定筋であり、すばやい動作のためにも、肩の脱臼を防ぐためにも強くなければならないし、協調がとれていなければならない。三角筋は三頭から成り、それぞれに異なる機能がある。しっかり上体をかがめると、トレーニングしながら三頭が収縮しているのがわかる。

よく発達した中頭、すなわち三角筋中部は、前述したように錯覚で肩幅の広いX字体型に見える三角筋の要素だ。前頭は体の前面にあり、後頭は体の後面にある。前頭は強力な肩の屈筋であり、水平内転

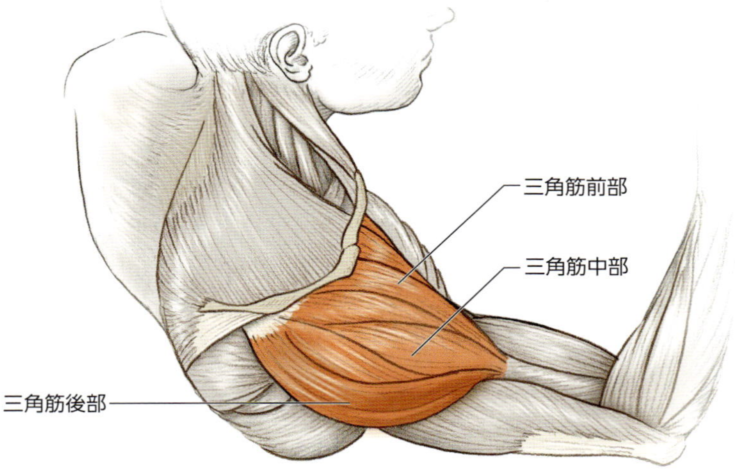

図3-2　三角筋

（屈曲または外転から内側へ動かす）筋だから、プッシュアップのバリエーションで使われる（内転とは四肢を体の正中線に向けて動かすこと、外転とは四肢を正中線から遠ざけて動かすこと）。後頭は肩の伸筋と水平外転（屈曲または外転から外側に動かす）筋として作用するから、ロウやプルアップのバリエーションで使われる。しかし、この後頭は未発達なことが多い。三角筋後部に注視したトレーニングは、たいてい肩の水平外転運動によるものだ。ハンドスタンド・プッシュアップの動きは三頭すべてが担うが、この種の押し上げ運動では前頭と外側頭が最も使われる。後頭は肩の安定を維持する役割を果たし、全体的な動きはわずかに担うだけだ。

三角筋をターゲットにしようと思わなくても、プッシュアップやインバーテッド・ロウなど、水平姿勢での押す運動と引く運動を行えば、三角筋はかなり発達するだろう。しかし、三角筋を次のレベルまで発達させたければ、三角筋の直接的なトレーニングが不可欠だ。何年も前、オーバーヘッドプレスがホリゾンタル（水平）プレスより主流だった頃は肩の負傷が今より少なかったようだ。オーバーヘッドプレスのおかげで、より安定した肩の筋肉がつくられ、バランスのとれた筋力レベルが達成されていたのだ。

驚くまでもなく、三角筋はスポーツの動作で大いに使われる。たとえば、ボクシングのジャブやクロス、バスケットボールのチェストパス、アメリカンフットボールのスティッフアーム（腕を突き出して敵を押しのける）で使われる。野球、テニス、ラケットボール、水泳、バレーボール、武術などのスポーツで優勢なあらゆる投げる、振る、打つという動作でも激しく使われる。三角筋後部は、テニスのバックハンドストローク、総合格闘技の旋回裏拳打ち、ボート競技、さらにはフリスビーのサーブにまで大いに使われる。体の横で重い荷物を運ぶときは、三角筋が強く収縮し、その荷物を体から離し、上腕骨が関節窩からはずれないようにしている。

Wall Anterior Neck Isohold

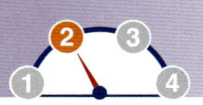

ウォール・アンテリア・ネック・アイソホールド

（額を壁に当てる首のアイソメトリック運動）

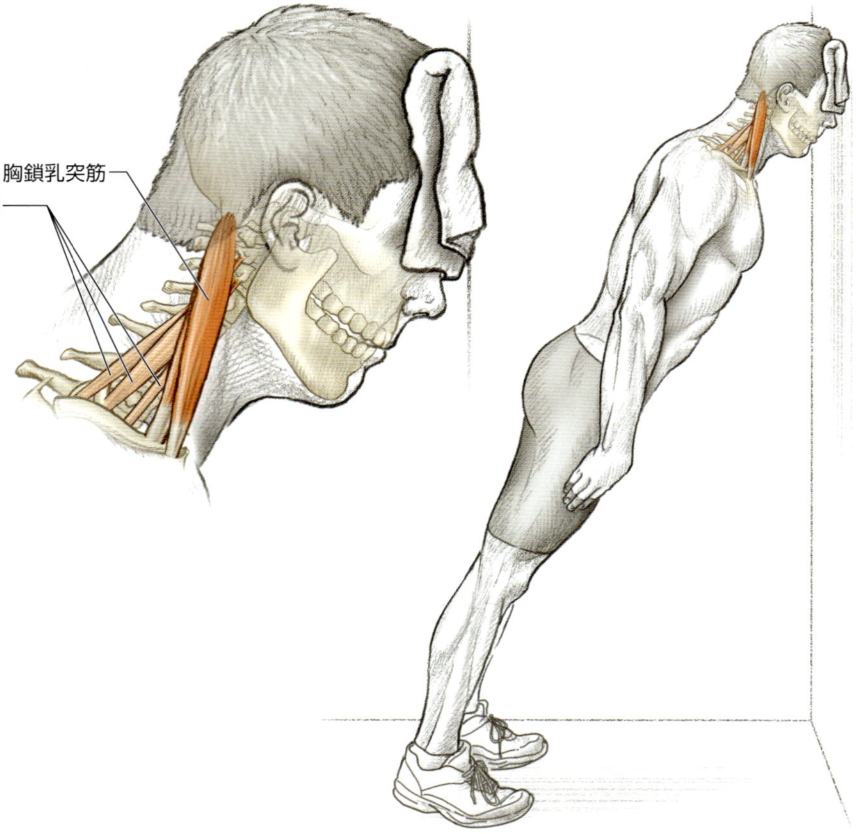

エクササイズ・ステップ

1. 折りたたんだタオルを額に当てる。
2. 腕を体側に下げて立った姿勢から、壁に寄りかかる。体を一直線に保つこと。
3. 望ましい時間ホールドする。

動員される筋肉

主動筋：胸鎖乳突筋

補助筋：斜角筋

エクササイズ・メモ

ウォール・アンテリア・ネック・アイソホールドは、首の筋肉を適切に発達させるために重要なエクササイズである。体をぶつけ合うスポーツや格闘技では首の筋肉が強くなければならない。首の筋肉は首の過伸展（反る）を防ぐ役割を果たすからだ。首の筋肉が十分に発達していなければ、衝突や打撃で首の過伸展が起こり得る。

このエクササイズの難易度は額をつく位置によって調整できる。壁に近づいて立ち、高い位置で壁に額をつくほど易しくなり、壁から離れて立ち、低い位置で壁に額をつくほど難しくなる。私は30秒間ホールドするが、自分の目標に応じて時間は増減してかまわない。

このエクササイズを行うときは、厚いタオルを頭のクッションにするとよい。コアと殿筋を強く収縮させて体を一直線に保つこと。

バリエーション

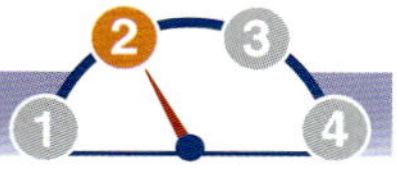

Wall Posterior Neck Isohold
ウォール・ポステリア・ネック・アイソホールド
（後頭を壁に当てる首のアイソメトリック運動）

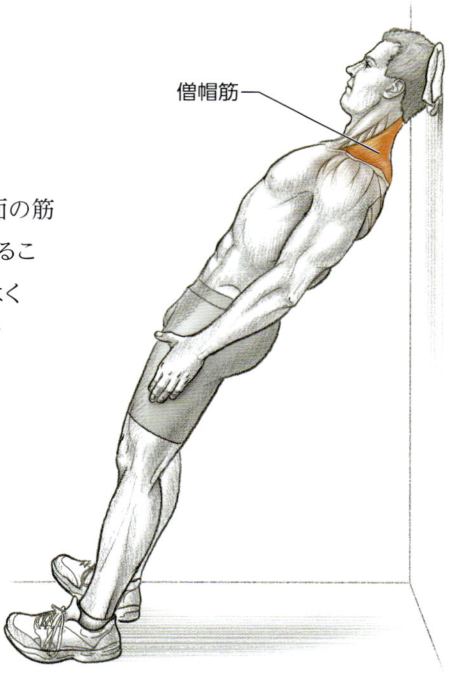

このバリエーションでは、ターゲットになる筋肉が首前面の筋肉から首後面の筋肉に変わる。首の伸展をホールドすることになり、僧帽筋と頸椎の伸筋が使われる。バランスよく首の筋力をつけるために、こちらのエクササイズもやっておこう。

Manual Neck Isohold

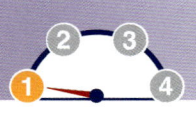

マニュアル・ネック・アイソホールド
（手を使った首のアイソメトリック運動）

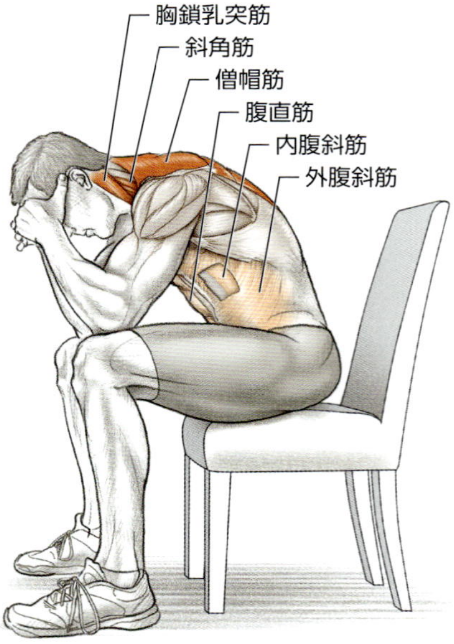

フロント

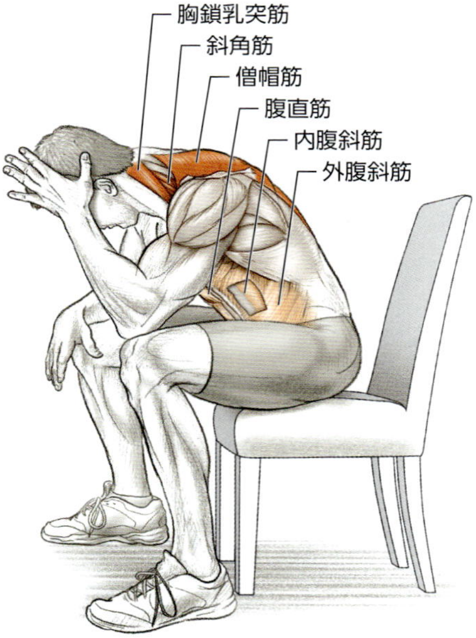

サイド

エクササイズ・ステップ

1. 肘を大腿について座った姿勢から、両手を額に当て、10秒間手でアイソメトリック抵抗をかける（自分で力をかける）。
2. 次に両手を後頭に当て、手で抵抗をかけながら10秒間ホールドする。このバリエーションでは、腕が比較的短い人だと、肘を大腿につけておくのが難しいことがある。
3. 最後に側面（左右）のアイソホールドを行う。片手を側頭に当て、10秒間手で抵抗をかける。

動員される筋肉

主動筋：胸鎖乳突筋、斜角筋、僧帽筋、頸椎の伸筋（頭半棘筋、頭板状筋など）

補助筋：腹直筋、内・外腹斜筋、脊柱起立筋（棘筋、最長筋、腸肋筋）

エクササイズ・メモ

手を使った首のエクササイズは、すぐれた首の筋力トレーニングである。研究によれば、首を強化するためには首を直接トレーニングしなければならない。首の筋肉は、首に特化したエクササイズを行わなければ、最大能力に達することはないが、幸いなことに首はアイソホールドでとても簡単にトレーニングできる。

ホールドしている間は首をニュートラルポジションに保つこと。ニュートラルポジションでは、首は正常な位置にあり、ねじれたり、前にも後ろにも横にも傾いたりしていない。ホールドは合計４回、屈曲、伸展、右側屈、左側屈が各１回である。

強い首が大切なのは、首が強ければ頭が体幹によりしっかりつながれ、脳震盪《しんとう》のリスクが小さくなるからだ。

Push-Back

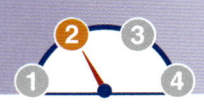

プッシュバック
（上後方に体を押し上げる腕立て伏せ）

スタートポジション

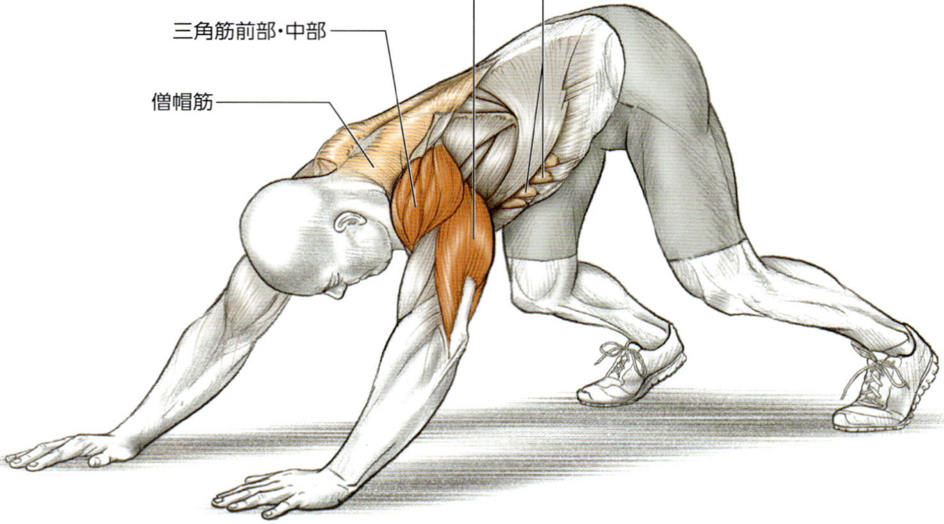

エクササイズ・ステップ

1. 足を腰幅より広く離して立ち、プッシュアップのボトムポジション（肘を曲げて体を下げた姿勢）になるが、腰は上げておく。
2. 上後方に体を押し上げ、腰は肩より高くしたまま、股関節を曲げてかがんだ姿勢になる。
3. スタートポジションに戻る。体を押し上げるときは、上腕三頭筋など、それを受け持つ筋肉がコンセントリック収縮（短縮性収縮）する。体を下げるときは、それらがエキセントリック収縮（伸張性収縮）し、体を押し上げる段階とは正反対の運動になる。

動員される筋肉

主動筋：三角筋前部、三角筋中部、大胸筋上部、上腕三頭筋

補助筋：僧帽筋上部・下部、前鋸筋、大胸筋中部・下部

エクササイズ・メモ

プッシュバックは、プッシュアップとパイク・プッシュアップをミックスしたエクササイズである。目標は、力の方向を床に向かわせてプッシュアップをハンドスタンド・プッシュアップに近づけることだ。体を後方へ押すことによって、胸筋よりも肩の筋肉により集中できる。

腰を高くしておき、三角筋が使われていることを感じよう。運動中は下を見て、首が過伸展にならない（反らない）ようにすること。

Feet-Elevated Pike Push-Up

フィートエレベイテッド・パイク・プッシュアップ
(足を高くしたパイク・プッシュアップ)

安全のヒント きわめて頑丈な椅子を使う。

エクササイズ・ステップ

1. 両手を肩幅よりやや広く床につき、両足を頑丈な椅子（またはボックスかウェイトベンチ）の上に載せる。
2. 手を後ろにずらしながら股関節を屈曲していき、殿部を天井のほうに持ち上げてＬ字姿勢（パイクポジション）になってから、肘を曲げて体を床のほうに下げる。
3. 頭が床に達したら、肘がロック（関節を伸ばしきること）されるまで腕を伸ばし、体を床から離して高く押し上げる逆の動きでスタートのパイクポジションに戻る。

＊パイクは、飛び込み競技などの空中姿勢の一種、エビのように体を腰の部分で２つに折る型。

動員される筋肉

主動筋：三角筋、上腕三頭筋

補助筋：僧帽筋上部・下部、前鋸筋

エクササイズ・メモ

フィートエレベイテッド・パイク・プッシュアップは、効果的な肩のトレーニングである。ハンドスタンド・プッシュアップをこなせるほど筋力がある人は多くはないから、パイク・プッシュアップは高度なバリエーションに進む過程の中間的エクササイズとしてうってつけだ。

できるだけ体を下げようとして首を過伸展にする（反らす）必要はない。パイク・プッシュアップは、どう考えても部分的な範囲の運動だからだ。頭と首をニュートラルポジションに保ち、頭が床につくまで体を下げよう。終始、体をL字姿勢に保つこと。

バリエーション

Three-Point Pike Push-Up
スリーポイント・パイク・プッシュアップ

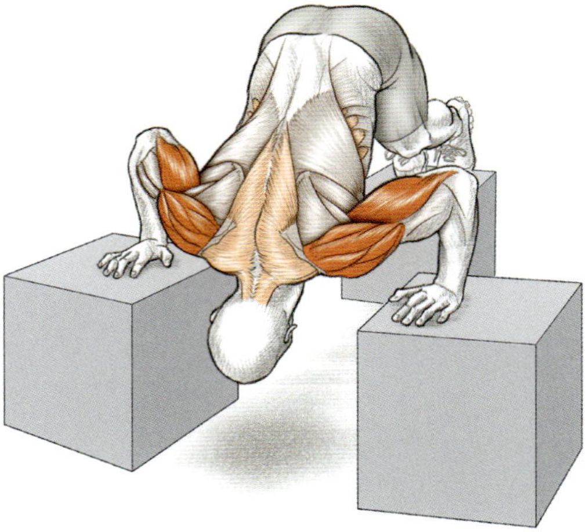

フィートエレベイテッド・パイク・プッシュアップをうまくできるようになったら、運動範囲を増やすために2つの頑丈で安定した椅子かボックスの間でエクササイズを行ってみよう。こうすると、頭をもっと下げられるようになるので、肩の筋肉にかかるストレスが増え、より効果的な運動になる。後ろの椅子（またはボックス）は前の2つより高いほうがよい。

Rear Deltoid Raise

リア・デルトイド・レイズ
(三角筋後部の引き上げ)

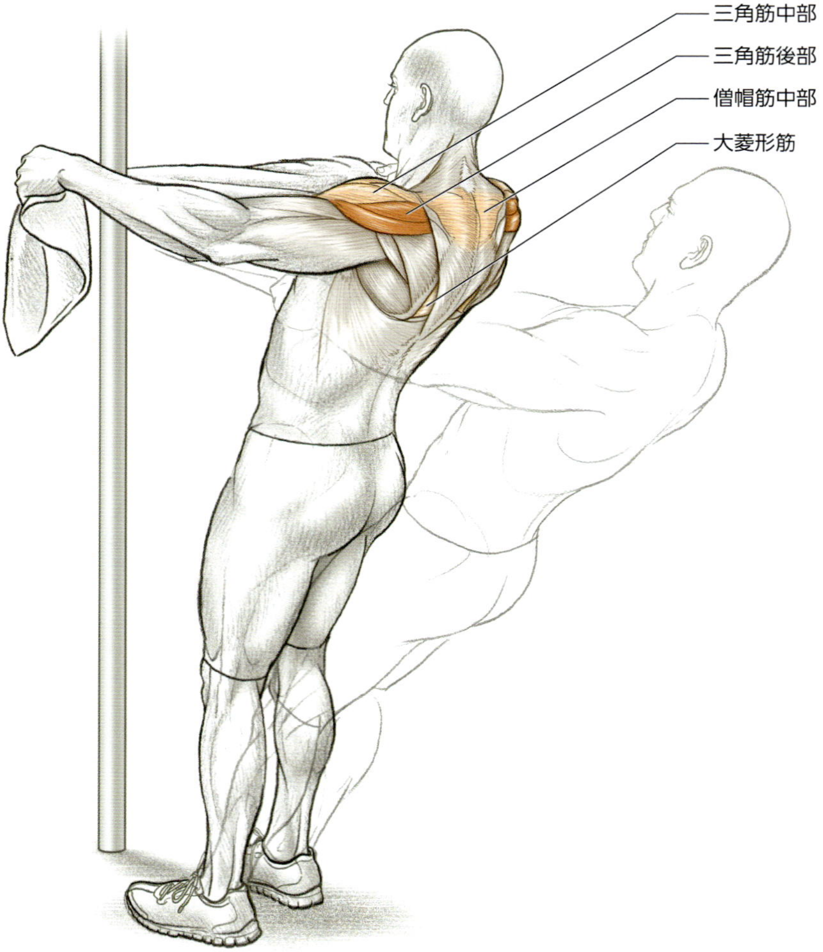

エクササイズ・ステップ

1. 立った姿勢から、ポールに巻いたタオルの両端を握り、体を後ろに傾けて位置につく。
2. 体を一直線に保ちながら、腕を横に張って体を起こす。
3. コントロールしながら後ろに倒れてスタートポジションに戻る。

動員される筋肉

主動筋：三角筋後部

補助筋：三角筋中部、僧帽筋中部、大菱形筋

エクササイズ・メモ

このエクササイズは大きなタオルとポールがあれば一番やりやすい。とはいえ、ほかの選択肢もある。頑丈なドアの上に大きなタオルをかけて、タオルの端を垂らし、ドアを閉めれば、タオルがドアにしっかり挟み込まれる。タオルが大きければ１枚で足りるが、長さが足りなければ２枚使う。体を一直線に保ち、三角筋後部と肩甲骨の内転（寄せる）筋（僧帽筋中部と菱形筋）で体を引き上げることに集中すること。難易度は体の位置によって調整できる。体を直立するほど易しくなり、前に移動して体幹の傾きを大きくするほど難しくなる。

このエクササイズは、運動範囲は小さいものの、肩の筋肉のバランスをとるうえで重要だ。しばしば無視され、発達していない三角筋後部の緊張をできるだけ維持するよう頑張ろう。

YTWL

YTWL

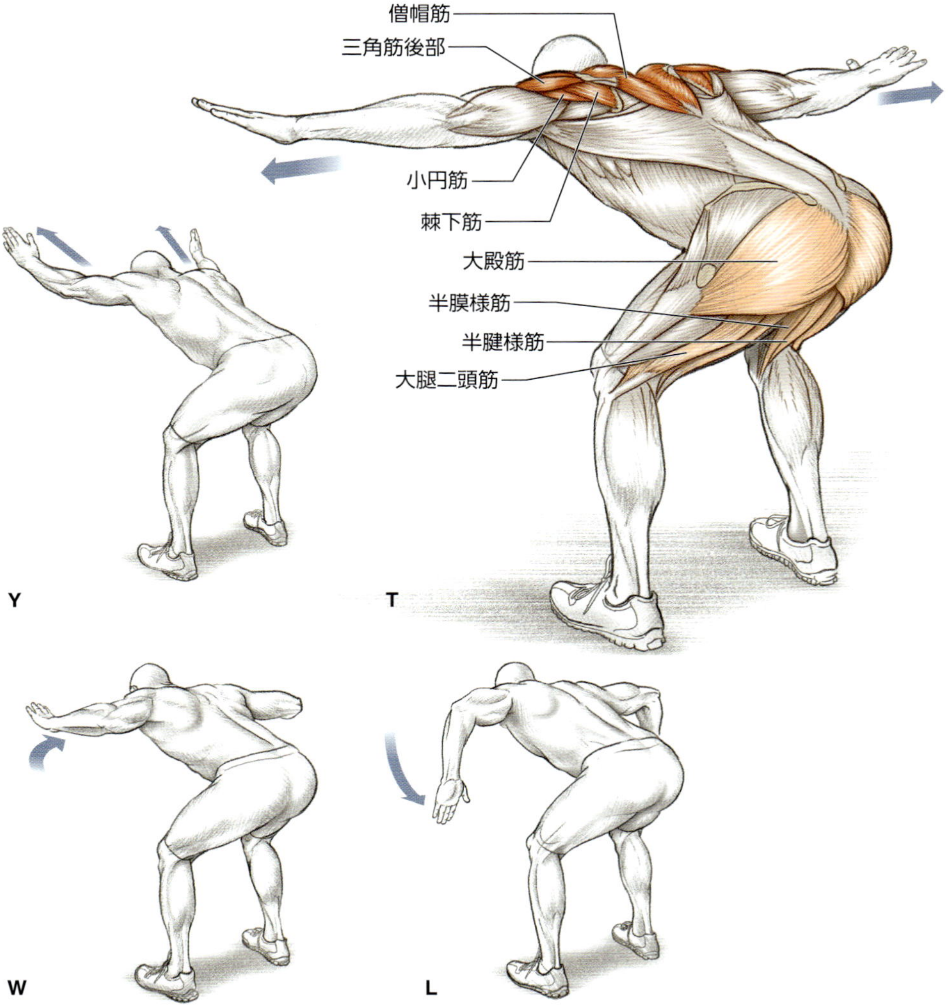

Y ポジション、T ポジション、W ポジション、L ポジション

エクササイズ・ステップ

1. 立った姿勢から、股関節を曲げて体幹を45度以上前傾させる。背骨をニュートラルポジションに保ったまま、椅子に座るようにしてハムストリングをストレッチする。
2. 腕でY字をつくる動きをダイナミックに10回繰り返す。1回ごとにスタートポジションに戻ること。同様にT字運動を10回、次にW字運動を10回行う。
3. 最後にL字運動を行う。腕を真横に伸ばして肘を直角に曲げておき、肩関節を回旋して前腕を床に対して垂直から平行にする動きを繰り返す。

動員される筋肉

主動筋：僧帽筋下部、僧帽筋中部、回旋筋腱板（ローテーターカフ）（棘下筋、小円筋）、三角筋後部
補助筋：ハムストリング（大腿二頭筋、半腱様筋、半膜様筋）、大殿筋

エクササイズ・メモ

肩関節には多関節運動を安定させ、支える重要な小さい筋肉があり、YTWLはその多くを鍛えるすばらしいエクササイズである。これらの筋肉は、健康に保つことが大切だが、日常活動ではあまり使われないから、YTWLで活性化すれば将来のケガや機能障害の予防になる。

1セットやり通すと自重の抵抗がきついことに驚くだろう。正しい姿勢を保ち、背中を丸めないようにしよう。

1 2 3 4

Wall Hnadstand Push-Up
ウォール・ハンドスタンド・プッシュアップ
（壁を支えにした逆立ち腕立て伏せ）

エクササイズ・ステップ

1. 四つんばいなり、壁に両足をつけ、這い上がって壁につま先をつけた逆立ちの姿勢になる。体がおよそ垂直線を描き、顔は壁と向かい合わせになる。
2. 肘を曲げて、頭が床につくまでゆっくり体を下げる。
3. 動きを逆転して、体をスタートポジションまで押し上げる。セットが終了したら、壁を伝い降りて、四つんばいに戻る。

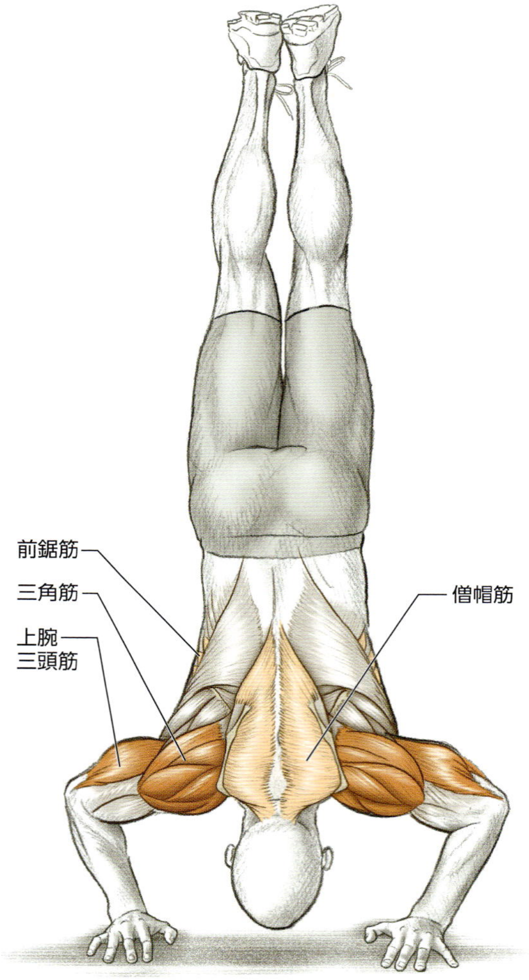

動員される筋肉

主動筋：三角筋、上腕三頭筋

補助筋：僧帽筋上部・下部、前鋸筋

エクササイズ・メモ

ウォール・ハンドスタンド・プッシュアップは、全体重を持ち上げなければならないから、オーバーヘッドプレス運動のなかでも最難関だ。このエクササイズは、2つの理由で通常のプッシュアップよりもはるかに難しい。第1に、人は垂直プレス運動に比べて水平プレス運動に強いからである。第2に、ハンドスタンド・プッシュアップでは全体重を持ち上げなければならないのに対し、プッシュアップでは床と4点で接していることと体幹の角度のおかげで体重の約70%だけ持ち上げればよいからである。

このエクササイズのやり方は4つある――体の後ろで壁に足をつける、体の前で壁に足をつける、パートナーに脚を持ってもらう、支えなし。言うまでもなく、バランスを要求される自立バージョンが最も難しい。

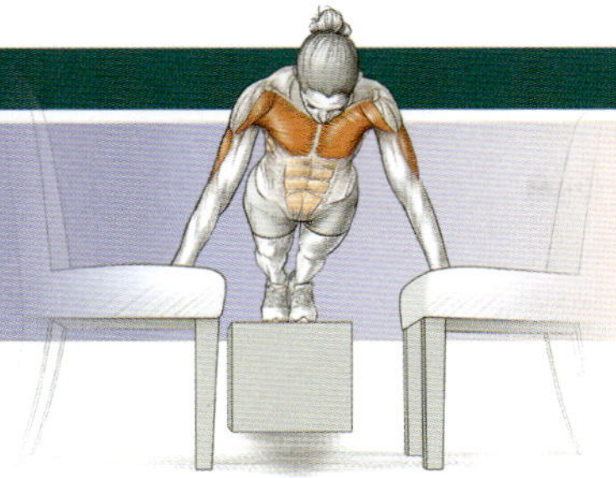

第4章

胸

月曜日が「国際ベンチプレスデイ」と呼ばれてきたのには訳がある。よく発達した胸筋を望む世界中のウェイトリフターが、毎週まず胸のトレーニングから自分のトレーニングを開始するのだ。男性の場合、エクササイズに励んでいる人のほとんどが、胸筋の上部・中部・下部を最大限に鍛えようと夢中になっているのに対し、女性は胸の発達にはそれほど関心がない傾向がある。しかし、女性といえども、胸骨を横切るかすかな筋肉の線はとても魅力的に見えることがあるし、胸の多関節エクササイズは上腕三頭筋を鍛える効果も絶大だということを考えれば、女性が胸筋の運動をルーチンに加えるのは理にかなっている。

自重トレーニングは胸のトレーニングにぴったりだ。なにしろ床さえあればいいのだから、いつでも準備OKだ。多関節の押す運動をしているときは、胸筋が作用していることを意識的に感じることが不可欠だ。さもなければ、上腕三頭筋や三角筋前部が仕事を肩代わりして、胸筋から神経作用を奪ってしまう。ボディビルダーは、これをマインド—マッスルコネクション（心と筋肉のつながり）の発達と呼ぶ。筋肉を増強するために利用できるテクニックのなかでも最も重要なものの1つだ。

胸の筋肉

大胸筋（図4.1）は、機能的に上部、中部、下部の3つに分けられる。上部は、鎖骨に付着していることから鎖骨頭と呼ばれ、中部と下部は、肋骨に付着していることから胸肋頭と呼ばれることがある。もっと正確に言えば、専門的には胸筋は機能上6つに区分され、運動方向に応じてそれぞれ別個に動員される。大胸筋は、肩の水平内転筋（ボールのサイドスロー［横手投げ］で使われる）、肩の内転筋（ケーブルクロスオーバーで使われる）、肩の内旋筋（腕相撲で使われる）として作用する。

小胸筋は、大胸筋の下にある小さい筋肉であり、肩甲骨の外転（広げる）、下方回旋、下制を担う。小胸筋は、ディップなどのエクササイズ中に肩甲骨を安定させる働きをすることでトレーニングされる。小胸筋は硬くなりがちで、そのせいで姿勢が悪くなったり、頭上で押す運動（オーバーヘッドプレス）のときに肩甲骨の正常な機能が制限されたりすることがある。この理由から、定期的な胸筋のストレッチは賢明な策だ。

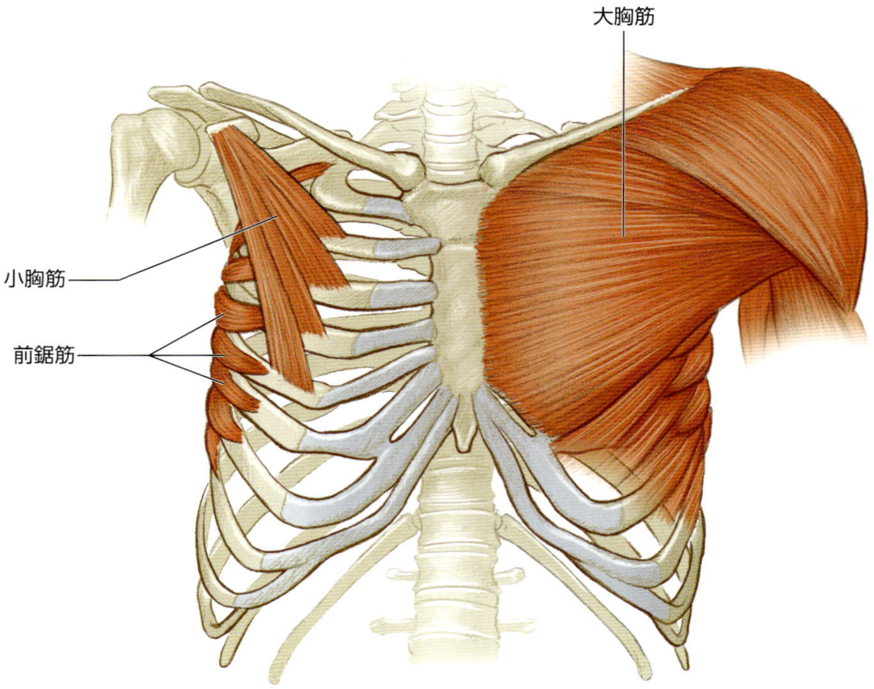

図 4-1　胸の筋肉

胸のエクササイズ

胸を最大限に発達させるためには、さまざまな胸のエクササイズを行うのが妥当である。上部、中部、下部それぞれにより適したエクササイズがあるからだ。胸部の深層や浅層をねらって発達させることも可能かもしれないが、まだこれには研究の裏づけがない。胸筋をくっきりさせたい女性は、上胸部の発達を重視したほうがよい。女性の体の場合、目に見えるのは中・下胸部よりも上胸部のほうだからだ。男性の多くは、頻繁にベンチプレスやプッシュアップを行って中・下胸部は十分に鍛えているから、審美的なバランスのために上胸部の発達を重視したほうがよい。

プッシュアップ（腕立て伏せ。一部の国ではプレスアップと呼ばれている）は、おそらく最もポピュラーな自重エクササイズであり、間違いなく最もありふれた胸の自重エクササイズだが、持続的に結果を出すためには難易度の高いバリエーションに進んでいくことが大切だ。プッシュアップのバリエーションは何十とあるが、読者が目標を達成できるように本書には最も効果的なプッシュアップのバリエーションを収めてある。

さらに、最初から正しいプッシュアップを学ぶこともきわめて重要だ。大多数の人が誤ったプッシュアップを行っているからだ。私は自分がプッシュアップを始めたときのことをはっきり覚えている。15歳だった私は、1セット6レップを3セットがやっとだった。そのうえ、当時の自分のフォームは合格レベルに達していなかったに違いない。幸いにも、私はあきらめずにやりつづけた。早送りして現在を見てみると、今やノンストップで60レップできるようになった。プッシュアップの嬉しい特典は、コアの安定がついてくることだ。

胸筋は多くのスポーツ動作でも使われる。アメリカンフットボールや相撲などで相手を前に押すときは、胸筋に大いに頼る。ボクシングでは、ジャブや右クロスなど、ストレートなパンチで胸筋が使われるし、フックやアッパーカットなど、孤を描くパンチでも同様だ。テニス、バレーボール、ラケットボール、ハンドボールでは、サーブ、フォアハンドストローク、スパイクなど、頭上で腕を反対側に振る動きで胸筋が使われるし、野球やアメリカンフットボールの投げる動きでも同様だ。砲丸投げや円盤投げの選手は、できるだけ遠くに砲丸や円盤を投げるために強力な胸筋が要求される。総合格闘技では、打撃、クリンチ（相手に組みつく）、テイクダウン（立っている相手を倒す）、グラップリング（寝技）で胸筋が重要な役割を果たす。体操選手と水泳選手は、さまざまな技や泳法のために強い胸筋を必要とする。陸上競技の選手であっても、上半身が強ければスピードが向上するから胸筋のトレーニングをしている。

筋力トレーニングのコーチのなかには、バーベルを使ったベンチプレスよりも、さまざまなタイプのプッシュアップを好む人もいる。そのほうが安全で自然な運動パターンだと考えているからだ。つまり、プッシュアップの必要条件である肩甲骨の安定筋の作用が、強く、健全な肩を育て、ケガ予防になると考えているコーチが多いということだ。プッシュアップは軍隊の必須トレーニングでもある。体操選手は、ベンチプレスなどまったくやらないにもかかわらず、体重の2倍のウェイトでベンチプレスをこなせることがよくある。その驚嘆すべき強靭な上半身は、頻繁なプッシュアップやディップ、そして厳しい試合の練習によって鍛えられるのだ。スポーツパフォーマンスのためのトレーニングを最上のものにするために、押す運動に瞬発的な要素を加えるなら、プッシュアップにクラッピング（拍手）やプライオメトリック（瞬発的な反復運動）を採り入れたバリエーションで手軽に実践できる。

Push-Up
プッシュアップ
(腕立て伏せ)

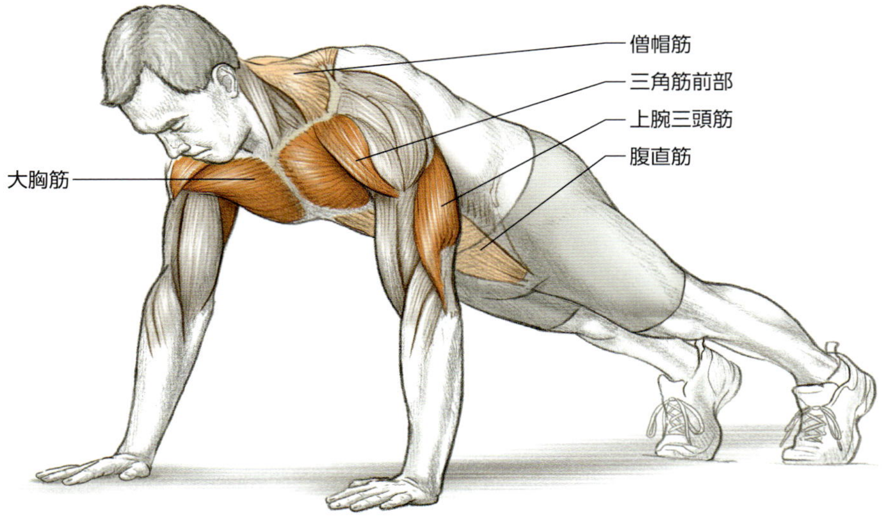

エクササイズ・ステップ

1. 両手を肩幅よりやや広く、両足は適度に開くかそろえて床につき、踵から頭まで一直線になるようにする。
2. 脇を45度開き、手は肘の真下につく。殿筋と腹筋を収縮させ、全身を引き締めて、胸が床につくまで体を下げる。
3. 動きを逆転し、肘がロックされる（関節を伸ばしきる）まで体を押し上げる。

動員される筋肉

主動筋：大胸筋、上腕三頭筋、三角筋前部

補助筋：前鋸筋、僧帽筋、腹直筋

エクササイズ・メモ

上腕二頭筋に次いで、大胸筋は男がどこよりも発達させたいと望む筋肉だ。我々がプッシュアップやベンチプレスにこだわることが証明しているように。しかし、このエクササイズは見かけ倒しではない。プッシュアップは上半身の筋力とパワーを高め、それがパンチ力や押す力になる。コアを総動員し、セット中は殿筋をできるだけしっかり絞りつづけ、プッシュアップを全身エクササイズにしよう。腰が落ちる、肘の間隔

が広くなりすぎる、上下運動が中途半端になるなど、プッシュアップを正しくできない人は多い。殿筋と腹筋を使えば腰が落ちるのを防げる。腕は体幹に対して45度の角度でつき（外転位）、肩関節にできるだけ負担をかけないように前腕と手が肘の真下にくるようにする。また、首をニュートラルポジションに保つために下を見る。体を下げきって、上がりきるのが正しい動きであり、そうすれば肩の安定筋も鍛えられ、この先何年も肩の健康を維持できる。

バリエーション

Short-Lever Push-Up
ショートレバー・プッシュアップ

膝をついてレバー（てこ）を短くしたプッシュアップは、通常のプッシュアップより負荷となる体重が約20%少ない分、簡単になり、初心者に適したバリエーションだ。脇を締めて、体をまっすぐに保つこと。

バリエーション

Wide-Width Push-Up
ワイドウィズ・プッシュアップ
（両手の間隔を広くしたプッシュアップ）

両手の間隔を広くすると、通常のプッシュアップよりも胸筋がターゲットになる。床に両手を通常より高く、広くついて行う。

Elevated Push-Up

エレベイテッド・プッシュアップ
(台を使った腕立て伏せ)

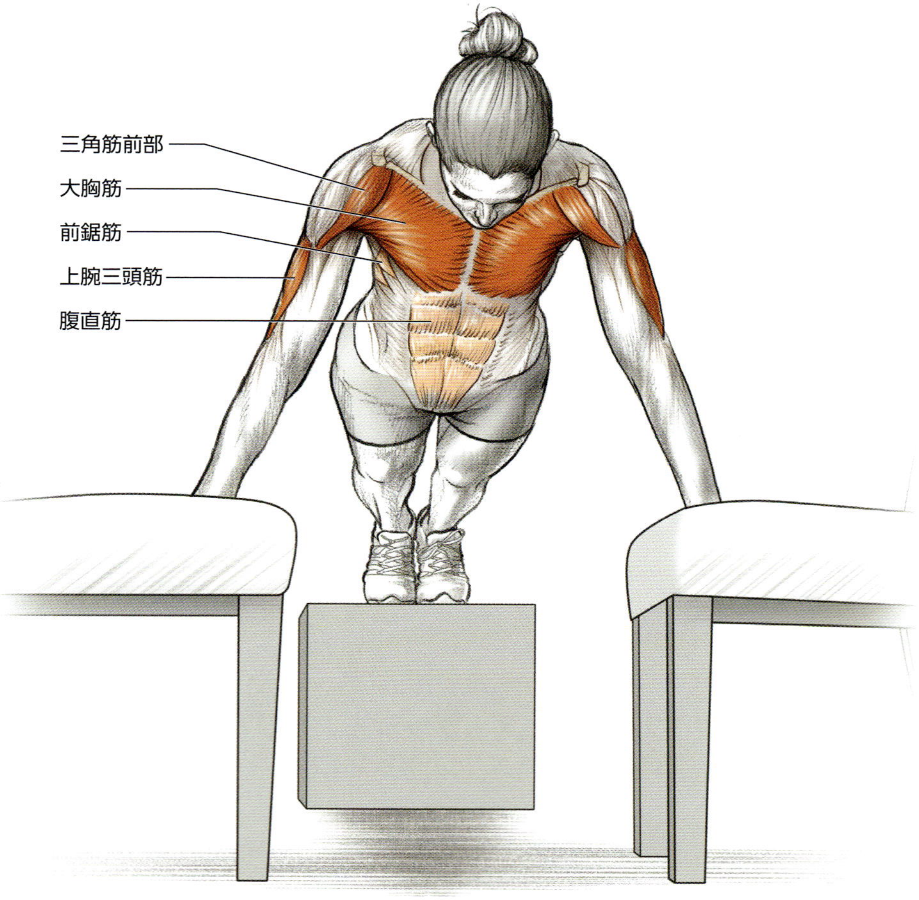

安全のヒント　きわめて頑丈で容易には動かない道具を使う。

エクササイズ・ステップ

1. カウチ、椅子、ボックスなどの上に両足を載せ、肩幅よりやや広く離して置いた２脚の椅子に手をつく。ウェイトベンチと頑丈なボックス２個など、ほかのものを使ってもかまわない。
2. 体を一直線に保ち、殿筋を引き締めながら、胸筋がストレッチされるのを感じるまで体を下げる。
3. 動きを逆転し、肘がロックされるまで体を押し上げる。

動員される筋肉

主動筋：大胸筋、上腕三頭筋、三角筋前部

補助筋：前鋸筋、僧帽筋、腹直筋

エクササイズ・メモ

エレベイテッド・プッシュアップは、プッシュアップの上級バリエーションであり、肩関節の運動範囲が増える。つまり、筋肉がより活性化し、最終的には筋量もより増える。肩関節に負担をかけたくないから、通常のプッシュアップより数センチ深く下がるだけで十分だ。前腕は床に対して垂直のままであり、手の間隔は中程度にする。

バリエーション

1 2 3 4

Short-Lever Elevated Push-Up
ショートレバー・エレベイテッド・プッシュアップ

エレベイテッド・プッシュアップの運動範囲が増えるメリットを得たいが、それができるほど筋力が強くない人に適したバリエーションである。カウチか椅子に足ではなく膝をついてレバーを短くして行う。

Torso-Elevated Push-Up

トルソエレベイテッド・プッシュアップ
（体幹を高くした腕立て伏せ）

1 2 3 4

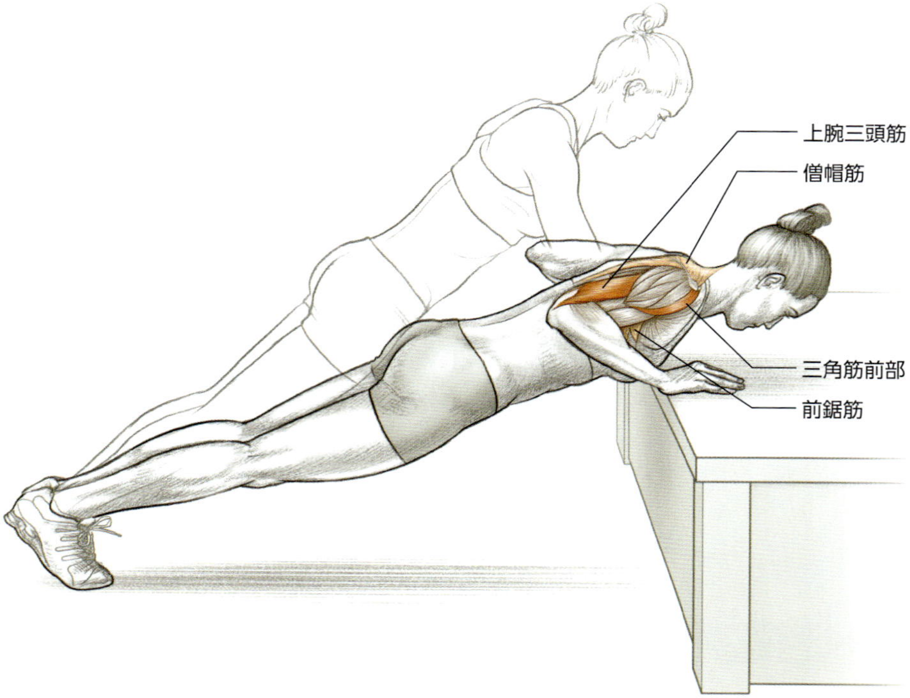

エクササイズ・ステップ

1. 頑丈な椅子やテーブルの上に肩幅よりやや広く両手をつき、両足はそろえて床につく。
2. 殿筋を引き締め、体を一直線に保ちながら、胸が椅子やテーブルにつくまで体を下げる。
3. 動きを逆転し、肘がロックされるまで体を押し上げる。

動員される筋肉

主動筋：大胸筋、上腕三頭筋、三角筋前部

補助筋：前鋸筋、僧帽筋、腹直筋

エクササイズ・メモ

これは、すぐれた初心者向けバリエーションである。正しくコアを使ってプッシュアップを行えるし、体をまっすぐに伸ばしておくことに慣れることができるからだ。上達するにつれて、テーブルや椅子を低くしていけば床に近づき、最終的には床に手をついたプッシュアップができるようになる。

バリエーション

Feet-Elevated Push-Up
フィートエレベイテッド・プッシュアップ
(足を高くしたプッシュアップ)

このバリエーションは、上級者向けの胸筋エクササイズであり、負荷となる体重の割合が大きく、体の角度が変わり、インクライン(傾斜)プレスに近い運動になる。したがって、胸筋上部がより刺激される。最大の効果を得るには深く体を下げなければならないが、首の過伸展(反る)を防ぐために体を下げたときにあまり視線を上げないようにしよう。

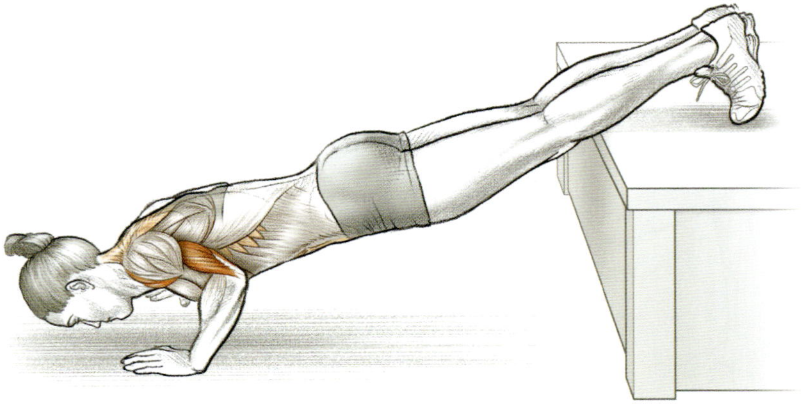

Side-To-Side Push-Up

サイドツーサイド・プッシュアップ
（左右に重心を移す腕立て伏せ）

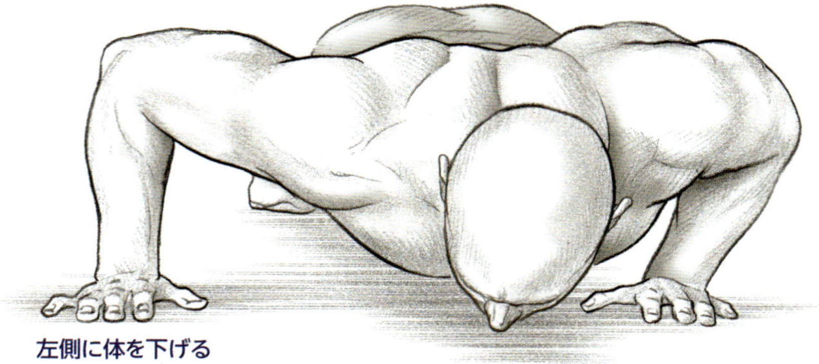

左側に体を下げる

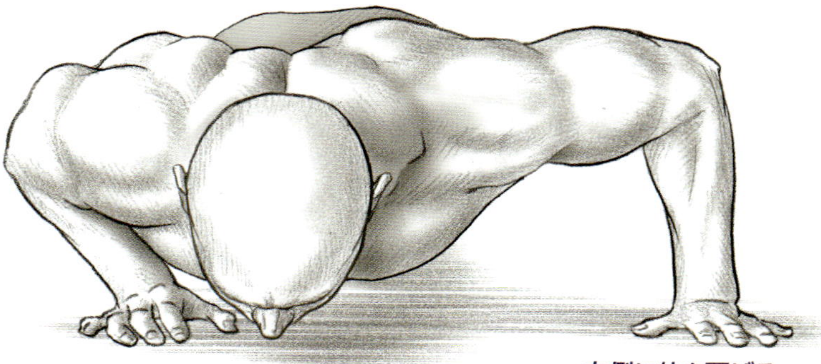

右側に体を下げる

エクササイズ・ステップ

1. 通常のプッシュアップの姿勢になり、両足をそろえて、つま先を床につけ、手は肩の下につく。
2. 体を下げながら、片側に体重をあずけ、そちら側によりストレスをかける。
3. 肘がロックされるまで体を押し上げ、同様に反対側を行う。

動員される筋肉

主動筋：大胸筋、上腕三頭筋、三角筋前部

補助筋：前鋸筋、僧帽筋、腹直筋

エクササイズ・メモ

サイドツーサイド・プッシュアップは、ターゲットになる側に多くストレスをかける上級バリエーションである。ターゲットにする側には約65%の負荷がかかり、反対側には約35%の負荷がかかる。さらに、このバリエーションは難易度の高いコアトレーニングでもある。エクササイズ中ずっと正しい姿勢を保つのが難しいからだ。背骨が横に曲がり、ねじれそうになるのにできるだけ抵抗しよう。

バリエーション

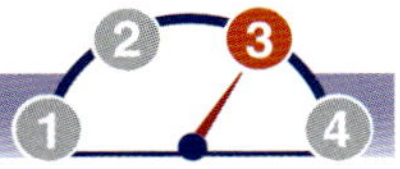

Sliding Side-To-Side Push-Up
スライディング・サイドツーサイド・プッシュアップ

カーペットに２枚の紙皿を置いて、スライディング・サイドツーサイド・プッシュアップを行うバリエーションもある（あるいは、市販のスライディングエクササイズディスクを使うか、つるつるした床の上なら小さいハンドタオルを使う）。これは高度な肩とコアのエクササイズだ。片腕でプッシュアップを行いながら、反対側の手を体の前でスライドさせる。これを交互に手を替えて行う。コアをコントロールして、過剰に移動したり、ツイストしたりしないようにすること。

One-Arm Push-Up

ワンアーム・プッシュアップ
（片腕立て伏せ）

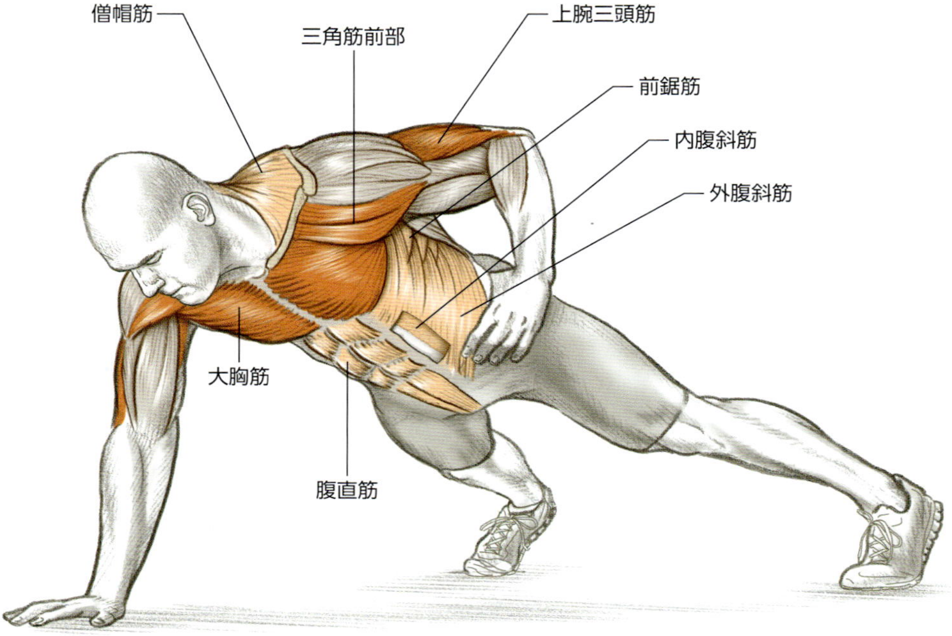

エクササイズ・ステップ

1. 通常のプッシュアップより両足を離す。片手を肩の下につき、反対側の手で大腿上部の外側をつかむ。
2. 支持腕を曲げて体幹に近づけ、体を下げる。体をまっすぐに保ち、コアを引き締め、骨盤を水平にしておくこと。
3. 体があまり横に曲がったり、ねじれたりしないように気をつけながら、肘がロックされるまで体を押し上げる。

動員される筋肉

主動筋：大胸筋、上腕三頭筋、三角筋前部

補助筋：前鋸筋、僧帽筋、腹直筋、内腹斜筋、外腹斜筋

エクササイズ・メモ

ワンアーム・プッシュアップは、本書のプッシュアップのなかで最も高度なバリエーションである。実に難しい。膝をついたショートレバーの姿勢か、頑丈なテーブルや椅子に片手をついて体幹を高くした姿勢からトレーニングを積んで、このエクササイズをできるようにしよう。あるいは、正しく体を押し上げて戻れるようになるまで、負の収縮（エキセントリック収縮）をコントロールする、つまり、ゆっくり体を下げるだけでも練習になる。コアを強く収縮させて左右運動や回転運動をコントロールすること。

バリエーション

1 2 3 4

Self-Assisted One-Arm Push-Up
セルフアシステッド・ワンアーム・プッシュアップ
（自分で補助する片腕立て伏せ）

頑丈な椅子やウェイトベンチ、階段の上に片手をつき、反対側の手は床について体重を支え、可能なかぎりプッシュアップを行う。椅子やベンチについた手の支えは最小限にして反復する。これは効果的な運動であり、両腕プッシュアップから片腕プッシュアップに移行するまでの有意義な中間的エクササイズとなる。

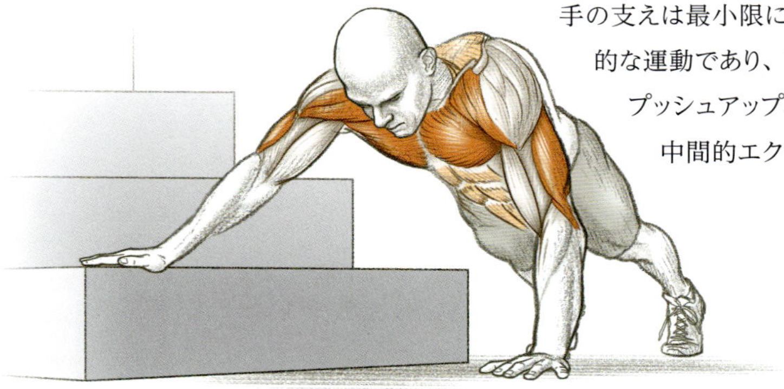

Clapping Push-Up

クラッピング・プッシュアップ
(空中で拍手する腕立て伏せ)

エクササイズ・ステップ

1. 両足をそろえ、両手の間隔は肩幅よりやや広くして、通常のプッシュアップの姿勢になる。
2. 体を下げてから、できるだけ力強く体を押し上げる。 足は床から離さない。
3. 宙に浮いたら、両手を合わせて拍手し、通常のプッシュアップの姿勢に着地する。

動員される筋肉

主動筋：大胸筋、上腕三頭筋、三角筋前部

補助筋：前鋸筋、僧帽筋、腹直筋

エクササイズ・メモ

クラッピング・プッシュアップは、すぐれた上半身のプライオメトリック運動であり、肩、胸、上腕三頭筋のパワーと弾性強度を高めてくれる。これは、ボクシングなどの打撃スポーツやアメリカンフットボールなどの相手を前に押し出すスポーツにとって重要な運動能力だ。繰り返すたびに質が落ちてはいけない。正しいフォームを崩さないこと。1セット6レップ以内を守り、最大パワーを出すことに集中して失速しないようにすること。

バリエーション

Knee Clapping Push-Up
ニー・クラッピング・プッシュアップ

クラッピング・プッシュアップがきつい人は、ニー・クラッピング・プッシュアップにすると楽になる。足ではなく膝をついた姿勢から動きを開始するので、レバーが短い分、難易度が下がる。ただし、通常のクラッピング・プッシュアップより効果が劣るとあなどってはいけない。負荷となる体重が減るということは、体を高く押し上げられるということにもなる。体を高く起こした膝立ち姿勢まで戻るほどパワフルな人もいる。

バリエーション

Whole-Body Clapping Push-Up
ホールボディ・クラッピング・プッシュアップ

信じられないほどの上半身の瞬発力とコアの強さが要求されるから、最上級バリエーションである。目標は、全身を宙に押し上げられるパワーで体を上方にはね返すことだ。最大の高さをめざしつつ、セット中ずっと質を維持しよう。正しく着地するには、先に足を床につけてから、上半身の押す筋肉のエキセントリック収縮によって衝撃を吸収する。

Chest Dip

チェスト・ディップ

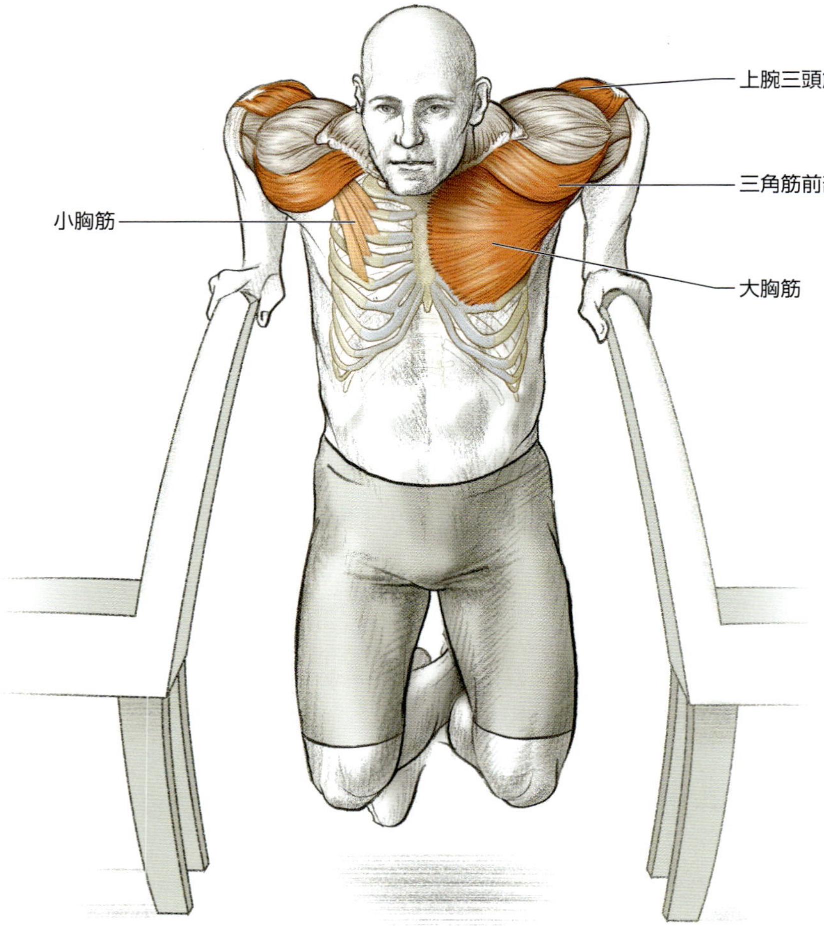

安全のヒント きわめて頑丈な道具を使うか、可能なら平行棒を使う。

エクササイズ・ステップ

1. 2脚の椅子の背(またはテーブル)に手をつき、膝を曲げて足を床から離す。可能なら、椅子やテーブルではなく、平行棒やチェストディップバーを使う。
2. 前腕をほぼ垂直に保ちながら、胸筋がしっかりストレッチされるのを感じるまで体を下げる。やや前傾する。
3. 動きを逆転して、肘がロックされるまで腕を伸ばす。

動員される筋肉

主動筋：大胸筋、上腕三頭筋、三角筋前部
補助筋：小胸筋、菱形筋、肩甲骨挙筋

エクササイズ・メモ

チェスト・ディップは、高度な胸筋エクササイズであり、並はずれた上半身の筋力が要求される。特に体の大きい人にとってはそうである。ほとんどの人は、このエクササイズをすると運動範囲が中途半端になってしまい、したがって最大の運動効果を得られない。前腕を床に対して垂直にしたまま、体幹を前傾させると、胸筋が緊張し、肘も痛めない。脇を締めて、肘が開かないようにすること。深く下がるが、肩関節に負担がかかるほど深くしない。上腕三頭筋は肘がロックされるまで使いきる。

Sliding Fly

スライディング・フライ

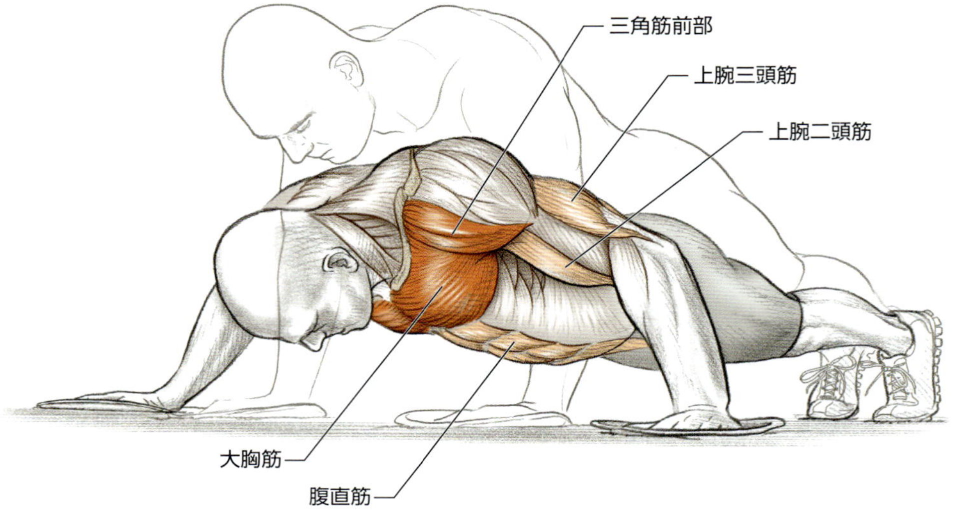

エクササイズ・ステップ

1. 両手を紙皿に載せて通常のプッシュアップの姿勢になる。脇はやや開く。紙皿ではなく、市販のスライディングエクササイズディスクを使うか、つるつるした床の上なら小さいハンドタオルを使う方法もある。
2. 体を下げながら、腕を体から離して横にスライドさせ、胸を床につける。
3. 体を押し上げてスタートポジションに戻る。

動員される筋肉

主動筋：大胸筋、三角筋前部

補助筋：上腕二頭筋、上腕三頭筋、腹直筋

エクササイズ・メモ

スライディング・フライは、胸筋をターゲットにする絶好の方法である。これは高度なエクササイズなので、負の収縮（エキセントリック収縮）をコントロールする、つまり、ゆっくり体を下げて、それを正しく行えるように練習する必要があるかもしれない。その場合、まず足をついて負の収縮のコントロールを練習し、次

に膝をついて正の収縮（コンセントリック収縮）、つまり、体を押し上げる部分を練習し、１セット通して足をついて反復できるようにしてもよい。胸筋をストレッチし、体を一直線に保つことを忘れないようにしよう。このエクササイズは流れるような滑走運動であり、ぎくしゃくした動きになってはいけない。

バリエーション

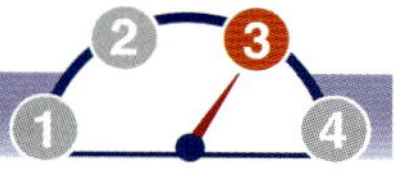

Short-Lever Sliding Fly
ショートレバー・スライディング・フライ

もう１つの練習法は、レバーを短くし、足ではなく膝をついて行うことだ。こうすれば、徐々に標準的なレップ数をこなせるようになっていくし、最初から正しいフォームでできる。

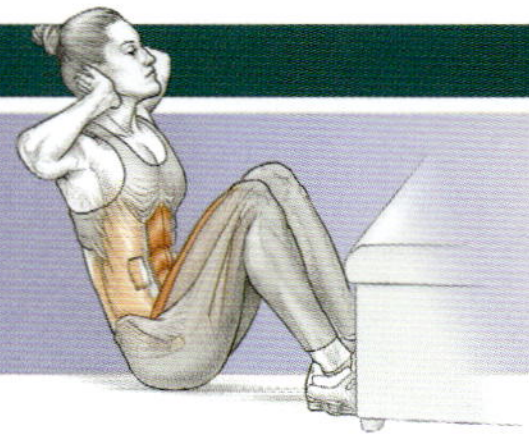

第5章

コア

コアトレーニングは、ここ10年で、そしてちゃんとした理由があってますます普及してきた。健全なコアの機能は、ケガ予防は言うに及ばず、運動効率と関節の健康にとって重要だ。もちろん、見た目にも明らかな影響を与える（結局のところ、割れた腹筋、シックスパックを望まない人がいるだろうか？）。

最適なコアトレーニングプログラムを組み立てるには、3つの基本要素が欠かせない。1）コア周辺の筋肉とコアが起こす関節の作用についての理解、2）正しいエクササイズフォームと運動量についての知識、3）構造的バランス、筋力、コアの安定を最大化するために知識を統合する知恵、である。したがって、フィットネス専門家たちのコアプログラム作成に対するアプローチも年月とともに変化してきた。シットアップからクランチへ、プランクへ、そして現在では、目的と能力に応じて、どんな種類のコアトレーニングにも益があるという認識へと変遷してきた。よい知らせを1つ。魅力的な腹筋運動器具を売り込むインフォマーシャル（テレビショッピングの類）で企業が大もうけしてきたという事実があるにもかかわらず、研究で一貫して示されてきたのは、自分の体と寝そべる床さえあれば立派なコアトレーニングができるということだ。ほとんどのインフォマーシャル製品は、筋肉の活性化の点で自重トレーニングより劣っているばかりか、一般的につくりがお粗末で使いにくい。

コアの筋肉

コアの定義は少々漠然としている。コアを構成するものは何か、5人のパーソナルトレーナーに聞いてみれば、5通りの違う答えが返ってくるかもしれない。腰椎（下背部）、骨盤、股関節がコアに含まれることは大方の共通見解だろうが、具体的にどの筋肉が関与するかについては合意があるとは言い難い。膝から肩までの全筋肉がコアに含まれると言う人もいれば、コアは胸郭と骨盤の間の筋肉に限定されると考える人もいる。お察しのように、コアの筋肉を決定するのは複雑なプロセスなのだ。

私自身はコアを深層と表層の筋肉に分類している。表層のコアには、腹直筋、内・外腹斜筋、脊柱起立筋、大殿筋、広背筋、腰方形筋、腰筋（図5.1および5.2）など、大きな筋肉が含まれる。これらの筋肉は主に運動を起こし、また運動に抵抗する役割を担っている。一方、深層のコアは、四肢の運動の直前や四肢の運動中に収縮するシリンダー役を果たし、腹腔内圧をかけて脊柱を保護する。このコアの深層筋は、主に後面の多烈筋、前面および側面の腹横筋、上部の横隔膜、底部の骨盤底筋で構成される（図5.3および5.4）。

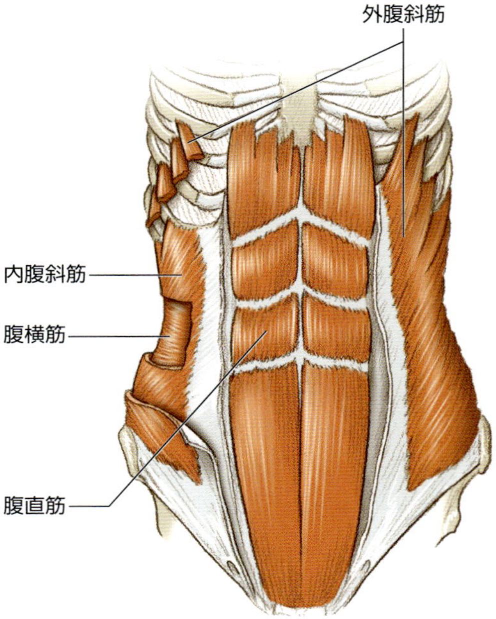

図5-1 腹直筋、腹横筋、内・外腹斜筋

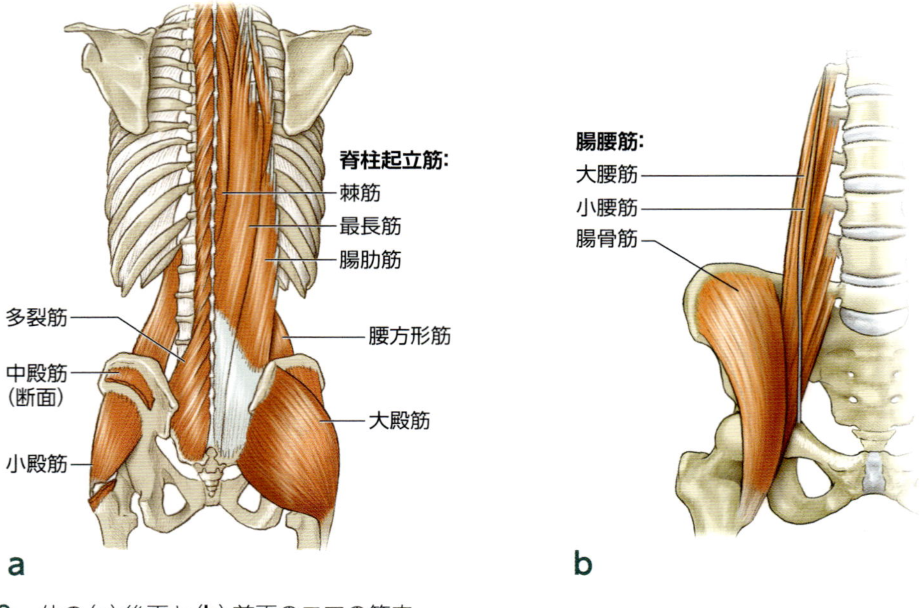

図5-2 体の(**a**)後面と(**b**)前面のコアの筋肉

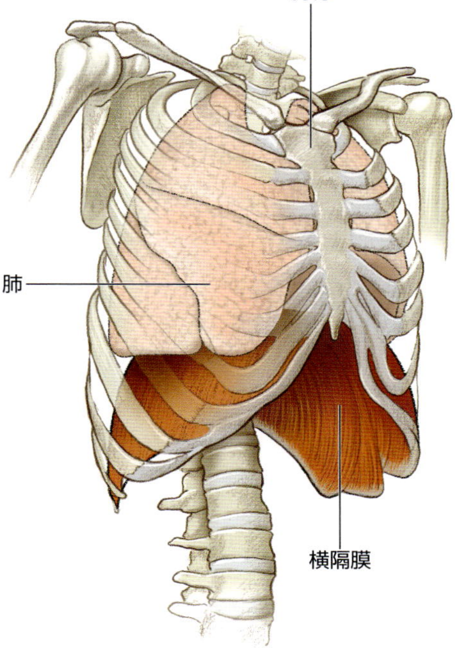

図5-3　横隔膜

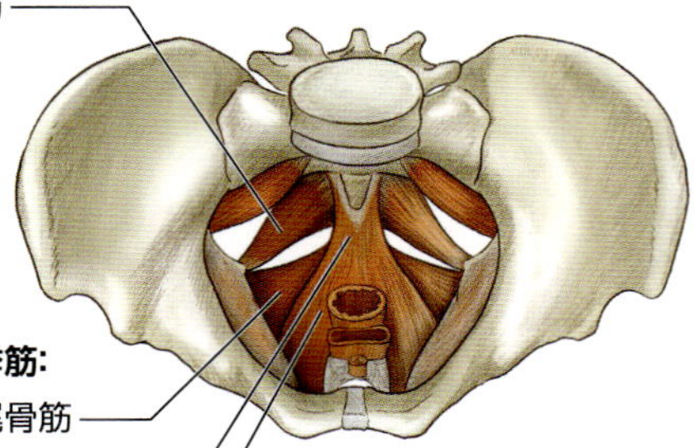

図5-4　骨盤底筋

動的コアエクササイズ—脊柱の屈曲、伸展、側屈、回旋などの運動が入るコアエクササイズ—は、個別の筋肉をターゲットにし、コアの力を出したり、抜いたりするトレーニングにより適している。コアスタビリティ（安定）エクササイズ—脊柱を静止させておく、すなわちアイソメトリックポジションに保つエクササイズ—は、運動に抵抗し、深層のコアユニットを動員するトレーニングにより適している。どちらのタイプのエクササイズも望ましいコアの機能とパフォーマンスにとって重要だ。

コアの働きと運動

脊柱と骨盤は共に働いて運動を起こす。腰椎は屈曲、伸展、側屈、回旋が可能であり、骨盤は前傾、後傾、側傾、回旋が可能である。股関節も忘れないようにしよう。股関節は屈曲、伸展、外転(脚を体の中心から遠ざける)、内転(脚を体の中心に近づける)、内・外旋が可能である。これらの動作には、その仕事を受け持つ別個の筋肉の貢献が必要である。ご想像どおり、活動中は多くの筋肉がコアのさまざまな関節運動にさまざまな度合いで関与する。

スポーツでは、ほぼすべての動きにコアが大いに関与する。力はコアを介して下半身と上半身の間を移動するから、ある部位から次の部位へエネルギーを最大限に伝えるためにコアの筋肉は硬さ(剛性)とタイミングを調整しなければならない。コアが弱いと、過剰な動きをコントロールできず、ある部位から次の部位へエネルギーが伝わるどころか、エネルギーが漏れてしまう。

脊柱と骨盤は、スポーツの動きの最中にさまざまな度合いまで動く。たとえば、ランニングの立脚(スタンス)期、支持足が接地して重心移動するときは、一般的に腰椎が伸展し、骨盤は前傾する。バットを振るような回旋運動のときは、前の股関節が内旋し、後ろの股関節は外旋し、そして左右どちらかの外腹斜筋と反対側の内腹斜筋が収縮して、硬く引き締まったコアとなり、この回旋を補助する。股関節と胸椎(上背部)の十分な運動が、下背部の回旋運動の量を制限しながら、股関節から上肢へとエネルギーを伝える。アメリカンフットボールやラグビーなど、体をぶつけ合うスポーツでは、腰椎(下背部)が伸展に抵抗できるほど強くなければならない。全力疾走、ジャンプ、ねじる、投げる、左右にカットするなど、基本的に足が接地しているときに生じる主要なスポーツ動作のすべてにコアは大きな役割を果たす。これ以外のスポーツ動作、たとえば水泳にも関係する。

強いコアの筋肉は姿勢にも貢献する。特に、胸椎後湾(猫背)を防ぐためには脊柱起立筋が強くなければならないし、腰椎前湾(脊柱前湾症)と骨盤の前傾過剰を防ぐためには腹筋が強くなければならない。バランスのとれたコアの筋力を維持すれば、激しく、瞬発的な運動のときに力が適切に分散され、それが脊柱を保護し、腰痛を予防することにつながる。

コアのエクササイズ

本章ではバラエティに富んだコアエクササイズを紹介する。コンセントリック収縮の力で動きを生み出す能力、アイソメトリック収縮の力で動きに抵抗する能力、エキセントリック収縮の力で動きを吸収もしくは減速する能力を改善するエクササイズである。スポーツや機能的運動では、この3つの質のそれぞれが大切だ。本章には、動的エクササイズと静的(アイソメトリック)エクササイズがバランスよく含まれているだけではない。運動面と運動方向に関しても多様性を持たせている。たとえば、前頭(額)面エクササイズは横運動のトレーニングに適しており、矢状面エクササイズは、前後運動のトレーニングに適しており、水平面エクササイズは回旋運動のトレーニングに適している。最後にもう1つ、本章には初心者向けエクササイズと上級者向けエクササイズがバランスよく含まれているから、幅広いレベルに対応しているし、腹筋の発達に加えて、パワー、筋力、筋持久力も発達する効果がある。

エクササイズテクニックに関しては、コアの部位に応じた正しいテクニックをぜひとも理解してもらいたい。股関節と胸椎（上背部）は可動性があり、効率的に動くのが望ましいが、腰椎の運動は制限すべきである。たとえば、クランチやサイド・クランチの場合、上背部が最も多く動き、下背部、すなわち腰椎は最も動きが少ないのが望ましい。また、コアスタビリティエクササイズでは正しい姿勢を維持することも不可欠だ。アイソメトリック収縮の筋力と持久力を鍛えている間の正しい姿勢はフィールドで生かされる。だからコアスタビリティエクササイズで静止しているときは、自分の体がどう見えるかを意識しよう。

Crunch

クランチ

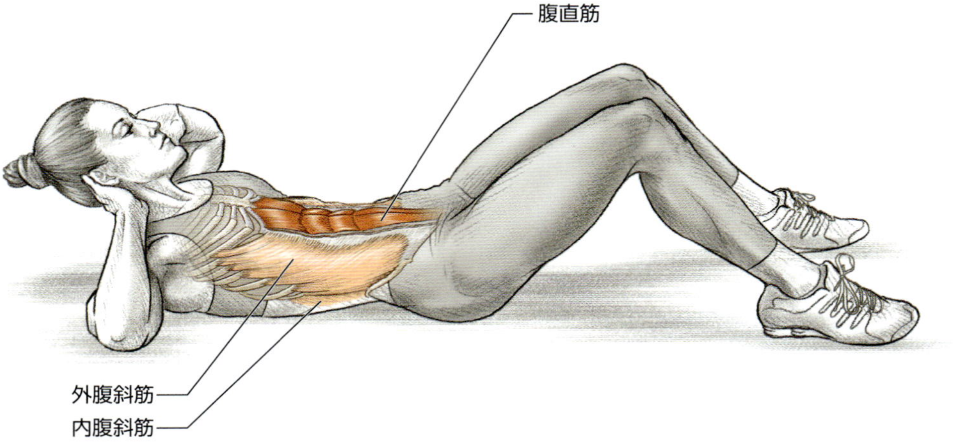

エクササイズ・ステップ

1. 仰向けになり、膝を曲げて足を床につける。手は耳に添える。頭と首をニュートラルポジションに保ち、顎を引いたり、首をねじったりしない。
2. 体幹が30度屈曲するまで脊柱を屈曲する。腰椎はほとんど床から離さずに、ほぼ胸椎のみ動かし、頭と首をニュートラルポジションにしたまま起き上がることになる。
3. 起き上がった姿勢で少し静止してから、コントロールしながらゆっくり体幹を下げる。

動員される筋肉

主動筋：腹直筋

補助筋：外腹斜筋、内腹斜筋

エクササイズ・メモ

クランチは、本書のコアエクササイズのなかでも最も基本的なものの1つである。腹壁の筋肉がターゲットになり、コアの動的な体幹屈曲の機能を強化する。このコアの機能は、野球ボールを投げる、テニスボールをサーブする、バレーボールをスパイクする、といったスポーツ動作に欠かせない。

下背部の屈曲を制限し、なるべく上背部で動くことを重視する。上体を起こすのは、体幹が30度屈曲するまでとし、トップポジションのアイソメトリック収縮（体を静止させる段階）もエキセントリック収縮（体を下げる段階）もていねいに行う。

バリエーション

Reverse Crunch
リバース・クランチ

通常のクランチは、やや腹直筋の下部より上部に効くが、リバース・クランチは、正しくやれば、骨盤を後傾することになるから腹直筋の下部と腹斜筋がもっと動員される。まず股関節を直角に曲げ、膝を折る。次に膝を頭のほうに引き寄せ、殿部を床から持ち上げる。

バリエーション

Side Crunch
サイド・クランチ

股関節を曲げて体側を床につけ、体幹を約30度側屈まで引き上げる。腹斜筋がターゲットになる。

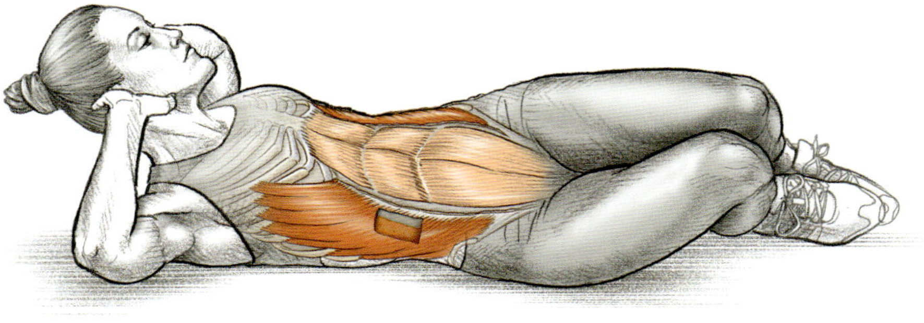

Superman

スーパーマン

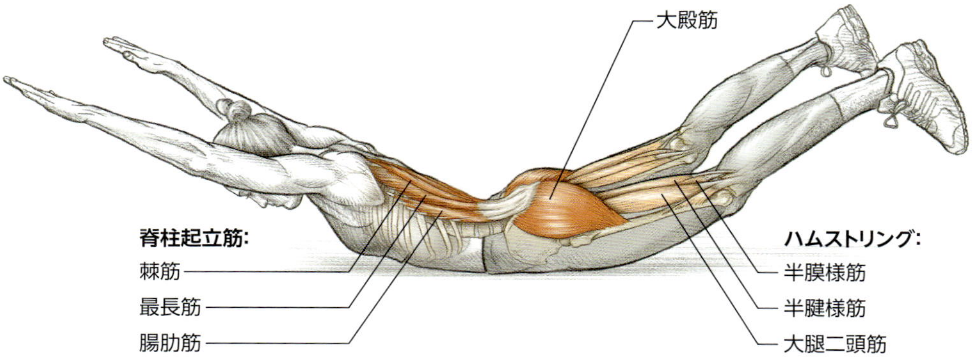

エクササイズ・ステップ

1. うつぶせになり、手のひらを下にして両腕を前方に伸ばし、膝はやや曲げて、肩幅に離す。
2. 体幹と両脚を同時に床から持ち上げる。このとき、脊柱だけではなく、股関節を過伸展する（反らす）こと。脊柱起立筋に加えて殿筋やハムストリングもターゲットにする。
3. トップポジションで少し静止してから、体を下げてスタートポジションに戻る。

動員される筋肉

主動筋：大殿筋、脊柱起立筋（棘筋、最長筋、腸肋筋）、

補助筋：ハムストリング（大腿二頭筋、半腱様筋、半膜様筋）

エクササイズ・メモ

スーパーマンは、正しくやれば、驚くほど効果的なコアエクササイズである。たいていの人は、下背部を過剰に反らして、脊柱起立筋だけをターゲットにしようとする誤ったフォームになる。これは望ましくない。このエクササイズは、腰椎の過伸展を制限し、そのかわりに殿筋やハムストリングを絞りながら脚を床から持ち上げて股関節を過伸展すると効果が高くなる。脚と体幹は床に対する角度が20度くらいまで上げ、殿筋を重点的に使おう。

Bicycle

バイシクル

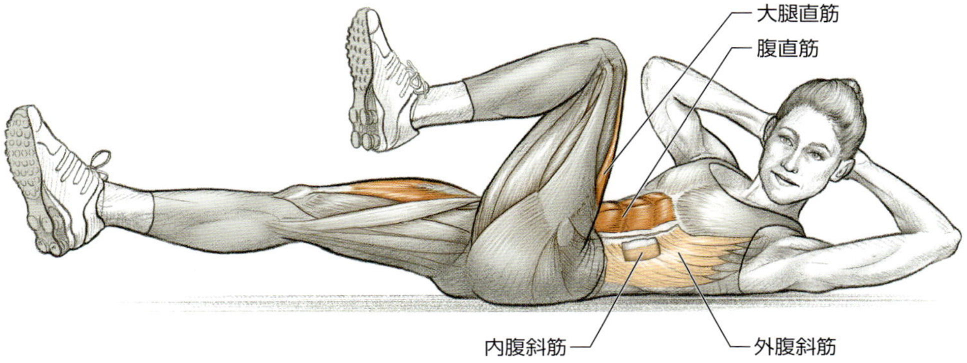

エクササイズ・ステップ

1. 仰向けになり、股関節を直角に曲げる。
2. 両手を後頭部に当て、体幹を床から30度くらい起こして片側にねじりながら（脊柱上部の屈曲と回旋）、反対側の膝で肘にタッチし（股関節の屈曲）、同時に反対の脚は伸ばす。
3. 動きを逆転し、反対側も同様に行う。自転車をこぐような動きになる。

動員される筋肉

主動筋：腹直筋、腰筋、大腿直筋

補助筋：内腹斜筋、外腹斜筋

エクササイズ・メモ

バイシクルは、コアに体幹の屈曲、体幹の回旋、股関節の屈曲という複数の運動をさせる効果的な腹筋エクササイズである。筋力のバランスとコーディネーション（協調）が要求される。こつさえ飲み込んでしまえば、コア全体を使っているのがわかるはずだ。腰椎はあまり動かさないこと。起き上がる高さは肩甲骨が床から離れれば十分だ。

Seated Knee-Up
シーテッド・ニーアップ

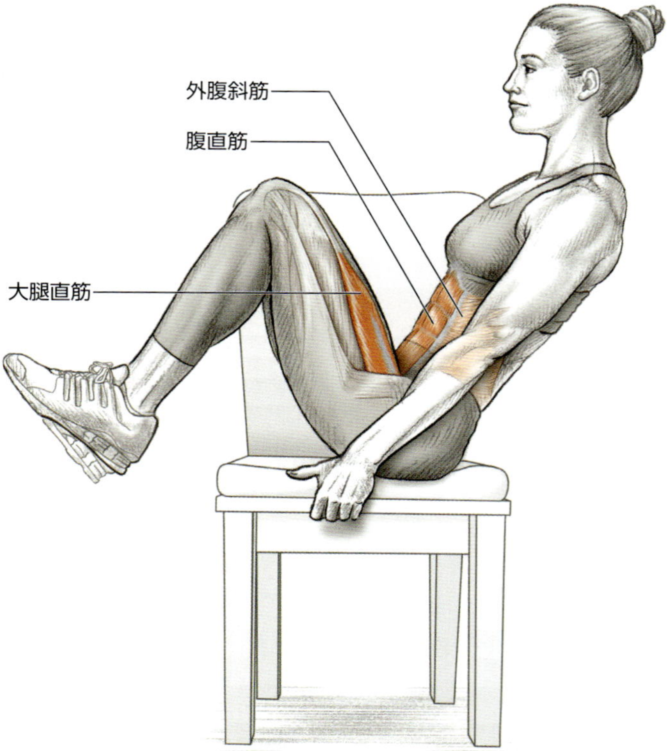

エクササイズ・ステップ

1. 椅子に座り、体を後ろに傾け、椅子の座面をつかむ。 足は床につけておき、胸を張り、頭と首はニュートラルポジションにする。
2. 膝を曲げたまま両脚を上げると同時に体幹を前に動かし、体幹と大腿を近づける。
3. 体幹と足を下げてスタートポジションに戻る。

動員される筋肉

主動筋：腹直筋、腰筋、大腿直筋

補助筋：内腹斜筋、外腹斜筋

エクササイズ・メモ

強力な股関節の屈筋は、走るときに脚を引き上げる力になる。股関節の屈曲範囲が小さい（脚をあまり上げない）うちは大腿直筋が活発だが、屈曲範囲が大きくなる（脚を高く上げる）につれて腰筋が重要になる。シーテッド・ニーアップは、腹筋と股関節の屈筋を同時に鍛え、アンテリアチェーン（体の前面の筋群）を強化する。胸を張り、頭と首をニュートラルポジションに保ち、最後まで正しい姿勢を崩さないようにしよう。

バリエーション

L-Sit
Lシット

Lシットは、全身を宙に浮かせながら、股関節の90度屈曲をアイソホールド（アイソメトリックホールド）する難易度の高いバリエーションである。この上級バリエーションにトライするなら、ほかのエクササイズでコアの筋力とハムストリングの柔軟性が十分ついてからにしよう。腕が短めの人は、体の両脇に1個ずつブロックを置き、ブロックに手のひらを押しつけて行うとよい。

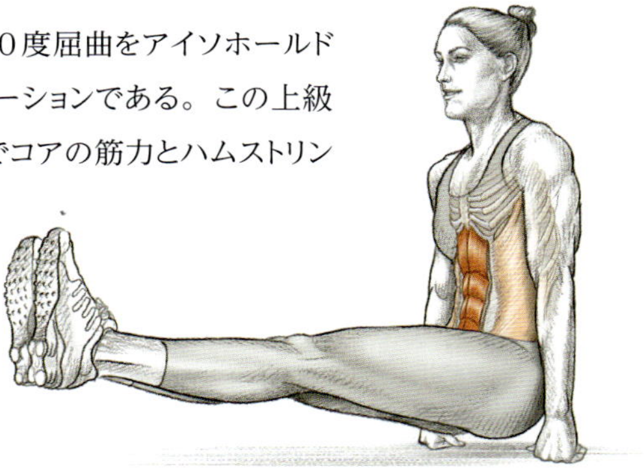

Bent-Knee Single-Leg Lowering with Extension

ベントニー・シングルレッグ・ロワリング・ウィズ・エクステンション
（膝を曲げた片脚を伸展しながら下げる運動）

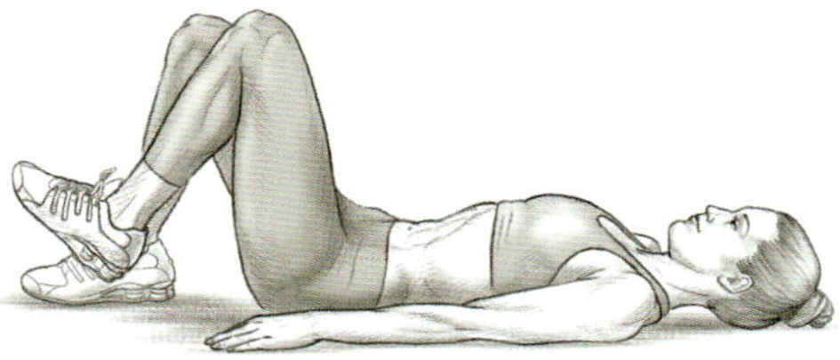

スタートポジション

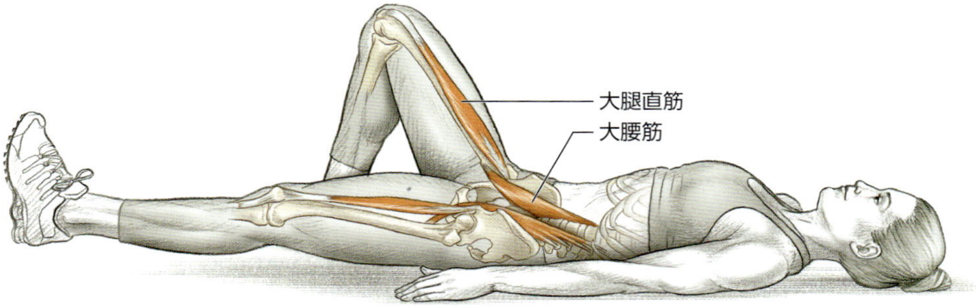

エクササイズ・ステップ

1. 仰向けになり、両膝を曲げる。片足を床につけ、もう片方の足は宙に上げて、股関節と膝を直角に曲げておく。
2. 上げたほうの脚を伸ばしながら床に下げていき、足が床に軽く触れたら止める。腰椎はニュートラルポジションに保つこと。
3. 動きを逆転してスタートポジションに戻る。

動員される筋肉

主動筋： 腹直筋下部、大腰筋、大腿直筋

補助筋： 腹直筋上部、内腹斜筋、外腹斜筋

エクササイズ・メモ

これは、すぐれた初心者向けエクササイズであり、股関節の屈筋と腹筋を強化することで下背部と骨盤の安定性を高める効果がある。簡単そうに見えるが、きちんとやれば、そうではないとわかる。たいていの人は、途中で下背部のアライメントが崩れてしまう。このタイプのエクササイズでは、運動中に背骨を正しく安定させておけるようになることが大切だ。

バリエーション

Dead Bug

デッド・バグ

＊「死んだ虫」の意。

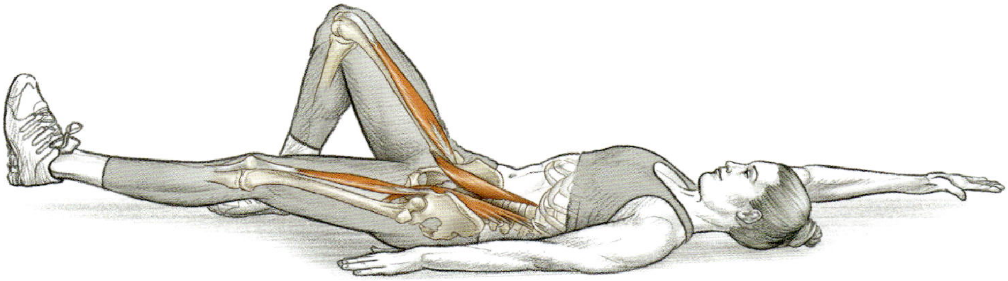

より難しいバリエーションであり、腕と脚の対角線の動きが入る。まず、仰向けになり、股関節、膝、肩を直角に曲げる。下背部をニュートラルポジションに保ちながら、片脚と反対側の腕を同時に床に下げる。これは見かけよりずっとハードなエクササイズだ。

Double-Leg Lowering with Bent-Knee

ダブルレッグ・ロワリング・ウィズ・ベントニー（膝を曲げた両脚を下げる運動）

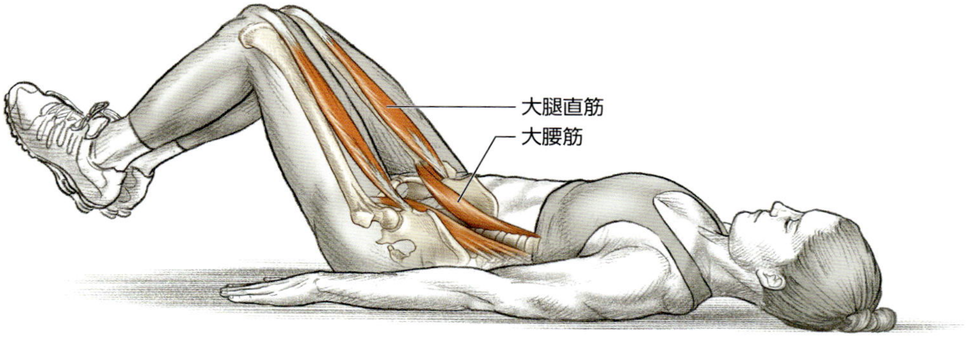

エクササイズ・ステップ

1. 仰向けになり、手のひらを下に、首はニュートラルポジションにし、両脚の股関節と膝を直角に曲げる。
2. 膝を曲げたまま、股関節の伸展（エキセントリック収縮）でゆっくり両足を床まで下げる。下背部を反らさないこと。
3. 動きを逆転してスタートポジションに戻る。

動員される筋肉

主動筋：腹直筋下部、大腰筋、大腿直筋

補助筋：腹直筋上部、内腹斜筋、外腹斜筋

エクササイズ・メモ

これもやりがいのあるコアスタビリティ（安定）エクササイズであり、腰椎をニュートラルポジションに保ちながら股関節を屈曲および伸展する運動である。自然に任せれば下背部が反り、骨盤が前傾するが、そうならないように抵抗し、強い伸展のトルク（関節を回転させる力）がかかっている状態で脊柱を安定させるトレーニングだ。ゆっくり、コントロールしながら行えば、正しい筋肉が働いているのを感じることができる。

バリエーション

Lying Straight-Leg Raise
ライイング・ストレートレッグ・レイズ
（仰臥位のストレートレッグ・レイズ）

ダブルレッグ・ロワリングを難しくしたバリエーションである。これを正しくできる人は少ない。正しい姿勢を崩さず、ゆっくり、コントロールしながら脚を下げよう。

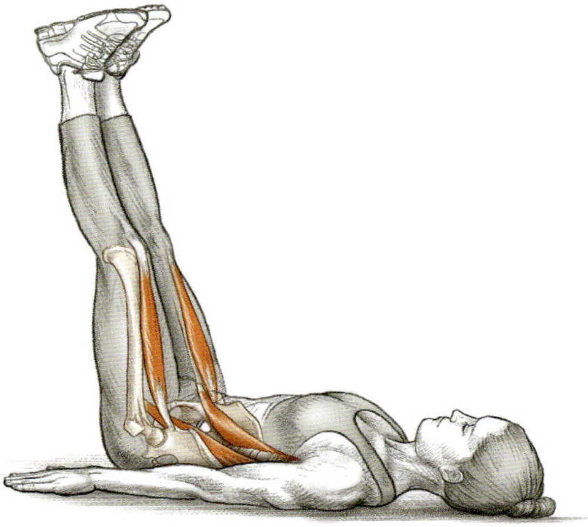

バリエーション

Dragon Flag
ドラゴン・フラッグ

きわめて高度なバリエーションである。必ずこれより簡単なエクササイズができるようになってからトライしよう。仰向けになり、ポールや安定した椅子の座部など、背後にある物をしっかりつかむ。肩上部を軸に全身を回転させる（上下させる）。体を一直線に保ち、正しい姿勢とコアの収縮を維持すること。

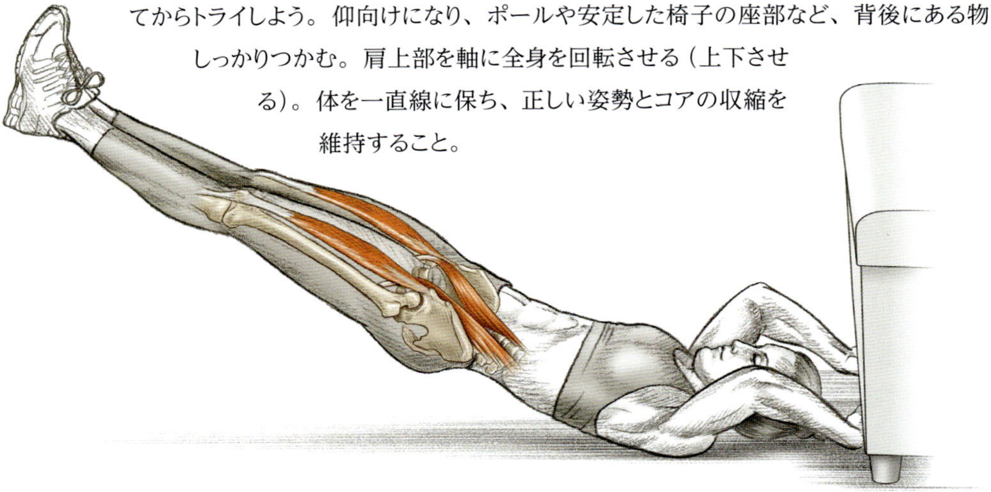

Bent-Leg Sit-Up

ベントレッグ・シットアップ
（膝を曲げたシットアップ）

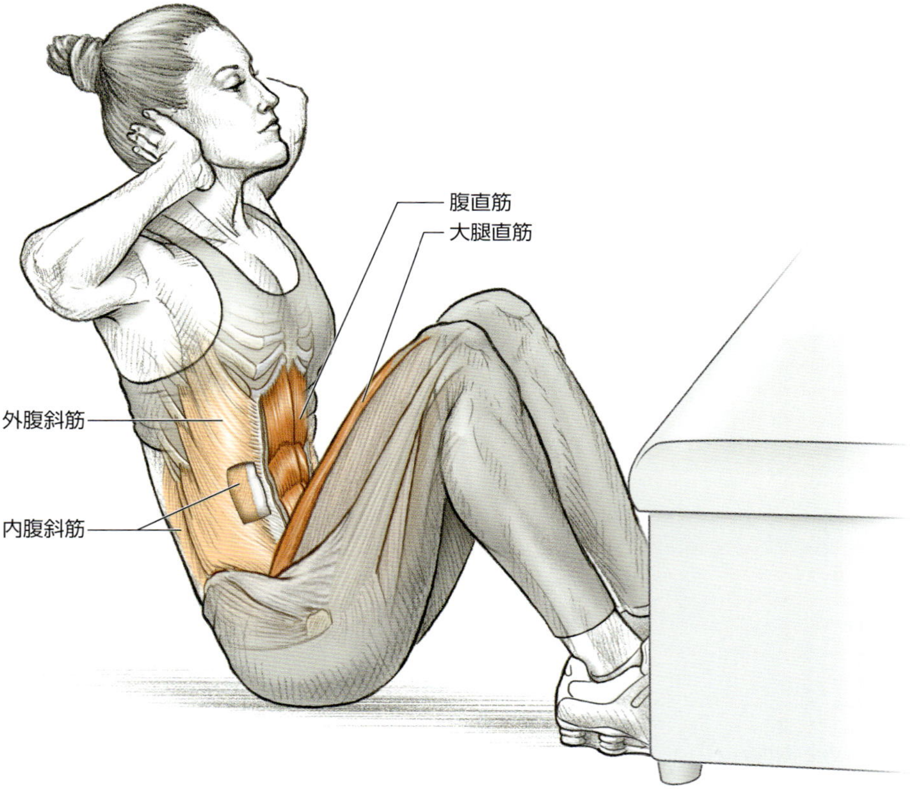

エクササイズ・ステップ

1. 仰向けになり、股関節を45度に、膝を直角に曲げる。
2. 手を耳に添えて、股関節と上背部を屈曲して上体を起こす。腰椎はなるべく動かさないこと。
3. スタートポジションに戻る。

動員される筋肉

主動筋：腹直筋、腰筋、大腿直筋

補助筋：内腹斜筋、外腹斜筋

エクササイズ・メモ

ベントニー・シットアップは、代表的なコアエクササイズだが、腰椎の屈曲が過剰になり、効果よりも害のほうが多くなりがちなエクササイズでもある。最後まで正しい腰椎の姿勢を維持しよう。それには股関節と上背部を曲げて、下背部の運動範囲は制限することが必要だ。ソファなど重い物の下に足をひっかけると、股関節で生じるトルクが大きくなる。弾みをつけて雑に100回繰り返すよりも、コントロールしながら体を動かし、特に負の収縮（体を下げる段階）をていねいに行うこと。

バリエーション

Straight-Leg Sit-Up
ストレートレッグ・シットアップ

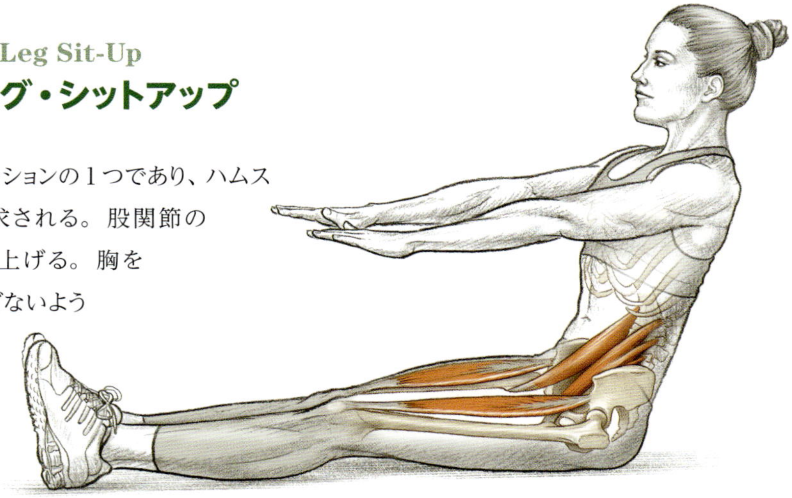

シットアップのバリエーションの１つであり、ハムストリングの柔軟性が要求される。股関節の屈筋を使って体を引き上げる。胸を張って下背部を丸めすぎないようにすること。

バリエーション

Twisiting Sit-Up
ツイスティング・シットアップ

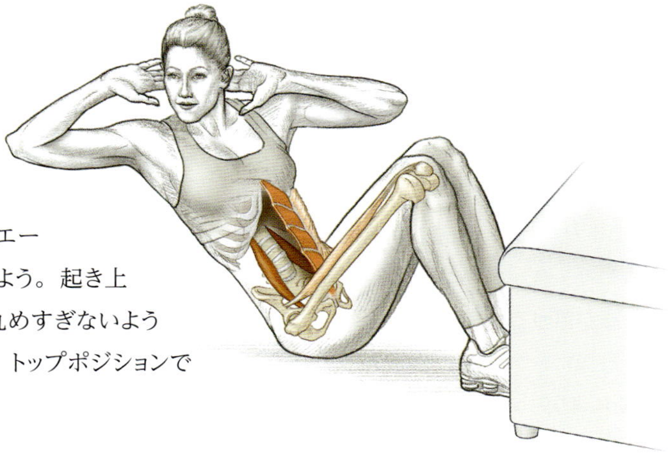

これも代表的なコアエクササイズだが、ほかのシットアップのバリエーション同様、正しく行うことを意識しよう。起き上がるときは、胸を張って下背部を丸めすぎないようにする。体のねじりすぎにも注意。トップポジションで肘を反対側の膝に近づける。

Front Plank
フロント・プランク

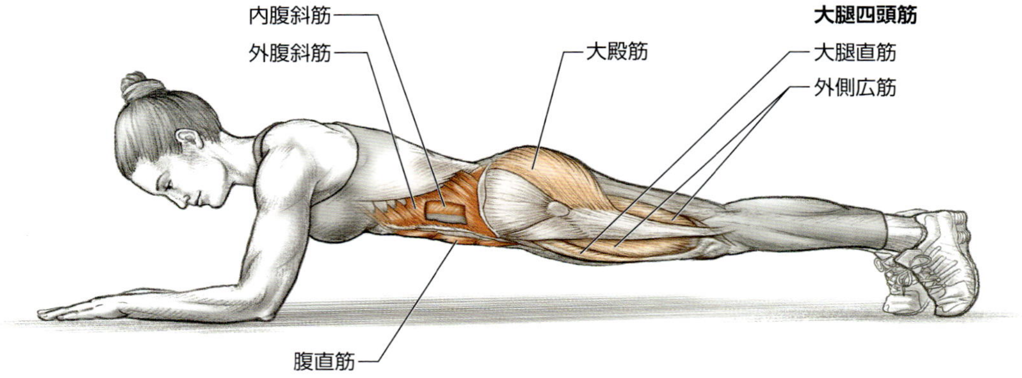

エクササイズ・ステップ

1. うつ伏せになり、足と前腕だけを床について体を支え、1枚の厚板（plank）のような姿勢になる。
2. 体を一直線に保つ。肘は肩の真下につき、手のひらかこぶしを床につき、下を見て、大腿四頭筋と殿筋を強く収縮させる。
3. 筋力レベルに応じて、この姿勢を30秒-3分保持する。

動員される筋肉

主動筋：腹直筋、内腹斜筋、外腹斜筋

補助筋：大殿筋、大腿四頭筋（大腿直筋、外側広筋、内側広筋、中間広筋）

エクササイズ・メモ

フロント・プランクは、最も基本的なコアスタビリティエクササイズである。残念ながら、これを正しくできていないケースが多い。大腿四頭筋を収縮させて膝をまっすぐ伸ばし、体を一直線に保つのが正しいのだが、腰が落ちるか、逆V字に持ち上がってしまう人が多い。首を反らさないように下を見ることもポイントだ。最後にもう1つ、殿筋を絞って骨盤を後傾させることにも注意してほしい。こうすると殿筋、腹筋、腹斜筋によりいっそう負荷がかかる運動になる。このように正しく行えば、これは手ごわいエクササイズだ。15秒も過ぎれば体がプルプル震えてくることも珍しくない。

バリエーション

Short-Lever Front Plank
ショートレバー・フロント・プランク

初心者は、膝をつき、レバー（てこ）を短くして正しいプランクを練習してもよい。注意点は通常のプランクに同じ。肩から膝までが一直線になるようにし、殿筋を絞ること。

バリエーション

Feet-Elevated Front Plank
フィートエレベイテッド・フロント・プランク
（足を高くしたフロント・プランク）

ウェイトベンチや頑丈な椅子、小さいテーブルに足を載せれば、プランクの姿勢で静止するのがもっと難しくなる。体を高く上げすぎないこと。床と平行にすれば負荷が最大になる。

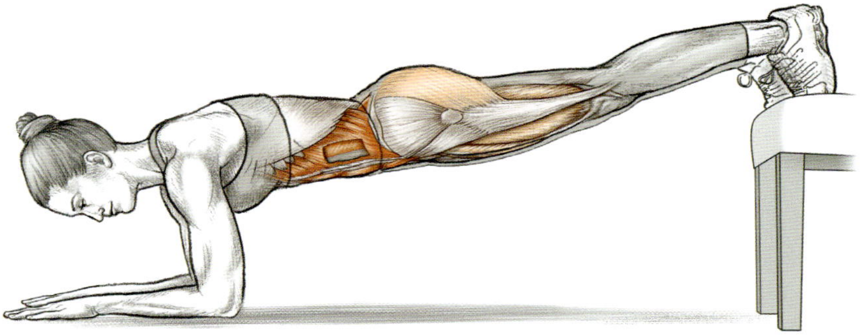

Rotating Three-Point Plank

ローテーティング・スリーポイント・プランク（四肢を順番に上げていく３点プランク）

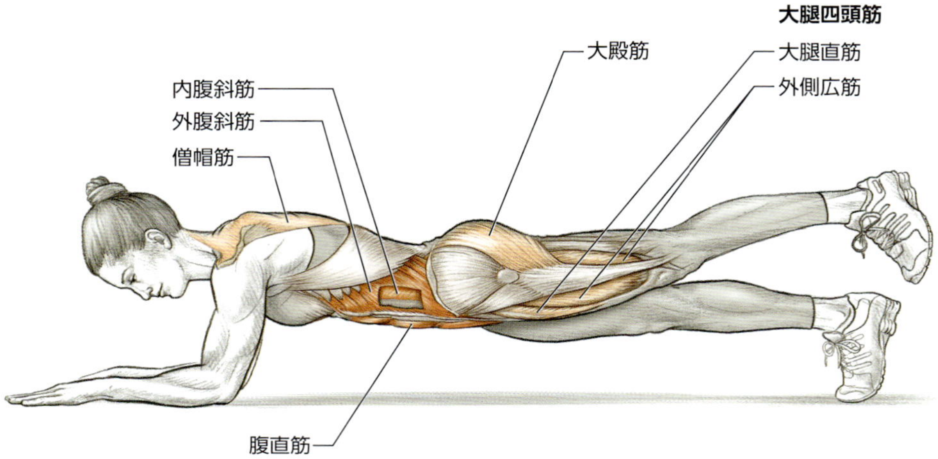

エクササイズ・ステップ

1. 通常のプランクの姿勢になる。体を静止させたまま、片腕を宙に上げて1秒保持する。
2. スタートポジションに戻り、体を静止させたまま、もう片方の腕を宙に上げる。
3. スタートポジションに戻り、片脚を上げる。
4. スタートポジションに戻り、もう片方の脚を上げる。
5. このように四肢を順番に上げていくのを1セット間繰り返す。

動員される筋肉

主動筋：腹直筋、内腹斜筋、外腹斜筋

補助筋：大殿筋、大腿四頭筋（大腿直筋、外側広筋、内側広筋、中間広筋）、僧帽筋

エクササイズ・メモ

筋力トレーニングでは体に負荷を与えつづけることが重要だ。通常のプランクは、初心者にとってはすばらしいエクササイズだが、中・上級者にとっては簡単すぎる。プランクの難易度を上げる方法の1つは、四肢のいずれかを床から上げることだ。体が不安定になり、脊柱の回旋を安定させる課題が加わる。四肢を床から上げても、体幹が傾いたり、ねじれたりせず、体を安定させておけるかが試される。1セット60秒をめざそう。

バリエーション

Rotating Two-Point Plank
ローテーティング・ツーポイント・プランク

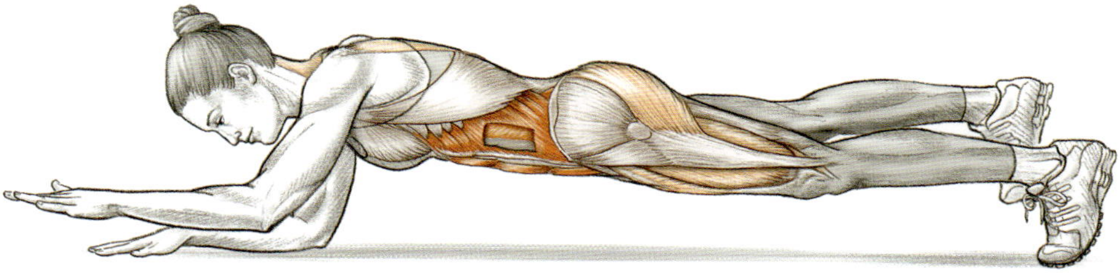

ローテーティング・スリーポイント・プランクができるようになったら、ツーポイント・プランクにすれば、さらに難しいプランクに挑戦できる。体を静止させたまま、骨盤と背骨を動かさずに、片腕と反対側の脚を同時に上げる。

Partner-Assited Oblique Raise

パートナーアシステッド・オブリーク・レイズ

（パートナーに補助してもらう腹斜筋の引き上げ）

1 2 3 4

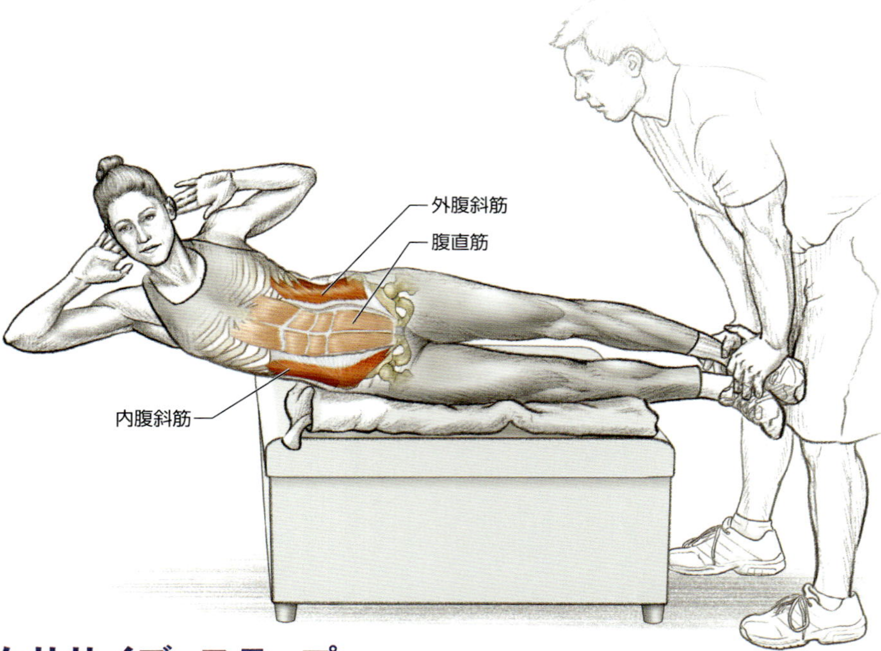

エクササイズ・ステップ

1. パートナーに足を押さえてもらい、ウェイトベンチや小さいテーブル、ラブシート（2人がけソファ）に下半身の側面を横たえる。上半身は宙に浮かし、手を耳に添え、脚をまっすぐ伸ばす。
2. 体幹を床のほうに下げる。脊柱下部はできるだけ曲げないようにして、股関節上部がストレッチされるようにする。体をねじらないこと。
3. 中殿筋と腹斜筋を強く収縮させて体幹を引き上げる。

動員される筋肉

主動筋：外腹斜筋、内腹斜筋、中殿筋、腰方形筋

補助筋：腹直筋、脊柱起立筋（棘筋、最長筋、腸肋筋）、多裂筋

エクササイズ・メモ

これはパートナーが必要な難しいエクササイズである。適切な位置についたパートナーに足を押さえてもらい、下半身がぐらつかないようにすることが欠かせない。これは股関節―コアの運動であって、単に下背部を曲げる運動ではない。また、真横の運動にならなければならない。つまり、股関節でねじれたり、前に折れたりしてはいけない。初めは胸の前で腕を組み、それが簡単になったら、手を頭上で囚人ポジション（両手を後頭部に当て、肘を張る）にすると負荷が上がる。

RKC Plank

RKCプランク

*RKCはRussian Kettlebell Challenge（旧ソ連軍特殊部隊の元教官が米国で創設したケトルベル専門のトレーニングを指導する組織）の略。

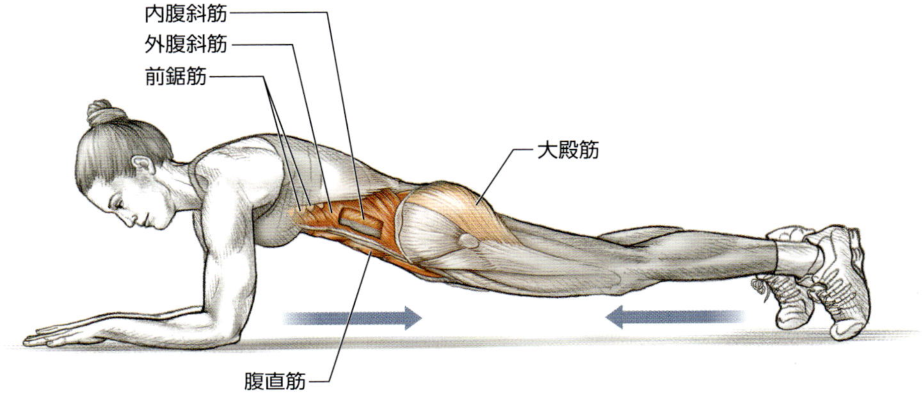

エクササイズ・ステップ

1. 前腕とつま先で体を支えた通常のプランクの姿勢になる。
2. 殿筋をできるだけしっかり絞り、骨盤を後傾（タックイン）させる（腰椎のカーブを平らにするように骨盤を回転させる）。この骨盤の後傾はセット中ずっと維持しておく。
3. 体を二つ折りにするかのように肘を足のほうに、足を肘のほうに引っ張るが、プランクの姿勢は崩さない。

動員される筋肉

主動筋：腹直筋、外腹斜筋、内腹斜筋

補助筋：大殿筋、前鋸筋

エクササイズ・メモ

RKCプランクは、プランクの中級バリエーションであり、かなりの筋肉のスキルと持久力が要求される。骨盤を後傾させて、それを一定時間維持するだけの腹筋と殿筋の運動スキルやスタミナが欠けている人が多い。骨盤を背骨から分離して動かすことができて、殿筋が強いことが重要だ。なぜなら、この2つは、過剰な骨盤の前傾、すなわち反りすぎを防ぐために必要だからだ。このバリエーションは、大殿筋の持久力と腹筋下部および腹斜筋の持久力の両方を強化する。骨盤の後傾を保ちながら、肘を足のほうに、足を肘のほうに引っ張ることでアイソホールドがかなり苦しくなる点が難関だ。この動きを習得するには時間がかかるから、もっと簡単なプランクのバリエーションがうまくできるようになってからRKCプランクにトライしよう。

Side Plank

サイド・プランク

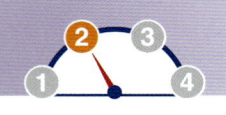

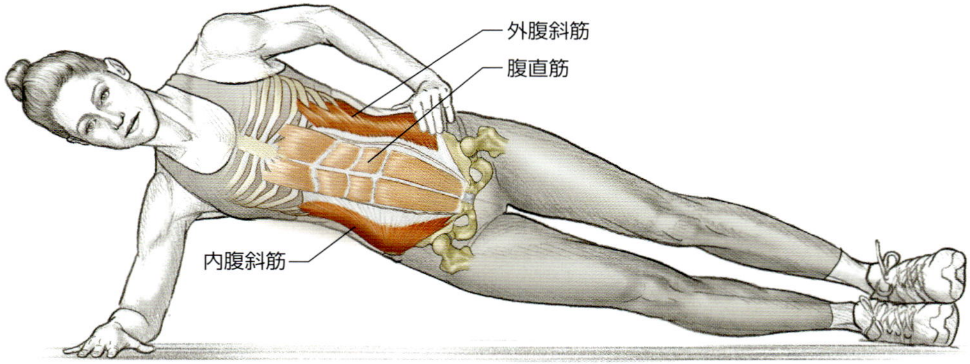

エクササイズ・ステップ

1. 側臥位（横向きに寝る）になり、片足と片方の前腕だけを床について体を支え、1枚の厚板（plank）を横置きにしたような姿勢になる。
2. 頭と首をニュートラルポジションにして、頭から足まで体を一直線に保つ。殿筋を絞り、下になっている腕の前腕はまっすぐ前に向けておく。
3. 筋力レベルに応じて、この姿勢を15-60秒保持する。

動員される筋肉

主動筋：外腹斜筋、内腹斜筋、中殿筋、腰方形筋

補助筋：腹直筋、脊柱起立筋（棘筋、最長筋、腸肋筋）、多裂筋

エクササイズ・メモ

サイド・プランクは、きわめて機能的なエクササイズであり、腹斜筋と中殿筋のアイソメトリックトレーニングである。つまり、腹斜筋と中殿筋は多くの動的活動で体を安定させる役割を担うのだが、実際の機能に近いトレーニングというわけだ。全身をニュートラルポジションに保ち、コアと殿筋を引き締めておく。よくある誤りは、途中で知らないうちに前か後ろに傾いたり、体がねじれたり、股関節で体が折れてしまったりすることだ。これはコアスタビリティエクササイズだから、体のぶれに抵抗し、体を長く伸びた、しっかりと安定した姿勢に保たなければならない。

バリエーション

Short-Lever Side Plank
ショートレバー・サイド・プランク

通常のサイド・プランクがきつい人は、まずショートレバー・サイド・プランクをできるようにしてからサイド・プランクに進もう。足ではなく、膝をつくことによって負荷となる体重の割合が減り、エクササイズをコントロールしやすくなる。注意点は同じ。長く伸びた不動の姿勢で。

バリエーション

Feet-Elevated Side Plank
フィートエレベイテッド・サイド・プランク
（足を高くしたサイド・プランク）

サイド・プランクの上級バリエーション。ウェイトベンチや小さい椅子、ボックス、頑丈なテーブルに足を載せて足を高くする。体と床が平行になるのが望ましい。さらに負荷を上げたければ、静止した姿勢を崩さずに、上の脚に股関節の外転（サイドライイング・ヒップ・レイズのように）か股関節の外旋（サイドライイング・クラムのように）を組み込む。

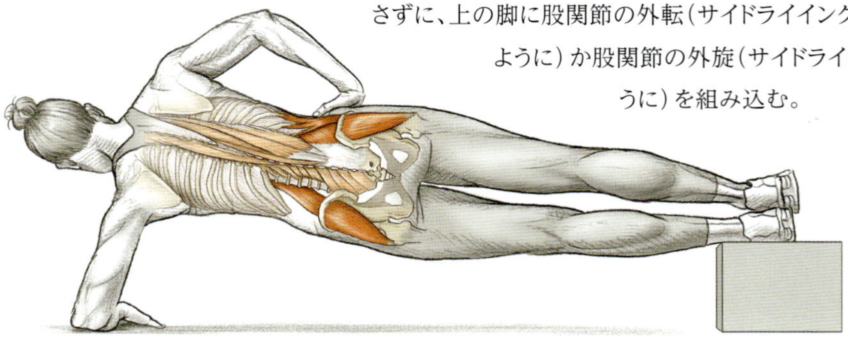

Hanging Leg Raise with Bent Knees

ハンギング・レッグ・レイズ・ウィズ・ベント・ニーズ
（膝を曲げるハンギング・レッグ・レイズ）

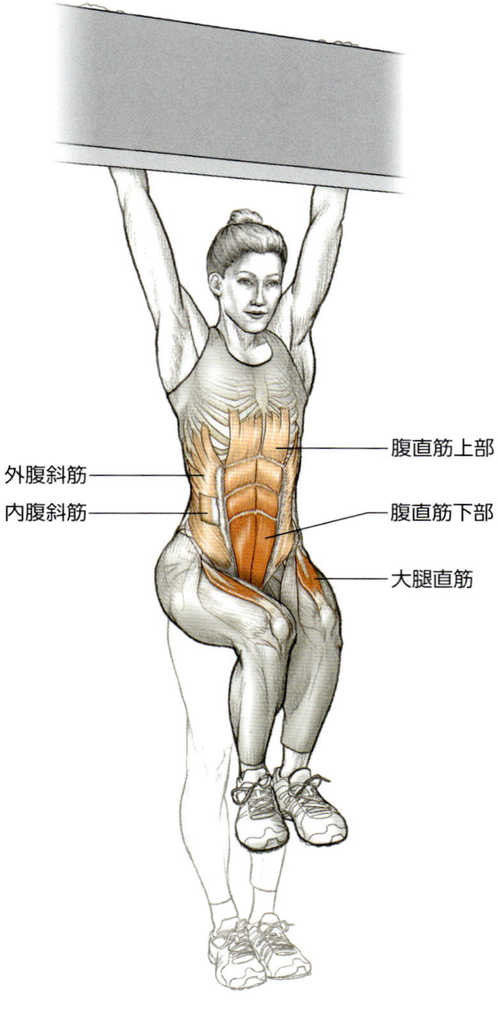

エクササイズ・ステップ

1. 両手を肩幅くらいに離し、順手（手のひらを前に向ける）で懸垂バーか頑丈な梁からぶら下がる。脚はまっすぐ伸ばしておく。
2. 股関節を屈曲して股関節と膝の角度がそれぞれ直角になるまで脚を引き上げる。
3. 脚を下げてスタートポジションに戻る。

動員される筋肉

主動筋：腰筋、大腿直筋、腹直筋下部

補助筋：腹直筋上部、内腹斜筋、外腹斜筋、前腕前面・後面の筋肉（橈側手根屈筋、長掌筋など）、僧帽筋下部

エクササイズ・メモ

これは股関節の屈筋のすばらしいエクササイズであり、全力疾走のとき脚を速く動かせるようになる効果が期待できる。エクササイズ中は腰椎をニュートラルポジションに保つ。そのためにはできるだけ下背部は動かさず、ほぼ股関節と上背部だけで動くようにする。大腿上部が床と平行になるまで膝を引き上げてから脚を下げる。

バリエーション

Straight-Leg Hanging Leg Raise
ストレートレッグ・ハンギング・レッグ・レイズ

股関節の屈筋の強靭さとハムストリングの柔軟性が要求される上級バリエーションである。注意点は同じ。腰椎は安定させておき、股関節だけで動く。

バリエーション

Hanging Leg Raise with Reverse Crunch
ハンギング・レッグ・レイズ・ウィズ・リバース・クランチ
(リバース・クランチを入れたハンギング・レッグ・レイズ)

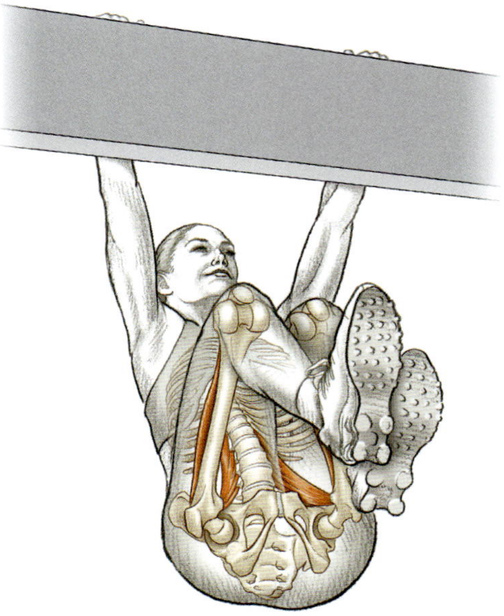

股関節の屈曲、骨盤の後傾、腰椎の屈曲を組み合わせて股関節の屈筋と腹筋をターゲットにするエクササイズである。まず膝を引き上げる。膝が直角まで上がったら、骨盤を後ろに傾け、背骨を少し曲げて体をさらに引き上げる。膝が肩に近づいていくことになる。

Oblique Hanging Leg Raise

オブリーク・ハンギング・レッグ・レイズ
(腹斜筋をターゲットにしたハンギング・レッグ・レイズ)

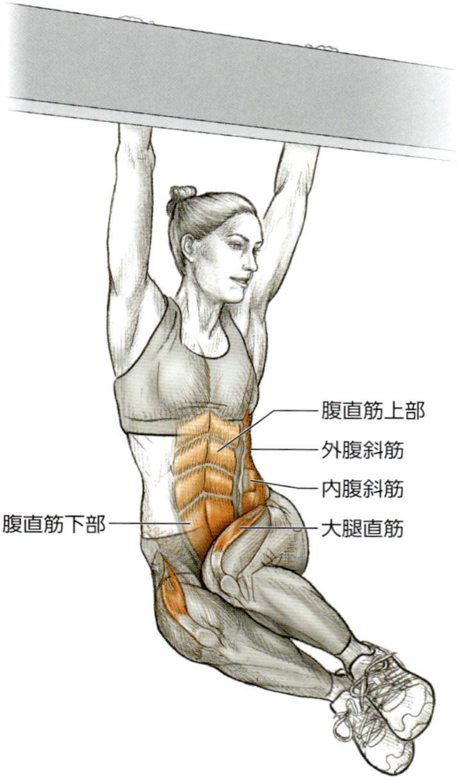

エクササイズ・ステップ

1. 両手を肩幅くらいに離し、順手(手のひらを前に向ける)で懸垂バーか頑丈な梁からぶら下がり、膝を曲げる。股関節を屈曲して膝を引き上げる。同時に、脊柱を側屈して膝を片側に倒す。

2. 大腿が床に対して少なくとも平行になるまで膝を引き上げる。脚を下げてスタートポジションに戻り、反対側も同様に行う。

動員される筋肉

主動筋：内腹斜筋、外腹斜筋、腰筋、大腿直筋、腹直筋下部

補助筋：腹直筋上部、前腕前面・後面の筋肉(橈側手根屈筋、長掌筋など)、僧帽筋下部

エクササイズ・メモ

これは難易度の高いコアエクササイズであり、コア前面全体を使い、特に腹斜筋がターゲットになる。サイド・クランチなど、これより簡単な腹斜筋エクササイズが上達してからトライしよう。コントロールしながら、なめらかに動くこと。

バリエーション

Windshield Wiper
ウィンドシールド・ワイパー

ウィンドシールド・ワイパーはきわめて高度なエクササイズである。もっと基本的なコアの運動パターンを習得するまではやらないこと。まず脚を肩のほうに引き上げ、次に脚を左右に動かす。コアを引き締めておき、下背部ではなく、ほぼ上背部だけをねじる。動きをコントロールし、背骨を痛めないように回旋運動の範囲を制限すること。

Sliding Rollout from Knees

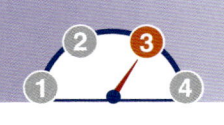

スライディング・ロールアウト・フロム・ニーズ
（膝をついたスライディング・ロールアウト）

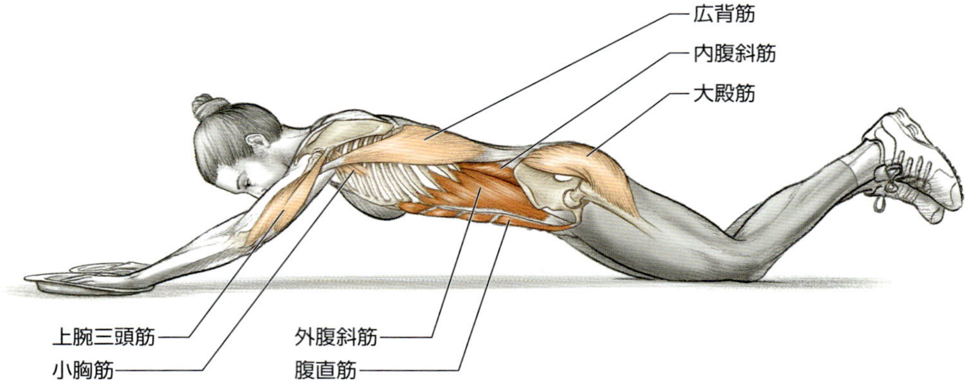

エクササイズ・ステップ

1. 両手を紙皿に載せて膝をついた姿勢になる。市販のスライディングエクササイズディスクを使うか、つるつるした床の上なら小さいハンドタオルを使ってもよい。殿筋を絞り、頭と首はニュートラルポジションに保つ。
2. コントロールしながら股関節の伸展と腕の屈曲で体をスライドさせて床に近づける。殿筋を強く引き締めておくこと。
3. 起き上がってスタートポジションに戻る。

動員される筋肉

主動筋：腹直筋、内腹斜筋、外腹斜筋

補助筋：大殿筋、広背筋、上腕三頭筋、小胸筋

エクササイズ・メモ

ロールアウトは、最良のコアスタビリティエクササイズの1つである。正しいフォームと殿筋の収縮を維持して骨盤が前傾しないようにすれば、腹筋下部が1回のトレーニングとは思えないほど刺激され、慣れないうちは、しばらく筋肉痛になるだろう。このエクササイズは少しずつ練習し、床にスライドしたとき体を一直線に保てるようにしよう。ロールアウトエクササイズでは、腰が落ちる、骨盤が前傾しすぎる（下背部が反る）という誤りが起こりやすい。

バリエーション

Standing Rollout
スタンディング・ロールアウト

膝をついたロールアウトができるようになったら、コアエクササイズの最難関の１つ、スタンディング・ロールアウトに進もう。立った姿勢から、腕を下に伸ばして手を紙皿（またはほかのスライディングに適した物）につく。体が床と平行になるまでスライドしてから、起き上がって元に戻る。こう言うと簡単に聞こえるが、実際ははるかに難しい。少しずつ練習しよう。コンセントリック収縮（起き上がる段階）が正しくできるようになるまでは、コントロールしながら負の収縮（エキセントリック収縮、体を床にスライドさせる段階）を行う。腰が落ちたり、下背部がえぐれたり、骨盤が前傾したりしてはいけない。殿筋を最後まで収縮させておくこと。紙皿も、ほかのスライディングに適した物もなければ、手のひらを床につけ、手で歩くようにして体を下げてもよい。

Sliding Body Saw

スライディング・ボディ・ソー

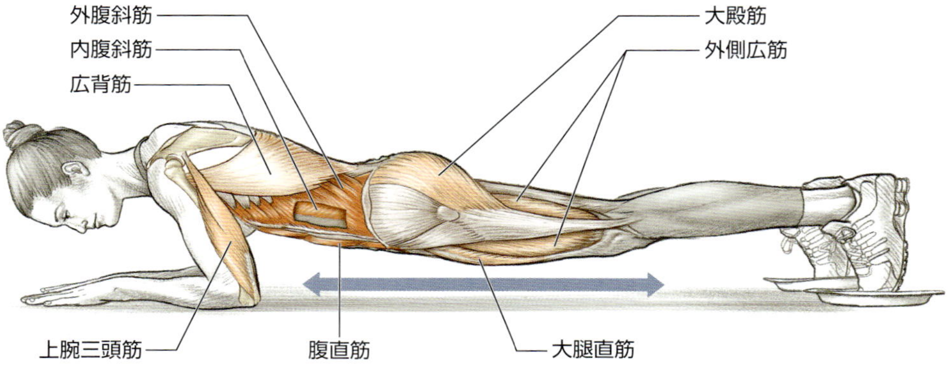

エクササイズ・ステップ

1. うつ伏せになり、肘と足を床について体を支え、1枚の板のような姿勢になる。足は紙皿に載せる。市販のスライディングエクササイズディスクを使うか、つるつるした床の上なら小さいハンドタオルを使ってもよい。
2. 体が一直線になるように殿筋と大腿四頭筋を収縮させておき、頭はニュートラルポジションに保つ。
3. 肩の屈曲と伸展で体を前後に揺り動かす。足は前腕を軸にスライドすることになる。

動員される筋肉

主動筋： 腹直筋、内腹斜筋、外腹斜筋

補助筋： 大殿筋、大腿四頭筋（大腿直筋、外側広筋、内側広筋、中間広筋）、広背筋、上腕三頭筋

エクササイズ・メモ

スライディング・ボディ・ソーは、フロントン・プランクに動きを加えたバリエーションである。足を紙皿などのスライディングに適した物に載せ、プランクの姿勢になり、前後にスライドして、肘を軸に体を動かす。腰が落ちないように気をつけ、殿筋を最後まで最大限に収縮させておこう。首の過伸展（反る）を防ぐために下を見ること。これは難易度の高いコアエクササイズなので、フロント・プランクなど、基本的なコアエクササイズをできるようにすることが先決だ。

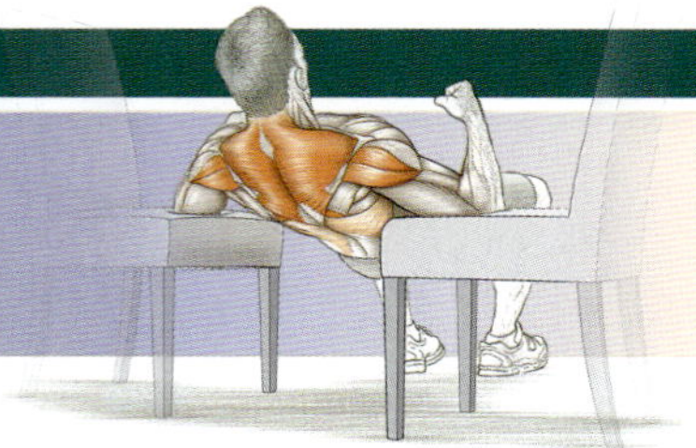

第6章

背中

背中の筋肉は複雑であり、人体の動きを生み出すのに不可欠である。脊柱起立筋、広背筋、僧帽筋、菱形筋、胸腰筋膜（腰背筋膜と呼ばれる場合もある）など、あらゆる種類の筋肉と結合組織が背中を構成している。各々の筋肉が、力を出したり、抜いたり、ある部位から別の部位へと力を伝えたりするうえで、きわめて重要な役割を果たしている。筋肉や筋膜の機能を説明する前に、まず強い背中の重要性について話しておきたい。

男はたいてい“ビーチマッスル”、つまり大胸筋、上腕二頭筋、腹筋を鍛えるのが好きだ。これらの筋肉は体の前面にあり、世界中のジムに入り浸りの人たちに最も崇拝されている筋肉だ。ビーチマッスルを鍛えたくなるのは無理もない。誰でも胸や腕や腹の筋肉がくっきりと発達した男に見とれるという認識があるのだから。とはいうものの、強く、筋肉の発達した背中は魅力的な体形と適切な身体機能にとって欠かせない。貧弱な背中のレスラーやフットボール選手などいないはずだ。パワーリフター、オリンピックウェイトリフター、ストロングマンも皆パワフルな背中の持ち主だ。

背中のトレーニングが男だけのものだと思っているなら、考え直してほしい。水泳や体操などのスポーツにおいて背中の筋力と安定性が重要だということに加えて、筋肉のくっきりした背中は女性にとってもすばらしい美の財産だ。背中の筋肉がほどよく発達していなければ、バックレスドレスやビキニを着ても見映えがしない。これまで私はパーソナルトレーナーとして何百人もの女性をトレーニングしてきたが、ほとんどの女性が初めてフルレンジのプルアップができたときに体験する高揚感はとても言い表せない。女性の体は急にプルアップができるようにはつくられていないとたいてい思い込んでいるから、大喜びしてしまうのだ。

背中の筋肉

広背筋は体のなかで最も用途の広い筋肉の１つである（図6.1）。広背筋は、肩の伸展（懸垂など）、肩の内転（デュアルケーブル・プルダウンで腕を下に引くときなど）、肩の内旋（肩関節窩で腕を内側に回す）、肩の水平外転（リア・デルトレイズなど）を担う。その付着部は体幹全体に及ぶ。広背筋が胸腰筋膜全体に広がっていると考えるなら、広背筋は椎骨、骨盤、仙骨、肋骨、肩甲骨、上腕骨に付着している。さらに、広背筋は呼吸、腰椎の安定、肩甲骨運動の補助、上半身と下半身の間の力の移動にも役割を果たしている。ロウイング（引っ張る運動）とチンニング（懸垂運動）はすべて広背筋と肩甲骨の筋肉を強化

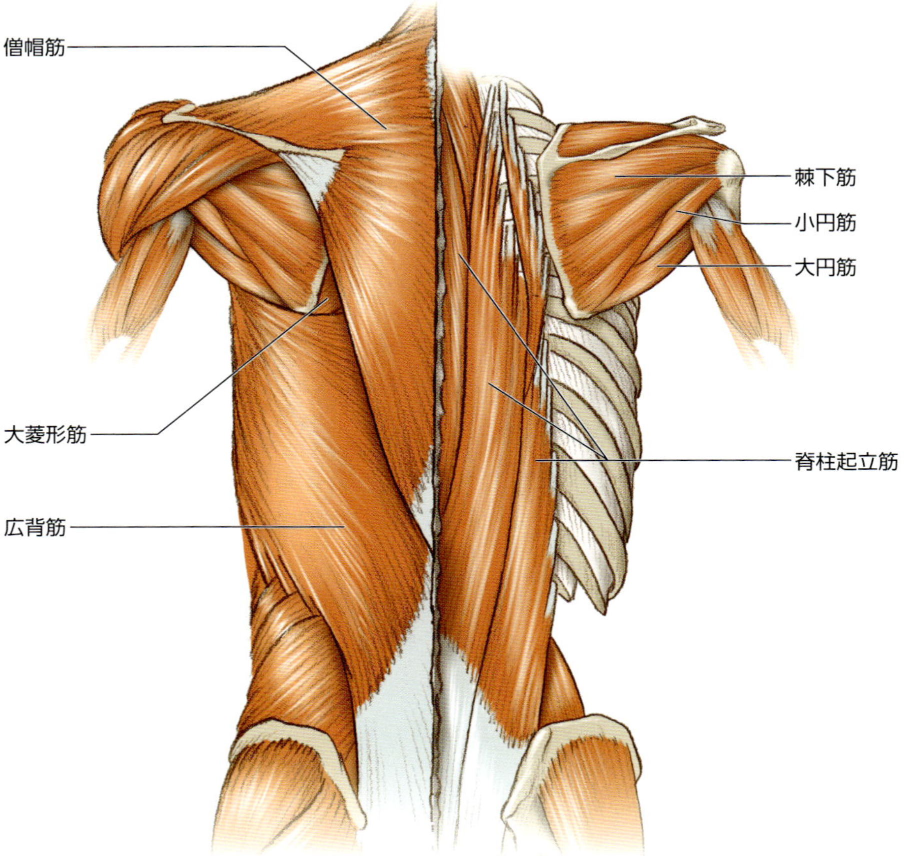

図6-1　背部の筋肉：僧帽筋、大菱形筋、広背筋、棘下筋、小円筋、大円筋、脊柱起立筋

し、肩の内転では広背筋下部が重点的にターゲットになり、肩の伸展では広背筋上部と大円筋が重点的にターゲットになる。

　ただし、広背筋が広い面積を占めてさえいれば強く、筋肉の発達した背中になるわけではない。魅力的な背中の持ち主になるには、背中を構成する筋肉をくまなく鍛えなければならない。僧帽筋は、重要な肩のムーバー（主動筋）であり安定筋である。僧帽筋は、機能上、上部・中部・下部の３つに区分される。僧帽筋上部の筋線維は、肩甲骨の挙上と上方回旋に使われ、首の伸展・側屈・回旋にも使われる。僧帽筋中部の筋線維は、肩甲骨の内転（脊柱に寄せる）を起こし、わずかに肩甲骨の挙上と上方回旋も起こす。僧帽筋下部の筋線維は、肩甲骨の下制と上方回旋を受け持つ。僧帽筋上部と下部の筋線維が同時に収縮すると、中部の筋線維が肩甲骨の内転を起こすのを補助する。菱形筋は、僧帽筋と協力して肩甲骨を内転させる。そのため菱形筋と僧帽筋はまとめて肩甲骨の内転筋と呼ばれ、肩甲骨を寄せ合わせる働きをする。菱形筋は、肩甲骨の下方回旋筋でもある。

脊柱起立筋（図6.2）の発達は、長期的なリフティングの実力にとって不可欠である。脊柱起立筋には多くの役割がある。多裂筋とともに働けば、脊柱を伸展させ、デッドリフトやスクワットのときに脊柱の屈曲（背中が丸くなる）を防ぐのに貢献する。腰方形筋などの筋肉とともに働けば、脊柱を側屈および回旋させる。

最後になったが、もう1つ重要なことがある。胸腰筋膜が脊柱の機能に果たす役割について触れないわけにはいかない。胸腰筋膜（TLF）は、多数のコアの筋肉の筋線維を抱き込んでおり、上半身と下半身の間の力の移動を担う。それに加え、TLFは、広背筋や殿筋など、あるコアの筋肉からの緊張を受けると、脊柱に伸展のトルク（関節を回転させる力）を発生させ、そのトルクの助けで脊柱の屈曲（下背部が丸くなる）が阻止される。腰椎の安定筋としての広背筋の役割はあまり知られていない。

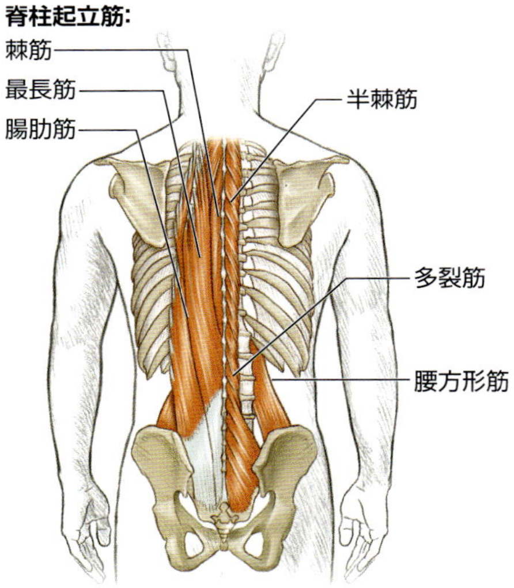

図6-2 脊柱起立筋、多裂筋、腰方形筋

背中の筋肉の働き

背中の筋肉はほぼすべてのスポーツ動作に関与する。脊柱起立筋は体をアスレチックポジションに保持する主要な筋肉である。アスレチックポジションとは、ベントオーバー・ロウに似た、軽く膝を曲げ上半身を前傾させたスポーツの基本姿勢である。脊柱起立筋は、パワーリフティング、オリンピックウェイトリフティング、ストロングマンなどのリフティングスポーツ、およびボート競技や総合格闘技においてきわめて重要だ。広背筋は、体操、水泳、ロッククライミングに加えて、ボート競技で大いに必要とされる。短距離走では、対側の広背筋と殿筋のペアが一緒に働いて力を伝え、体のバランスを維持する。この右広背筋—左殿筋、左広背筋—右殿筋という対角線パターンを「セラーペ効果」と呼ぶフィットネス専門家もいる。体を包む作用がセラーペ（中南米の男性が用いる派手な色彩の肩かけ）に似ているからだ。さらに、投げる、サーブする、スパイクするという動作にも広背筋が激しく使われる。僧帽筋と菱形筋は、上肢を活発に動かす多くのスポーツの動きで肩甲骨を安定させる役目を担う。

個人的な話をすれば、私は背中が堂々たる幅に発達する遺伝子に恵まれていない。私の背中は長年のデッドリフトのおかげで分厚くなってはいるが、どんなにたくさんプルアップやプルダウンをやっても、人がうらやむほど外に張り出した広背筋にはならない。これは筋力不足のせいでもない。なにしろ100ポンド（45Kg）のウェイトをヒップベルトに付けて懸垂できるし、優に500ポンド（227Kg）を超えるデッドリフトもできる。広背筋が魅力的に外に張り出していると、錯覚で体の中間部が細く見えるし、いかにも筋骨たくましい体形に見える。そういうわけで、残念ながら、理想的な遺伝子の持ち主のようには私が審美的に満足のいく外見になることは決してない。とはいえ、私は継続的な科学的根拠のあるトレーニングで上背部の幅をずいぶん改善してきた。多様な背中のエクササイズを2、3セットだけやるほうが、たった1、2種類の背中のエクササイズを雑に4セット以上やるよりも賢明だと私は確信している。背中は多数の筋肉で構成されており、最高に機能させるためには、どの筋肉も最大限に発達させる必要がある。多様な背中のエクササイズをすれば、あらゆる手が打てるし、背中の筋肉の多数の構成要素に十分に注意が行き届くことになる。

第２章で、前腕はプル系エクササイズで筋力がつくと述べた。引っ張る筋力がつくにつれて、握る手も力強いトレーニングの刺激を受ける。プルアップやインバーテッド・ロウの上級者なのに、前腕の筋肉が劣っている人はまず見当たらないだろう。本章で紹介する背中のエクササイズで筋力と持久力をつければ、前腕全体、前面と後面両方の筋肉がもっと密度を増し、たくましくなるだろう。

Pull-Up

プルアップ

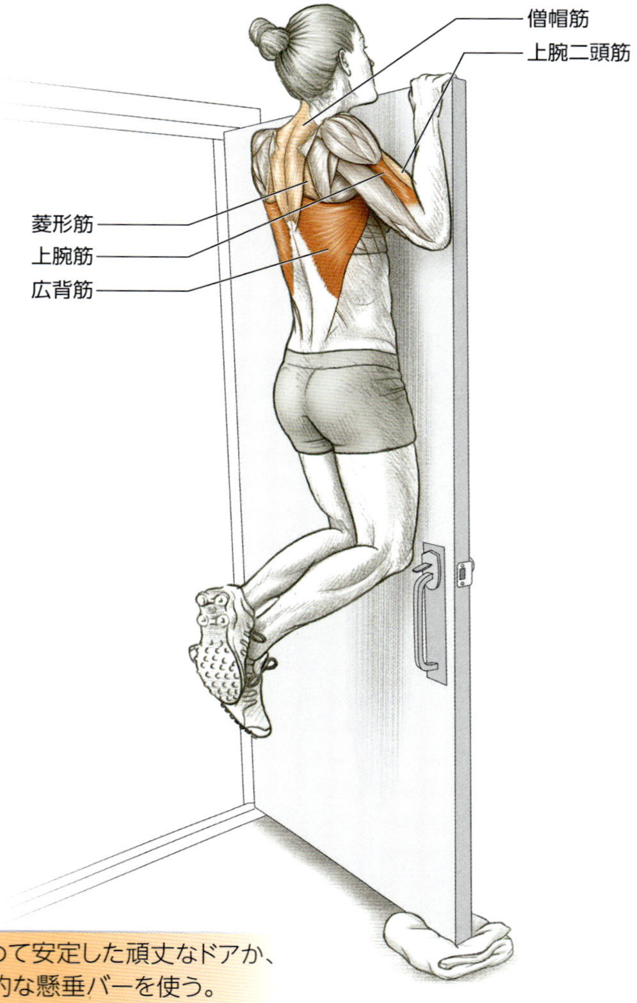

安全のヒント きわめて安定した頑丈なドアか、標準的な懸垂バーを使う。

エクササイズ・ステップ

1. 頑丈なドアの上端に回内グリップ(順手、手のひら下)で手をかけ、ドアにぴったりくっついて立つ(ドアが動かないように、ドアの下に本を差し込む)。ボトムポジションではドアにぴったりくっつくが、肘をドアに固定するので、体を引き上げるほどドアから離れることになる。懸垂バーがあるなら、それを使うほうがよいだろう。
2. 肩から膝までを一直線に保ちながら、できるだけ高く体を引き上げる。
3. スタートポジションまで体を下ろし、繰り返す。

動員される筋肉

主動筋：広背筋、上腕筋

補助筋：僧帽筋、菱形筋、上腕二頭筋

エクササイズ・メモ

プルアップは、広背筋にとってきつい運動だが、ドアを使うなら、壊れないようにドアにも細心の注意を払う必要がある。私自身は、中が空洞でない玄関ドアなど頑丈なドアで何年もプルアップをしてきて何も問題なかったが、体格がいいほうだから、バスルームやベッドルームのドアなど、中が空洞の室内ドアでプルアップを試みるのは気が進まない。間違いなくドアが蝶番《ちょうつがい》からはずれてしまう！　必ず強力な蝶番の重厚で頑丈なドアで行うこと。頑丈なドアでなくとも、蝶番にかかる負担を少なくするために下に大きな本などを差し込んでうまくいっている人もいるが、これは自己責任でやってほしい。この本のせいで家財を壊してもらいたくない。ともかく、このプルアップは、肘関節を軸に蝶番運動をしながら体がドアを上下に滑ることになり、一般的な懸垂よりもさらに難しい。

バリエーション

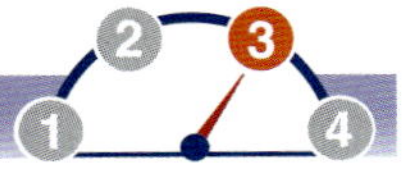

Rafter Pull-Up
ラフター・プルアップ
（梁を使ったプルアップ）

肝心なのは家でプルアップを行う方法を工夫することだ。ドアを使ったプルアップの代案として、ラフター・プルアップがある。なめらかで、ささくれのない梁の上を回内グリップ（順手）でつかみ、できるだけ高く体を引き上げるだけだ。コアを引き締めておき、下背部が反ったり、骨盤がねじれたりしないようにすること。

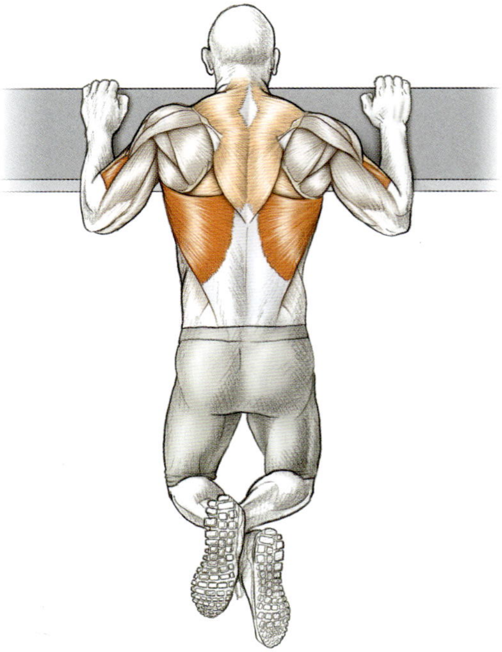

Side-To-Side Pull-Up

サイドツーサイド・プルアップ

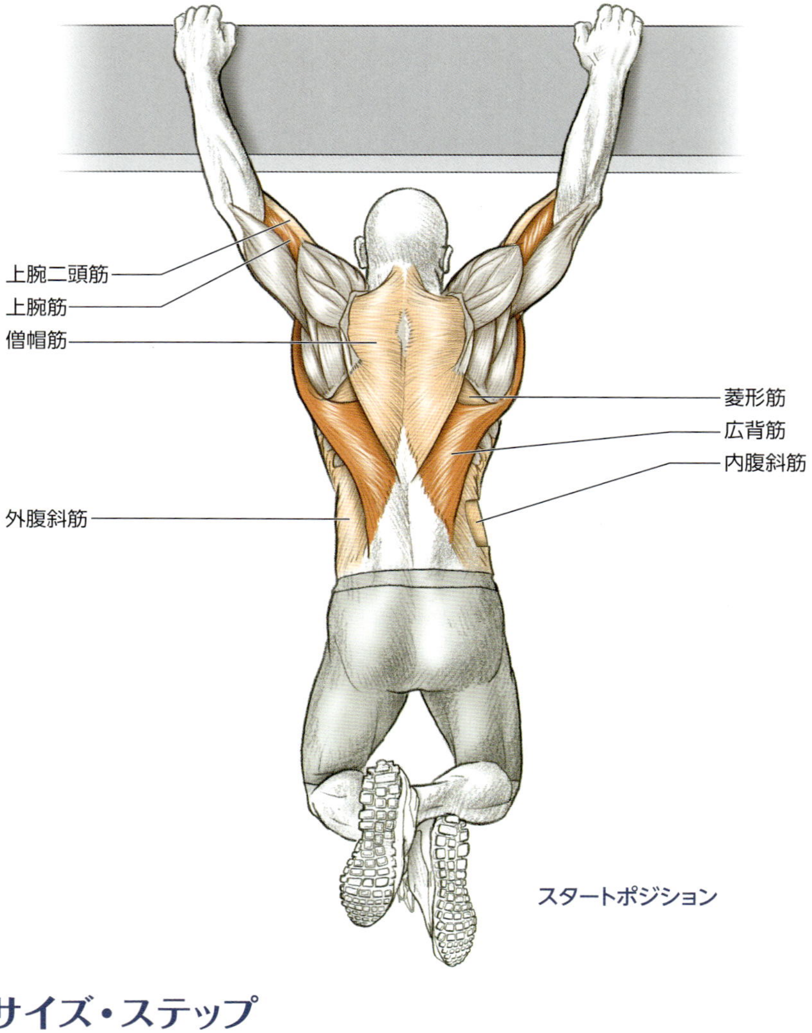

スタートポジション

エクササイズ・ステップ

1. 両手を肩幅よりやや広く離して回内グリップ（順手）で懸垂バーか梁からぶら下がる。膝は軽く曲げても、自然に伸ばしたままでもよい。
2. 胸を張り、コアを引き締めながら、顎が梁にかかるまで左右どちらかに体を引き上げる。
3. スタートポジションまで体を下ろし、左右交互に繰り返す。

動員される筋肉

主動筋：広背筋、上腕筋、腹直筋

補助筋：僧帽筋、菱形筋、上腕二頭筋、外腹斜筋、内腹斜筋

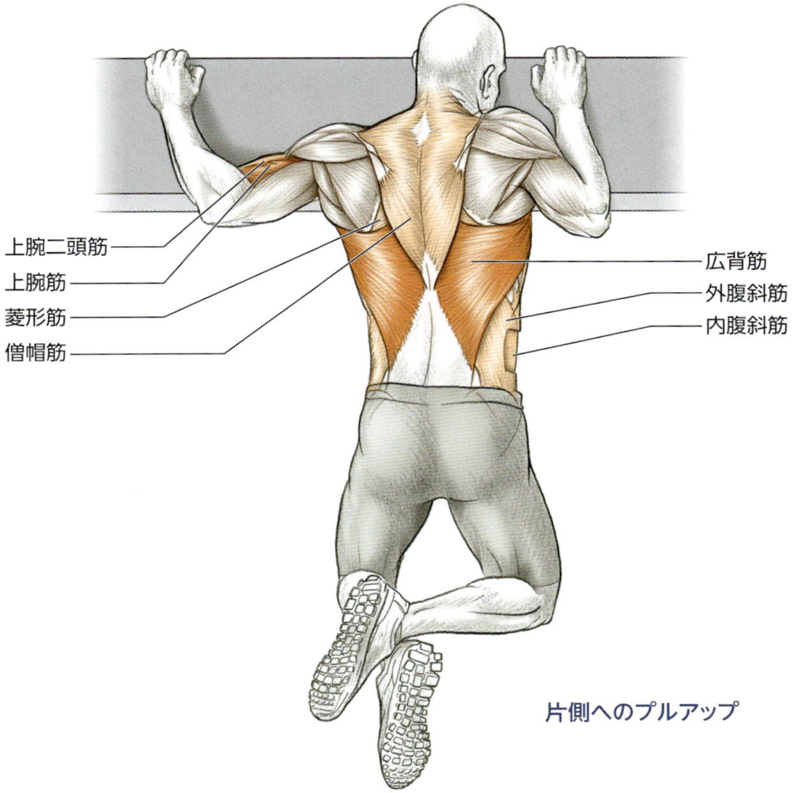

片側へのプルアップ

エクササイズ・メモ

サイドツーサイド・プルアップは、負荷の約70%がターゲットになっている側に、30%が反対側にかかる上級エクササイズである。こうすると広背筋はじめ、引っ張る筋肉にとってより難易度の高いエクササイズになる。コアをニュートラルポジションに保つことに注意する。コアのねじれ、腰椎の過伸展（反る）、股関節の屈曲が起こりやすい。懸垂は動きのあるプランクだと考えて（プッシュアップについても同様に考えるとよい）、肩から膝までの一直線のアライメントが途中で崩れないようにしよう。

バリエーション

1 2 3 4

Sliding Side-To-Side Pull-Up
スライディング・サイドツーサイド・プルアップ

これはきわめて高度なトレーニングであり、できる人はめったにいない。まず、通常のプルアップをするときのように顎をバーの上に引き上げる。次に左右にスライドしてから中央に戻り、最後にスタートポジションまで体を下ろす。これで1レップだ。まったくできないか、できたとしてもたくさんは繰り返せないはずだ。

Towel Pull-Up

タオル・プルアップ

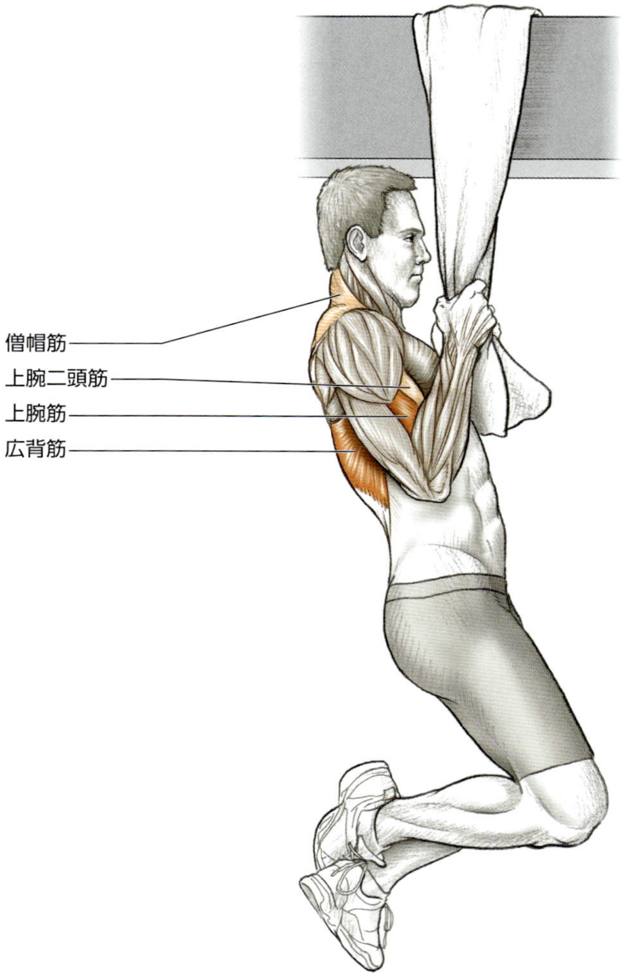

エクササイズ・ステップ

1. 懸垂バーか梁にタオルをかける。両手でタオルを握る。
2. 腕を伸ばしきった姿勢から、コアをニュートラルポジションに保ったまま、手が上胸部にくるまで体を引き上げる。
3. スタートポジションまで体を下ろし、繰り返す。

動員される筋肉

主動筋：広背筋、上腕筋、前腕の筋肉（橈側手根屈筋、長掌筋など）

補助筋：僧帽筋、菱形筋、上腕二頭筋

エクササイズ・メモ

タオル・プルアップは、かなりの握力がつく効果抜群の前腕エクササイズである。プルアップの正しいフォームを維持しよう—コアが過伸展になったり（反ったり）、股関節が屈曲したり、首を動かしたりしないこと。体を引き上げきったところでタオルの両端をできるだけ引き離すと、肩甲骨の内転筋がターゲットになる。このエクササイズは、強い握力が要求される格闘技やラケットスポーツに参加する人に特に必要だ。

バリエーション

One-Arm Self-Assited Chin-Up

ワンアーム・セルフアシステッド・チンアップ

（自分で補助する片腕懸垂）

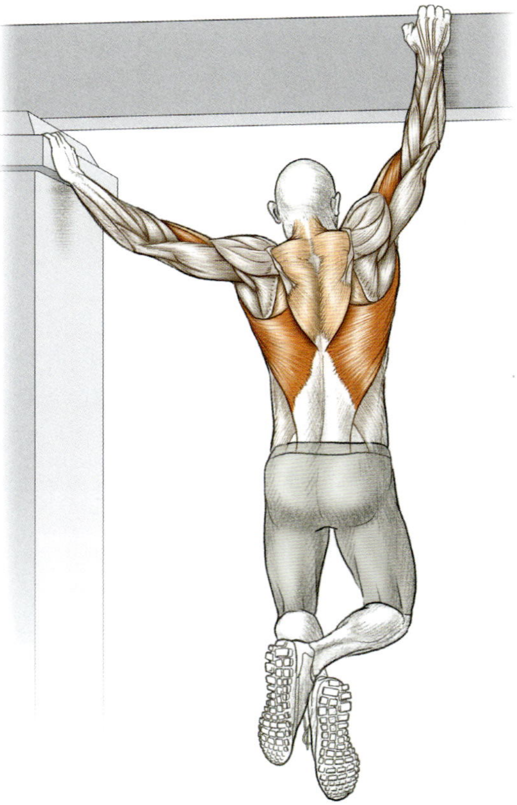

これはきわめて難易度の高いトレーニングであり、上半身の筋力が最高レベルに達した人しかできるようにならないだろう。とはいえ、空いている腕で少し補助することはいつでもできるから、いつか補助なしのワンアーム・チンアップができるようになるかもしれない。このエクササイズは回内グリップ（手のひら下、順手）か回外グリップ（手のひら上、逆手）で行うから、できれば、幅の狭い梁を見つけよう。ニュートラルグリップ（手のひら向かい合わせ）も可能だ。その場合は、梁と向き合うのではなく、横並びになり、補助の手で梁のそばにある何かにつかまる。

Modified Inverted Row

モディファイド・インバーテッド・ロウ
（改良版インバーテッド・ロウ）

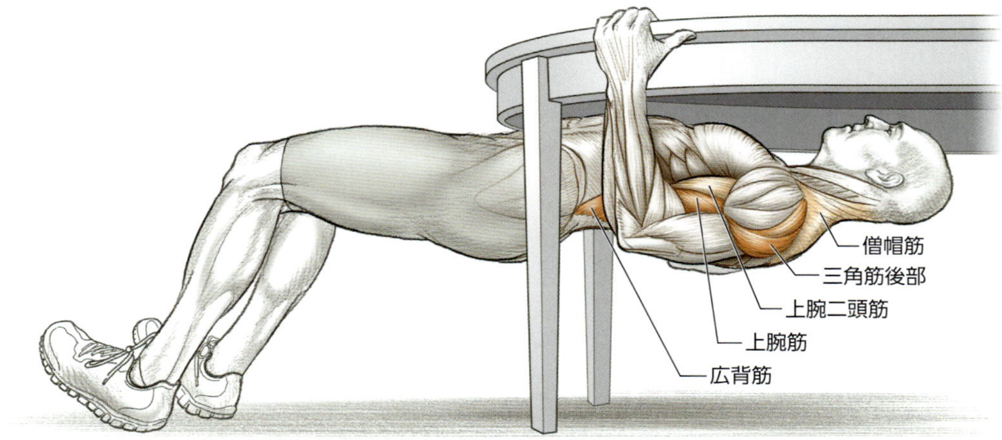

エクササイズ・ステップ

1. 頑丈なテーブルの両脇をつかみ、膝を90-135度くらいに曲げ、踵をしっかり床につけておく。ソフトなカーペットなど、落ちても安心な面の上で行うことをおすすめする。
2. 膝から肩までを一直線に保ったまま、胸がテーブルにつくまで体を引き上げる。
3. コントロールしながら体を下げてスタートポジションに戻る。

動員される筋肉

主動筋：広背筋、上腕筋、三角筋後部

補助筋：僧帽筋、菱形筋、上腕二頭筋

エクササイズ・メモ

インバーテッド・ロウは、自重を使った上半身のプル系エクササイズの定番である。標準的なエクササイズバーやサスペンションシステムがない場合、いくつかの代案がある。第1に、ちょうどよい幅で下にじゃまなものがないテーブルがあるなら、そのテーブルの両脇をつかんで行う方法。第2に、丈夫なほうきがあるなら、その柄を2脚の椅子に渡し、ロウイングバーとして使う方法。そして第3に、2脚の椅子の縁を使う方法がある。椅子の端（背と反対側）に腕を近づけ、座面を順手でつかむ。いずれの方法でも、胸を張り、可動域いっぱいに動くことに注意する。上達したら、足を椅子に載せて高くすると負荷が上がる。傾斜角度が急なほど（体を起こすほど）楽になる。最もつらい角度は体が床に対して平行になる場合だ。

バリエーション

Feet-Elevated Inverted Row

フィートエレベイテッド・インバーテッド・ロウ

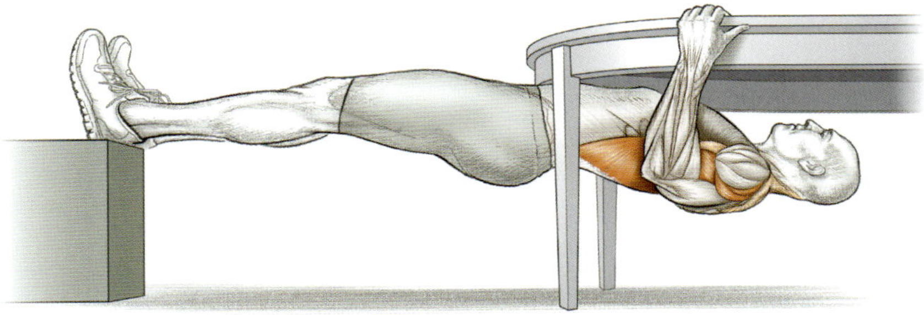

モディファイド・インバーテッド・ロウが上達したら、足を高くするバリエーションに進み、負荷を上げてもよい。体を一直線に保つこと、トップポジションで肩甲骨を寄せ合わせることを忘れないようにする。

バリエーション

Towel Inverted Row

タオル・インバーテッド・ロウ

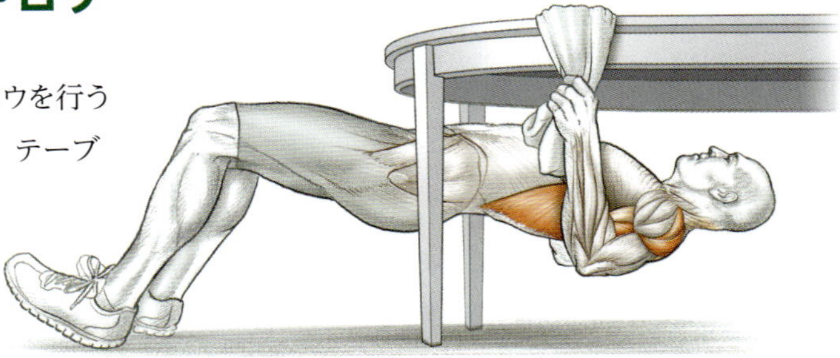

タオルを使ってインバーテッド・ロウを行う方法もある。たぶんテーブルの上、テーブルの角、2脚の高い椅子にタオルをかける方法を思いつくだろう。とても長いタオルならドアにだってかけられる。体の傾斜を急にすると（水平より下げると）効率的なトレーニングになる。肘を横に張り、胸を張り、肩甲骨どうしを寄せて引き下げておくことを意識しよう。

Side-To-Side Inverted Row

サイドツーサイド・インバーテッド・ロウ

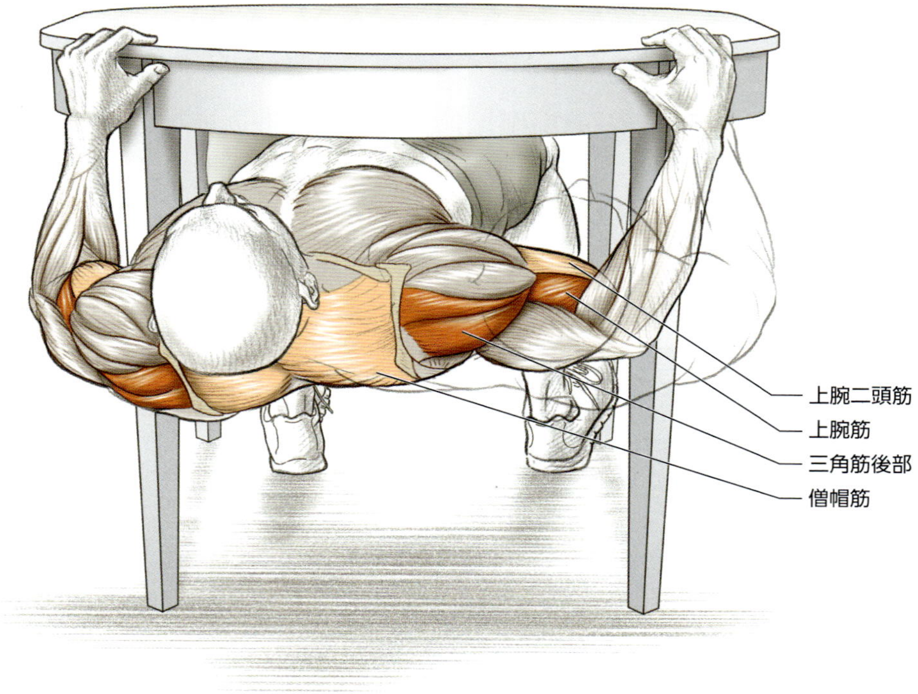

エクササイズ・ステップ

1. 順手でテーブルをつかみ、腕を伸ばしてぶら下がる。コアを引き締めて体が一直線になるようにし、脚は伸ばして踵を床につける。
2. 左右どちらかに体を引き上げる。
3. 体を下げてスタートポジションに戻り、左右交互に繰り返す。

動員される筋肉

主動筋：広背筋、上腕筋、三角筋後部

補助筋：僧帽筋、菱形筋、上腕二頭筋

エクササイズ・メモ

サイドツーサイド・インバーテッド・ロウは高度なエクササイズであり、サイドツーサイド・プルアップ同様、負荷の約70%がターゲットになっている側に、30%が反対側にかかる。こうすると広背筋と肩甲骨の筋肉にとって格段にきついエクササイズになる。ロウイングの筋力は、長期的な肩の健康にとって不可欠だ

から、その重要性を軽視してはいけない。ロウイングは、プルアップほどセクシーなエクササイズではないが、肩甲骨の安定と肩の健康を考えれば、プルアップに何ら劣らず重要なのだ。

バリエーション

Slinding Side-To-Side Inverted Row
スライディング・サイドツーサイド・インバーテッド・ロウ

きわめて高度なトレーニングである。スライディング・サイドツーサイド・プルアップ同様、すぐにできるようになる人は多くはない。できれば、正しい動きを覚えられるように体の傾斜を急にして（床と平行より起こして）練習するとよい。筋力がないと、それを補うために体が回旋する（ねじれる）が、それを安定させることに気をとられるとエネルギーが無駄になりやすいからだ。まず弛緩した姿勢から体をまっすぐ上に引き上げ、次に左右にスライドしてから中央に戻り、最後に体を下げる。おめでとう、これで1レップ達成だ。右からスライドしたら次は左からというように、1回ごとに先にスライドする側を入れ替える。

バリエーション

One-Arm Inverted Row
ワンアーム・インバーテッド・ロウ

両腕のインバーテッド・ロウができるようになったら、片腕バリエーションの練習を始めるタイミングだ。体の傾斜を急にして（床と平行より起こして）練習できるなら、すぐに正しいフォームでできるようになるだろう。最初のうちは、少し体が回旋するのはOKとするが、徐々に最後までなるべく体が回旋しないよう頑張ろう。このエクササイズはタオルを使う方法にも向いている。

Scapular Shrug
スキャピュラ・シュラッグ
（肩甲骨の内転）

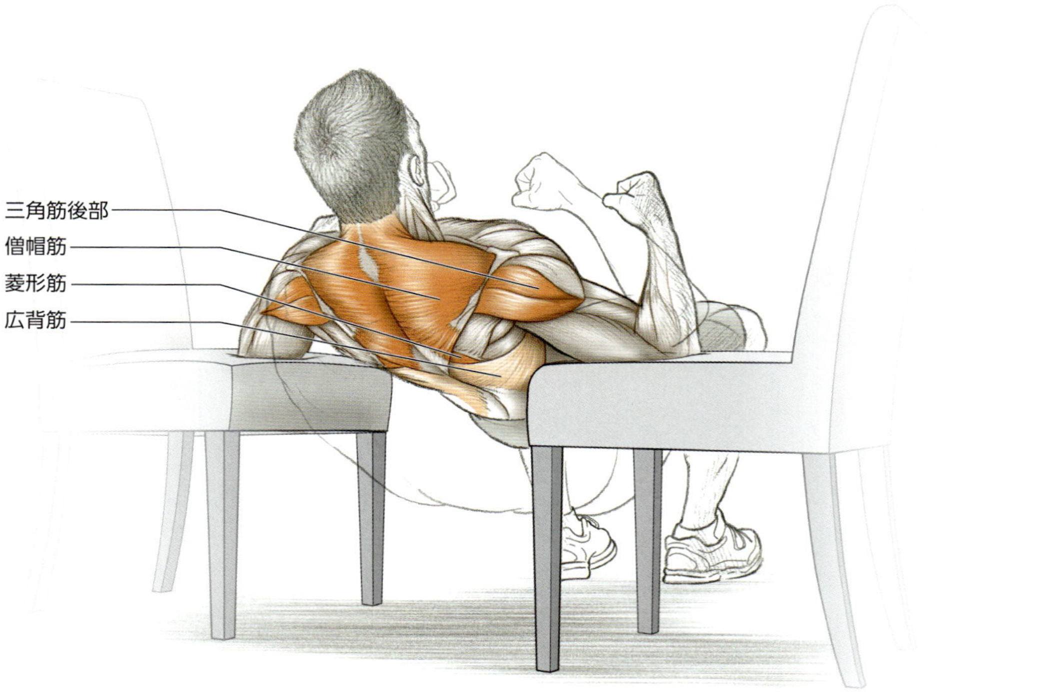

エクササイズ・ステップ

1. 椅子（またはカウチやウェイトベンチ）2脚の間に体を入れ、足を床につき、肩と一直線にそろうように股関節を伸ばし、上腕後面を椅子に載せる。体幹に対する腕の角度は約45度（脇を45度くらい開く）。
2. 肘で椅子を押し、肩甲骨を寄せ合わせる。少し胸が持ち上がる。
3. コントロールしながら体を下げてスタートポジションに戻り、繰り返す。

動員される筋肉

主動筋：僧帽筋、菱形筋、三角筋後部、

補助筋：広背筋、大殿筋、大腿四頭筋（大腿直筋、外側広筋、内側広筋、中間広筋）、脊柱起立筋（棘筋、最長筋、腸肋筋）、ハムストリング（大腿二頭筋、半腱様筋、半膜様筋）

エクササイズ・メモ

ブリッジ運動をしながら２脚の椅子の間に体をつり下げておくエクササイズである。肘で椅子を押し、肩甲骨を寄せ合わせると、肩甲骨の内転筋をターゲットにした狭い範囲の運動になる。胸を張り、股関節を高くしたまま、コントロールしながら体を下げること。

バリエーション

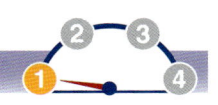

Corner Scapular Shrug
コーナー・スキャピュラ・シュラッグ

部屋のコーナーに背を向け、上腕を壁の２面につけて立つ。足はコーナーから60-90cm離す。肩甲骨を寄せ合わせて、体を前に動かし、コーナーから遠ざける。これは、肩甲骨の内転筋がターゲットになる運動範囲の小さいエクササイズである。足の位置を調節して、適度な負荷がかかる距離を探そう。

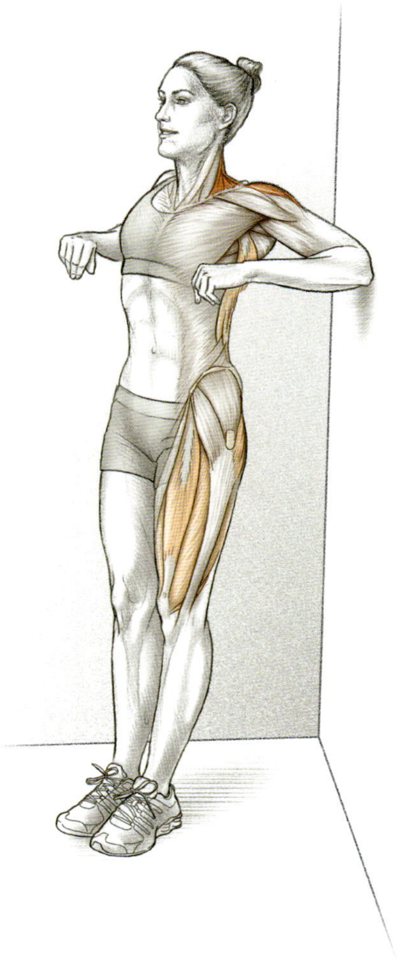

Towel Face Pull

タオル・フェース・プル

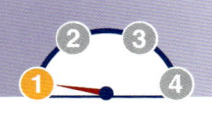

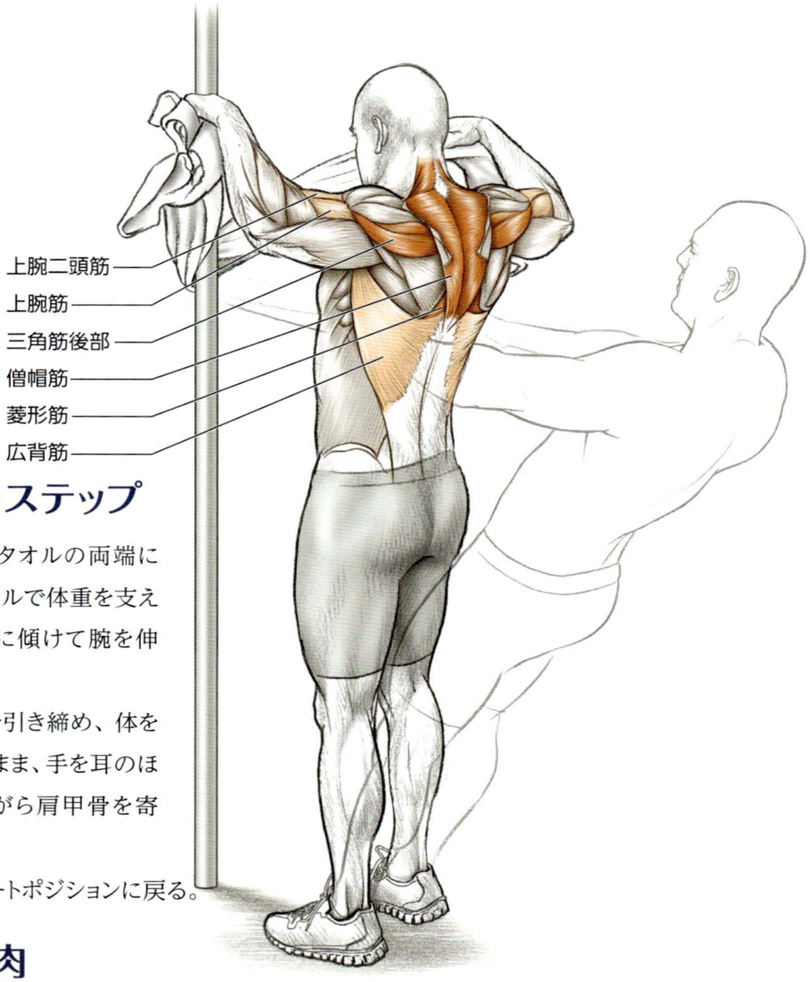

エクササイズ・ステップ

1. ポールに巻いたタオルの両端につかまって、タオルで体重を支えながら体を後ろに傾けて腕を伸ばす。
2. 胸を張り、コアを引き締め、体を一直線に保ったまま、手を耳のほうに引っ張りながら肩甲骨を寄せ合わせる。
3. 体を倒してスタートポジションに戻る。

動員される筋肉

主動筋：僧帽筋、菱形筋、三角筋後部

補助筋：広背筋、上腕筋、上腕二頭筋

エクササイズ・メモ

タオル・フェース・プルは、肩甲骨の安定と肩の健康のために時々行うと効果的なエクササイズである。ロウ系エクササイズとはやや異なる使い方で肩甲骨の筋肉を鍛え、トレーニングに変化をつけてくれる。インバーテッド・ロウと同じ水平に近い角度からのタオル・フェース・プルはできないだろう。この運動パターンではそれほど筋力を発揮できないからだ。したがって、もっと体の傾斜角度を急にする（体を起こす）必要がある。胸を張り、可動域いっぱいに動こう。このエクササイズは、終盤で体を引き締めておき、肩甲骨をしっかり寄せ合わせれば、体をあまり後ろに倒さなくても筋肉に効かせることができる。

第7章

大腿

どのジムに行っても、上半身が筋肉隆々の人はいくらでもいる。自重だけでトレーニングしている人でさえ、大胸筋や肩、広背筋、腕は立派に発達しているのが普通だ。しかし、こうしたリフターの大半が、脚はニワトリにふさわしい貧弱さで、“電球症候群”に悩んでいる。リフターの多くが、あくせくと上半身のトレーニングに精を出し、脚のトレーニングはとばすか、せいぜい、脚のトレーニング日にレッグ・プレスやレッグ・エクステンション、レッグ・カールを申しわけ程度に２、３セットやって終わらせている。脚のトレーニングをまったくやらないよりはずっといいし、ランニングマシンで走って脚を鍛えていると言い張るよりははるかにましだが、このような省略した脚のトレーニングには改善の余地が大いにある。また、前述した通り、自重だけを使った効果的な上半身トレーニングは、ほとんどのリフターにとって直感的に理解できるものだ。プッシュアップやプルアップ、シットアップは誰でもよく知っているからだが、自重だけで脚を効果的に鍛える方法となると、皆目見当がつかない人がほとんどなのだ。ありがたいことに、少し工夫すれば、自分の体重だけを抵抗にして下半身の筋肉を格好よく発達させるのは難しいことではない。

私は自分の脚がここまで発達したことがとても誇らしい。長年の鍛練の証だからだ。遺伝的に筋肉隆々の脚になる素質に恵まれていたわけではない。それにはほど遠い。しかし、長年たゆまず努力してきたおかげで、私はかなりのレベルまで自分の脚を鍛え上げた。しかも、ウェイトでトレーニングはするものの、自重の下半身トレーニングだけに切り換えても、大腿の筋肉を維持できると確信しているし、おそらくそれを増強していける。どうしてそう言い切れるのか？　なぜなら、すぐにわかってもらえるが、脚のための挑戦しがいのある効果的な自重エクササイズがたくさんあるからだ。

リフターは、自分の下半身の発達にプライドをもつべきだし、下半身のトレーニングに関する課題を認識できるようにすべきだ。何年がかりで説得して、やっと私は義兄に脚のトレーニングを始めさせることに成功した。以前の彼は、胸と腕を週２回、背中と肩も週２回トレーニングしていたが、脚のトレーニングは一切していなかった。そこで私は無理やり彼に週１回脚のトレーニング日を追加させた。彼が言うには「脚の日は上半身の日を全部合わせたのとまったく同じくらいハード」だそうだ。その通り。上半身のエクササイズは、複合的な下半身エクササイズほどきつくない。何と言っても、下半身エクササイズは１セットで使われる筋量が格段に多いからだ。たとえば、ブルガリアン・スプリット・スクワットでは、大腿四頭筋、大殿筋、ハムストリングがムーバー（主動筋）になるが、腓腹筋、ヒラメ筋、内転筋、中殿筋、小殿筋、腰方形筋、多裂筋など、ほかの多くの筋肉も運動に貢献する。

女性にとって脚のトレーニングは絶対必要だ。引き締まった大腿は、ジーンズでも、スカートやドレスでも、水着でも、はたまた何も着なくても、見た目を断然よくしてくれる。だが、下半身のトレーニングは体形のためだけではない。ターゲットになる筋量が最大になるので、下半身のエクササイズにはかなりのエネルギーが必要であり、したがって下半身エクササイズは体脂肪を落とすのに絶好なのだ。それどころか、本格的な脚のトレーニングなら、従来のコアエクササイズよりも腹筋がつく。そのうえ、脚をトレーニングしている間は、運動後も24時間以上エンジンを回している状態、代謝のアフターバーン効果を生み出している。最終的に、余分なカロリーを1日中燃焼させることになり、全身をスリムに保つことにつながる。

大腿の筋肉

大腿は多数の筋肉で構成されている。大腿の筋肉と言えば、多くの人が真っ先に四頭筋とハムストリングを思い浮かべる。四頭筋には4つの筋肉、大腿直筋（股関節の屈筋でもある）、中間広筋、外側広筋、内側広筋がある（図7.1a）。その役割は膝関節の伸展である。ハムストリングには3つの筋肉、大腿二頭筋、半腱様筋、半膜様筋がある（図7.1b）。その役割は股関節の伸展と膝関節の屈曲である。大腿二頭筋には長頭と短頭がある。短頭は、ハムストリングのなかで唯一股関節をまたがない筋肉なので、股関節の伸展には関与しない。

長内転筋、短内転筋、大内転筋から成る内転筋群もある。内転筋群は大腿のかなりの部分を占めているから、無視できない。内転筋群の主な役割は内転（脚を体の中心に向けて動かす）だが、股関節の屈曲と伸展にも貢献する。大腿のポジションによっては、特に大内転筋のハムストリング部がそうである。ありがたいことに、内転筋群は片脚のエクササイズで適切なトレーニングの刺激を受ける。

腰筋（重要な股関節の屈筋）、薄筋、恥骨筋、縫工筋など、大腿の筋肉はほかにもたくさんあるが、必ずしもすべての筋肉の正確な機能を知る必要はない。しかし、正しいフォームで効果的に脚をトレーニングする方法については理解しておかなければならない。

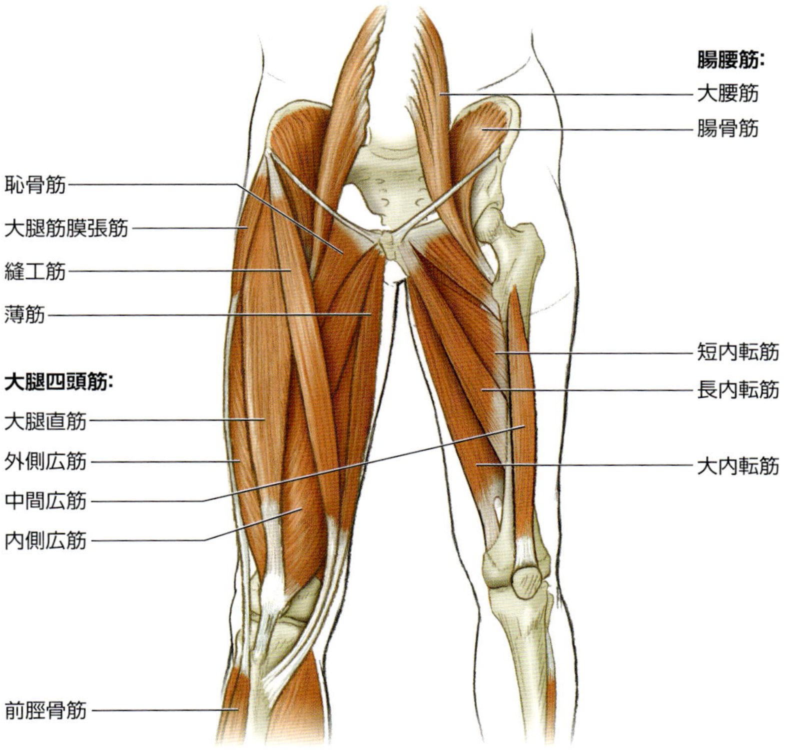

a

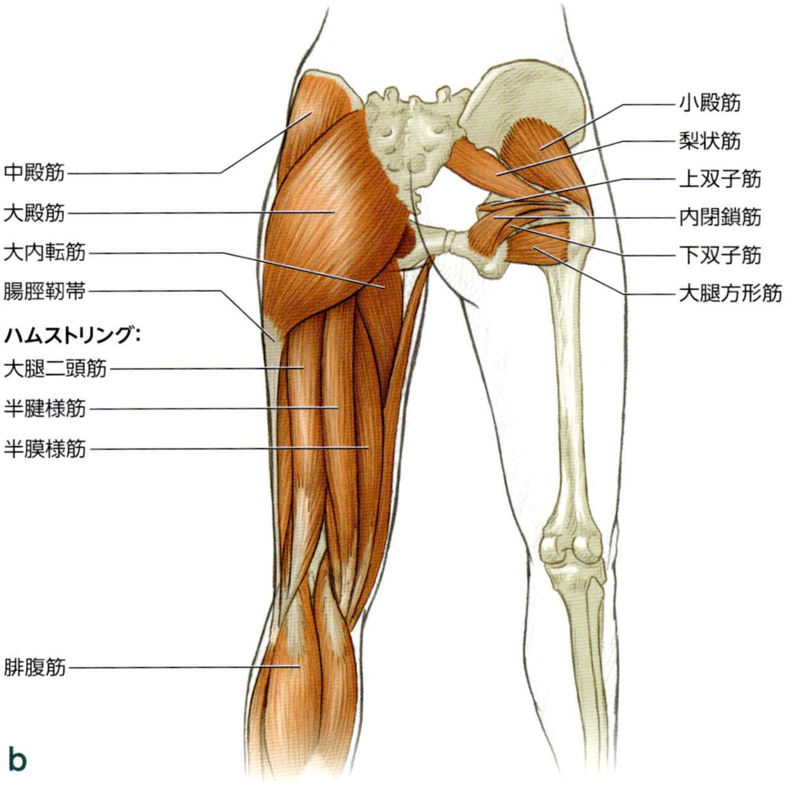

b

図7-1　大腿の筋肉：(a) 前面と (b) 後面

大腿の働きと運動

大腿の筋肉は、スポーツと機能的運動に大いに関与する。大腿四頭筋は垂直跳びで最も重要な筋肉と言えるだろうし、走る、カットする、着地する、減速するといったスポーツ動作にも不可欠だ。ハムストリングは短距離走で最も重要な筋肉と言えるだろう。ウェイトトレーニングでは、四頭筋はスクワット系エクササイズに、ハムストリングはデッドリフト系エクササイズに大きく貢献する。十分な脚の筋力とパワーが必要なスポーツ動作をすべて挙げるのは無理だ。多すぎてとても書ききれない。スピード、パワー、敏捷性が必要なグランドスポーツはどれも圧倒的に脚の筋肉に依存しているし、水泳やボート競技、クライミングでさえ、股関節と膝関節の伸展の組み合わせが推進力となる。ハムストリングは、膝関節と股関節の両方にまたがっているから、瞬発的な運動で膝関節から股関節に力を伝えるうえで重要な役割を果たす。ほとんどのスポーツが一瞬一瞬は片脚で行われることを考慮すると、ルーチンに片脚の下半身エクササイズを豊富に含めることは理にかなっている。片脚エクササイズは感覚運動（バランス）能力を発達させると同時に筋力とパワーも改善する。

多くのアスリートは、四頭筋がハムストリングより強いから四頭筋優位だと考えられる。ハムストリングに対して四頭筋が強いアスリートは、一般的に言って、ジャンプする、走る、着地する、カットする場合に理想的に動けない。その結果、負傷しやすくなる。したがって、ハムストリングを強化することが大切だ。スポーツにとって四頭筋が強いことは大切だが、股関節の伸筋および膝関節の屈筋としてのハムストリングも強くしたほうがよい。膝関節の屈曲エクササイズは、ハムストリングの遠位部（膝に近い部分）を重点的に鍛え、股関節の伸展エクササイズは、ハムストリングの近位部（股関節に近い部分）を重点的に鍛える。本章には多様なハムストリングのエクササイズが含まれているから、ハムストリングの全機能、全可動域にわたってトレーニングでき、弱いところを残すことがない。

本章で説明する運動パターンの多くは、スポーツの成功の基礎となる。自重によるスクワット、屈曲（ヒップヒンジ）、ランジ、ブリッジに必要な基本的な運動パターンは、ハイフォースもしくはハイスピードのスポーツ動作でどう動き、どう負荷を伝え、どう衝撃を吸収するかを決定するうえで大きな役割を果たす。だからこそ、まず基本を習得し、正しいフォームを身につけてから難易度の高いエクササイズバリエーションに進もう。

Sumo Squat
相撲スクワット

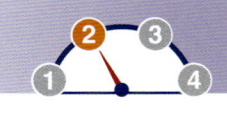

エクササイズ・ステップ

1. スタンスを大きく広げてとり、つま先を外に向け、腕はイラストのように胸の前で組む。ほとんどの人はつま先が自然と45度外向きになるが、股関節の解剖学的構造によっては、もっと真横に近く開くのを好む人もいる。
2. 腰を落として膝を曲げる。体幹を直立させ、膝は最後まで外に向けておく。
3. 大腿が床と平行になるまで体を下げる。体を引き上げてスタートポジションに戻る。

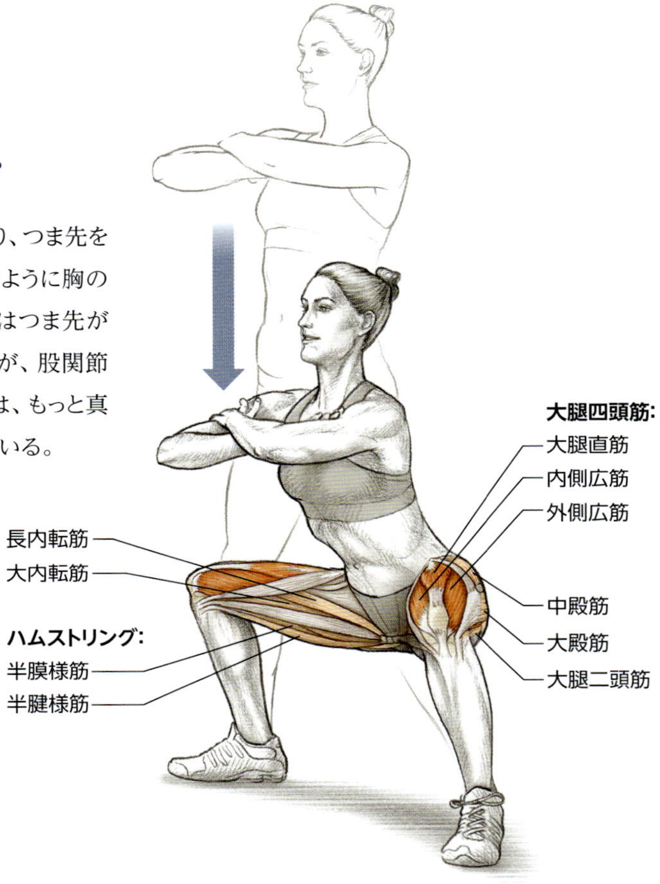

動員される筋肉

主動筋：大腿四頭筋（大腿直筋、外側広筋、内側広筋、中間広筋）

補助筋：大殿筋、中殿筋、小殿筋、ハムストリング（大腿二頭筋、半腱様筋、半膜様筋）、大内転筋、長内転筋、短内転筋、脊柱起立筋（棘筋、最長筋、腸肋筋）、深層の股関節外旋筋

エクササイズ・メモ

相撲スクワットは、大腿四頭筋以外の筋肉も使ってしゃがむことを教えてくれるすぐれたエクササイズである。この場合は、エクササイズの生体力学上の理由から、股関節内転筋および外転筋がより関係する。胸を張り、スクワットしたときに股関節の伸筋を気持ちよくストレッチしよう。

Wall Squat Isohold

ウォール・スクワット・アイソホールド

1 2 3 4

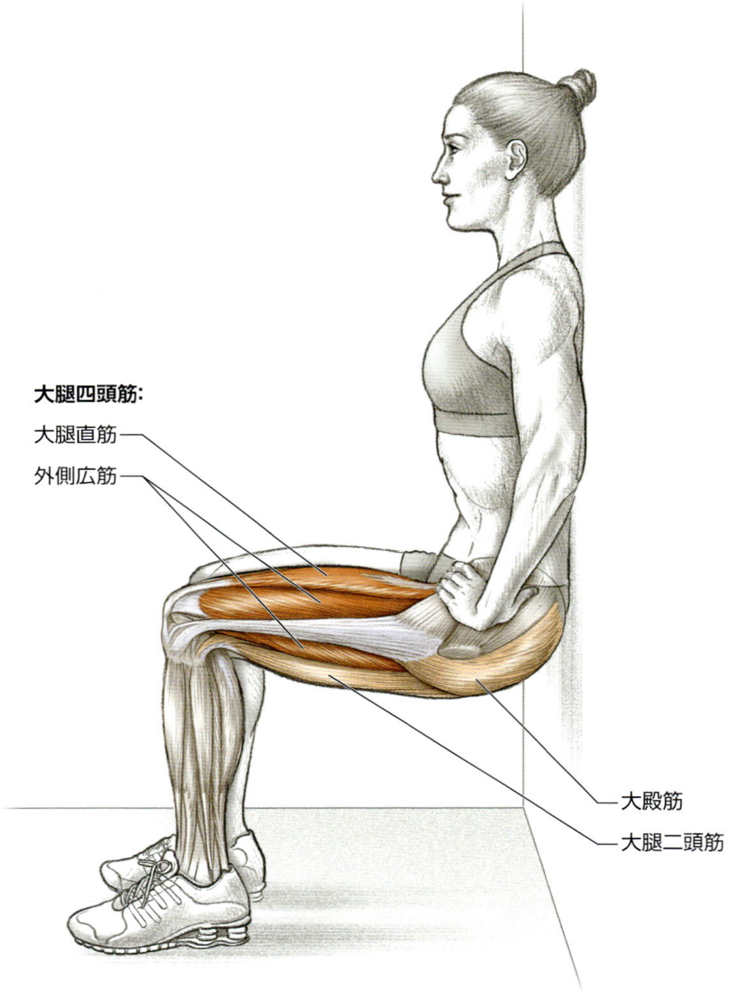

エクササイズ・ステップ

1. 壁に背中をつけて足を前に出す。手は腰に置く。
2. 股関節が直角に、大腿が床と平行になるまで体を下げる。膝が直角に、すねは床に対して垂直になるようにし、足裏全体を床につける。
3. その姿勢を初心者30秒ー上級者120秒保持する。

動員される筋肉

主動筋：大腿四頭筋（大腿直筋、外側広筋、内側広筋、中間広筋）

補助筋：大殿筋、ハムストリング（大腿二頭筋、半腱様筋、半膜様筋）

エクササイズ・メモ

ウォール・スクワット・アイソホールドは、基本的な大腿四頭筋の持久エクササイズである。壁さえあればどこででもできる。1セット間ずっと胸を張り、背筋を伸ばして座って完璧な姿勢を維持すること。セット中、股関節の角度を変えて変化をつけてみよう。たとえば、股関節を膝より低くして（股関節にとって負荷の増す角度）始め、つらくなってきたら大腿が床と平行になるまで体をずらし、最後に股関節が膝より高くなるまで体をずらす。

バリエーション

1 2 3 4

Wall Squat March
ウォール・スクワット・マーチ

ウォール・スクワット・アイソホールドが簡単になったら、マーチ（行進）を組み込んでエクササイズの負荷を上げよう。これは簡単なバリエーションではないから、おそらく初めのうちは股関節を膝より高くする必要があるだろう。だんだん股関節を直角に曲げてできるようにしていく。片脚を床から上げて少し保持してから、反対側の脚を上げて少し保持し、また反対側の脚を上げる、と左右交互に大腿四頭筋が疲労するまで数回繰り返す。

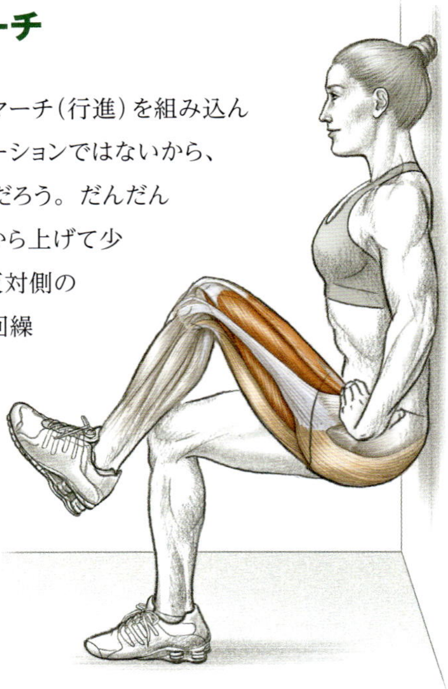

Box Squat
ボックス・スクワット

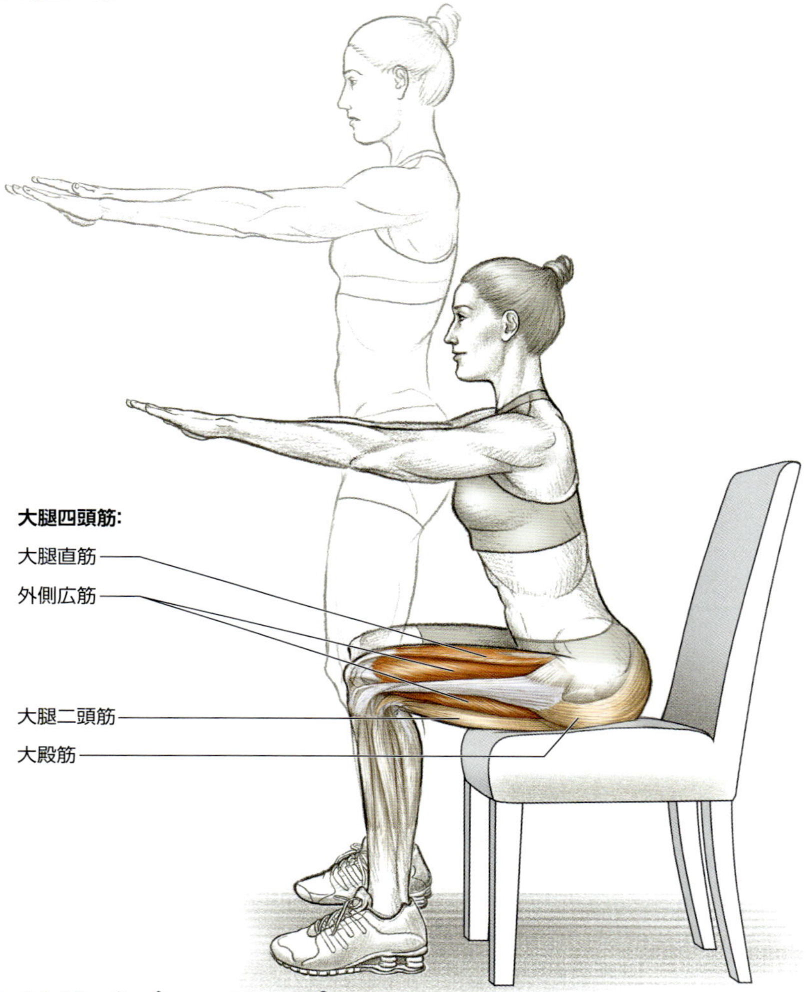

エクササイズ・ステップ

1. 足を肩幅より広く離して立ち、頑丈なボックス（または椅子、スツール）の縁すれすれに立つ。
2. 股関節で折れてボックスに座る。胸を張り、膝はつま先と同じ方向に向け（内股にならないように）、すねを床に対して垂直にする。踵で床を押すことを意識する。
3. ボックスに座ったら、一呼吸おいて立ち上がる。必ず殿筋を絞りきること。

動員される筋肉

主動筋：大腿四頭筋（大腿直筋、外側広筋、内側広筋、中間広筋）

補助筋：大殿筋、中殿筋、小殿筋、ハムストリング（大腿二頭筋、半腱様筋、半膜様筋）、脊柱起立筋（棘筋、最長筋、腸肋筋）

エクササイズ・メモ

ボックス・スクワットは、基本のスクワットパターンであり、まずこれをできるようにしてから、ほかのタイプのスクワットにトライしたほうがよい。ボックス・スクワットは、腰の落とし方と股関節の使い方の練習になる。また、動きの途中で内股にならないように膝を外に向けておく感覚もつかめる。胸を張り、最後まで踵を押しつづけること。だいたいの人は、座ったときに大腿と床が平行になる高さのボックスで始められる。運動に慣れていない人はもう少し高くする必要がある。上級者なら、すぐにロー・ボックス・スクワットができるだろう。スクワットするときの股関節の使い方をつかむことが重要課題だ。この練習は、フィールドでのジャンプ力や敏捷性に生かされ、こうしたパフォーマンスが向上すれば膝を守り、瞬発力が増すことにつながるからだ。

バリエーション

Low Box Squat

ロー・ボックス・スクワット

30cmくらい（数cmの前後可）の高さの頑丈なボックスで行うバリエーションである。膝が少し前に出るので、垂直の脛骨（すねが床に対して垂直になる）は維持できないが、目的はやはり、大腿四頭筋ばかりに頼って動くのではなく、ボックスに座り、より強い股関節の伸筋（大殿筋やハムストリング）を使うことだ。

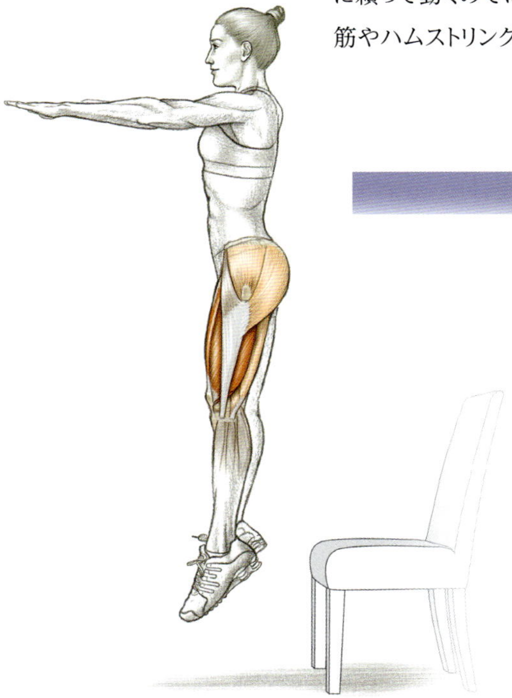

バリエーション

Jump Box Squat

ジャンプ・ボックス・スクワット

瞬発的なプライオメトリック運動を組み合わせたバリエーションである。通常のボックス・スクワットと同様にボックス（または頑丈な椅子）に座ってから、勢いよく立ち上がってジャンプする。やわらかく着地し、作用している関節全体、特に股関節に負荷を分散して衝撃を適切に吸収しよう。

Full Squat
フル・スクワット

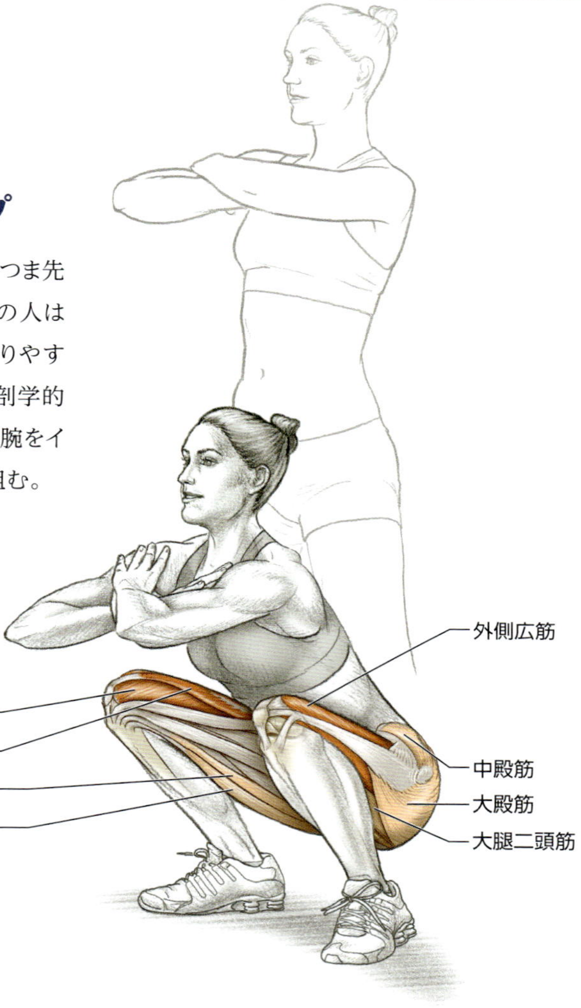

エクササイズ・ステップ

1. スタンスを狭くして立ち、つま先を外に向ける。ほとんどの人はつま先30度外向きがやりやすいが、これは股関節の解剖学的構造によって幅がある。腕をイラストのように胸の前で組む。
2. 膝と股関節を同時に折り曲げ、真下に腰を落とす。足全体に体重をかけ、胸を張り、つま先と同じ方向に膝を押し出していく。
3. 下背部を平らにしたまま、できるだけ深くしゃがむ。立ち上がってスタートポジションに戻る。

動員される筋肉

主動筋：大腿四頭筋（大腿直筋、外側広筋、内側広筋、中間広筋）

補助筋：大殿筋、中殿筋、小殿筋、ハムストリング（大腿二頭筋、半腱様筋、半膜様筋）、脊柱起立筋（棘筋、最長筋、腸肋筋）

エクササイズ・メモ

フル・スクワットは、単純なエクササイズに見えるが、実際は足関節背屈の柔軟性、股関節屈曲の柔軟性、胸椎伸展の柔軟性がかなり要求される。つまり、しゃがんだときに踵を浮かさずに膝をかなり前に押し出せること、下背部を丸めずに（骨盤が後傾せずに）腰を低く沈められることが要求され、上背部は丸くならないように姿勢よくしておかなければならないのだ。そういうわけで、可動性が向上するまでフル・スクワットをできない人が多い。フル・スクワットには十分なコアの安定性と殿筋の活性化も要求される。だから、焦らずに、量ではなく質を重視してほしい。そのうち簡単になるが、じっくり練習し、正しいフル・スクワットができる柔軟性と安定性をつけよう。腰は両膝の間に沈み、正しいフル・スクワットならば膝は外向きになる。

バリエーション

Counterbalance Full Squat

カウンターバランス・フル・スクワット

フル・スクワットがきつい人は、しゃがむときに腕を上げてもよい。そうするとカウンターバランス（平衡）効果が生じ、弱い膝関節から強い股関節へ負荷が移る。股関節を屈曲してしゃがみながら、肩関節を屈曲して腕を床と平行になるまで上げる。

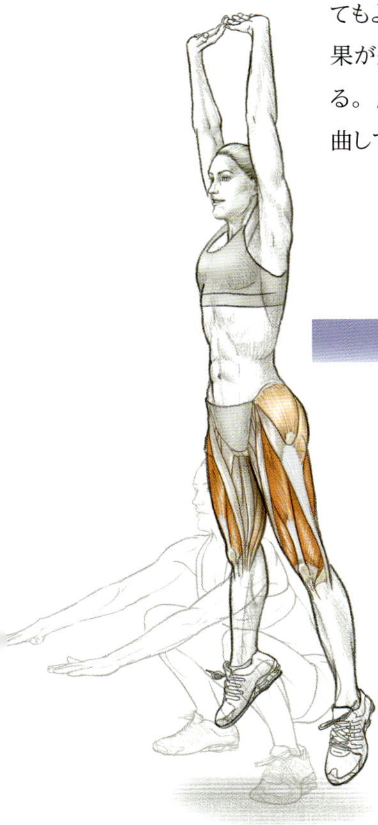

バリエーション

Jump Full Squat

ジャンプ・フル・スクワット

フル・スクワットでは簡単すぎるようになったら、勢いよく立ち上がってジャンプし、大腿の筋肉に対する負荷を上げよう。これは通常の垂直跳びではないので、深くしゃがみきることを忘れないように。胸を張り、膝を外に向けてスクワットしてから、できるだけ高くジャンプし、股関節を使って着地の衝撃を吸収する。

Sissy Squat

シシー・スクワット

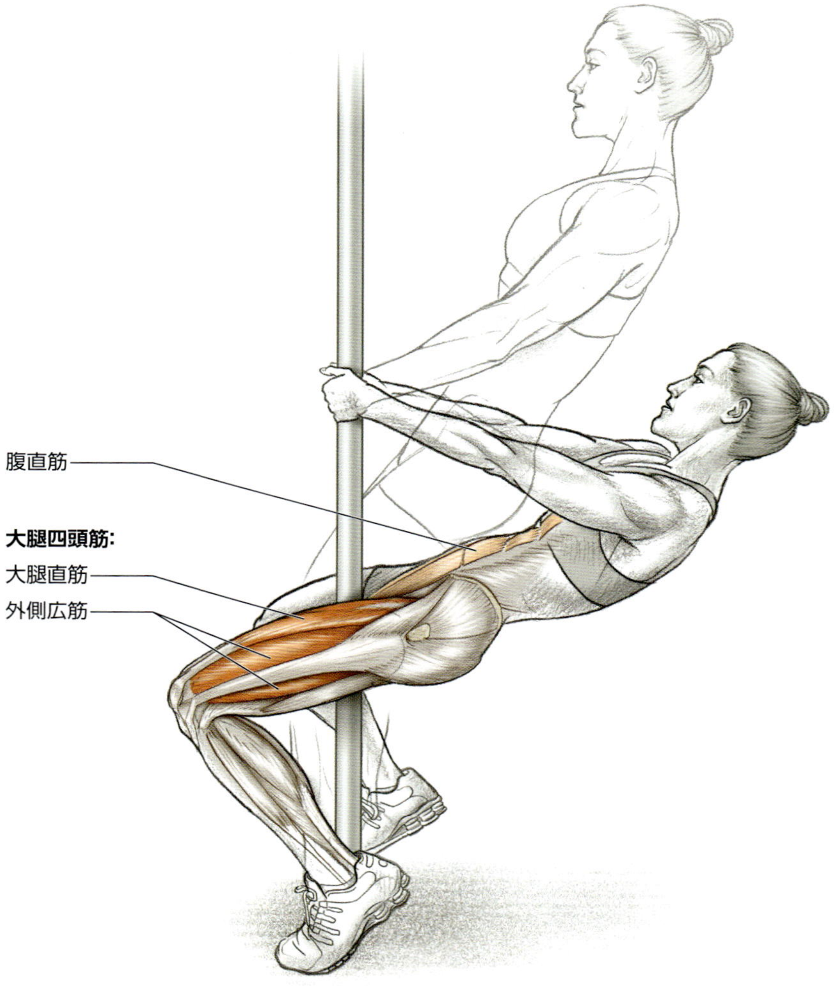

エクササイズ・ステップ

1. スタンスを狭くして立つ。バランスをとるために何か前にある物につかまる。
2. 膝を折って、前方に動かしながら、体幹を後ろに反らし、つま先立ちになる。
3. 望ましい深さになるまで体を倒してから、起き上がってスタートポジションに戻る。

動員される筋肉

主動筋：大腿四頭筋（大腿直筋、外側広筋、内側広筋、中間広筋）

補助筋：腹直筋

エクササイズ・メモ

シシー・スクワットは、股関節の伸筋を関与させずに大腿四頭筋をターゲットにするエクササイズだから、自重のレッグ・エクステンションと考えられる。膝関節にかなり負担がかかるので、多くの人にとって問題のあるエクササイズだ。安全第一に、ゆっくり練習していこう。体を倒す深さは膝に負担を感じない程度にとどめ、時間をかけて少しずつ深くしていく。セット中ずっと大腿四頭筋が動きをコントロールしていることを意識してみよう。

Single-Leg Box Squat

シングルレッグ・ボックス・スクワット

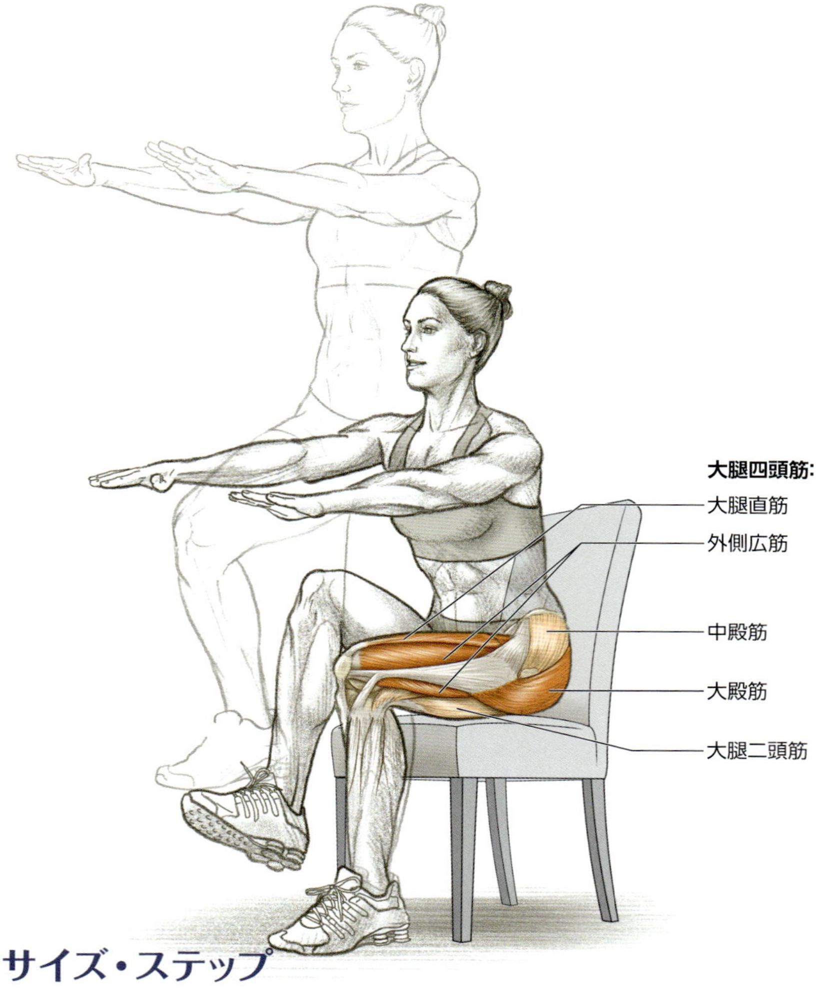

エクササイズ・ステップ

1. 頑丈なボックス（またはベンチ、椅子、ステップ、スツール）の前に立ち、手を体の前に置く。
2. 片脚で立つ。胸を張り、背骨を動かさないようにしながらボックスに座る。膝はつま先と同じ方向に向け、踵で床を押す。
3. 2でスクワットしながら腕を上げるとカウンターバランスになる。ボックスに座ったら、一呼吸おいて立ち上がり、スタートポジションに戻る。必ず殿筋を絞りきること。

動員される筋肉

主動筋：大腿四頭筋（大腿直筋、外側広筋、内側広筋、中間広筋）、大殿筋

補助筋：ハムストリング（大腿二頭筋、半腱様筋、半膜様筋）、大内転筋、長内転筋、短内転筋、中殿筋、小殿筋、深層の股関節外旋筋

エクササイズ・メモ

シングルレッグ・ボックス・スクワットは、ボックスの高さを変えるだけで難易度を調整できる効果的な片脚エクササイズである。初心者なら、片脚バージョンに進む前に両脚バージョンをできるようにしなければならない。両脚バージョンが上達したら、高さのあるボックスで片脚バージョンを始め、正しい動きを練習しよう。膝を内股にも外股にもしないこと。腰を落としながら腕を上げると、効果的な反動になり、負荷が膝から股関節に移る。

バリエーション

Single-Leg Low-Box Squat
シングルレッグ・ローボックス・スクワット

シングルレッグ・ボックス・スクワットが上達したら、ボックスを低くすれば、エクササイズの効果を高めていける。ボックスが低くなるほど、深く座れなくなり、膝を少し前に出してバランスを保つ必要がある。下背部のアーチを保ち、脊柱起立筋を強く収縮させて骨盤が後傾しないようにすること。

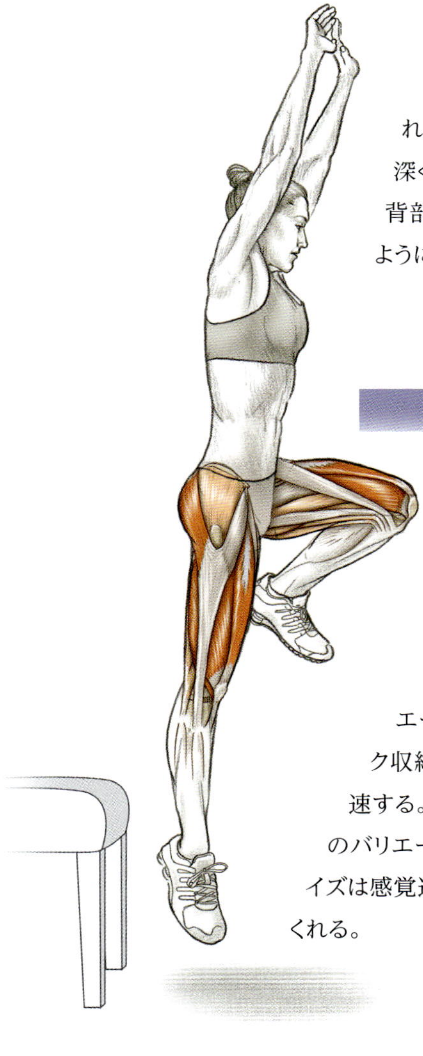

バリエーション

Jumping Single-Leg Box Squat
ジャンピング・シングルレッグ・ボックス・スクワット

股関節の安定性、バランス、筋力がかなり要求される上級バリエーションである。ジャンプを加えるだけだが、それにはコンセントリック収縮の段階で足が床から離れるだけの力を出して立ち上がる動作を加速する。必ずなめらかで自然なジャンプにすること。そうならないなら、このバリエーションをこなせる準備ができていないということだ。片脚エクササイズは感覚運動能力を刺激し、特に年をとるほど大切になるバランスを改善してくれる。

Skater Squat

スケーター・スクワット

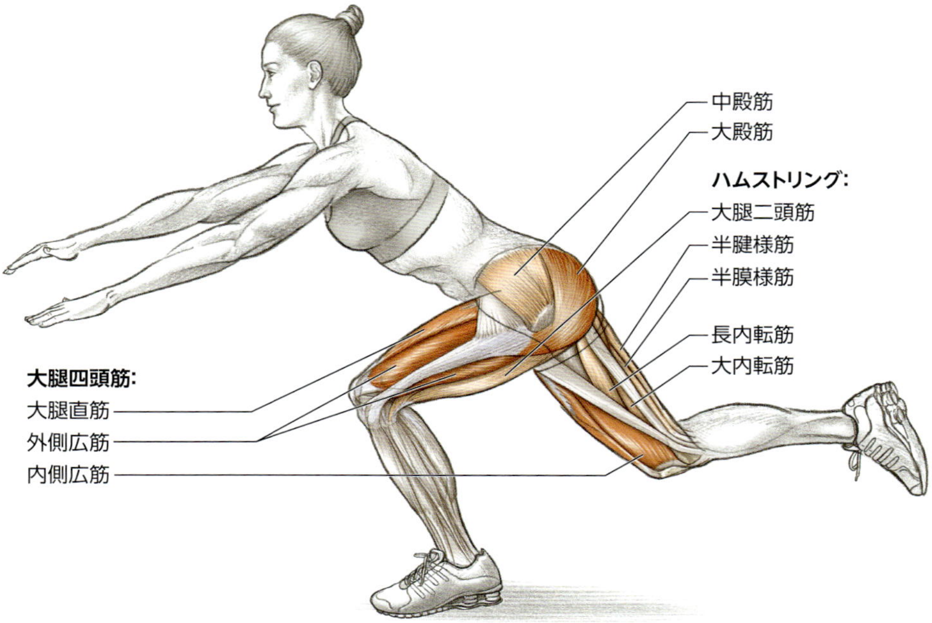

エクササイズ・ステップ

1. 片脚で立ち、手を体の前に置く。
2. 股関節と膝で折れて腰を落とし、体幹を前傾させる。
3. 非支持脚の膝が床に近づくか、触れるまでスクワットする。同時に腕を上げるとカウンターバランスになる。立ち上がってスタートポジションに戻る。先に弱いほうの脚で反復してから、強いほうの脚に替えて反復する。

動員される筋肉

主動筋：大腿四頭筋（大腿直筋、外側広筋、内側広筋、中間広筋）、大殿筋

補助筋：ハムストリング（大腿二頭筋、半腱様筋、半膜様筋）、大内転筋、長内転筋、短内転筋、中殿筋、小殿筋、深層の股関節外旋筋

エクササイズ・メモ

スケーター・スクワットは、大腿と股関節の完全な運動になる驚異的な下半身エクササイズである。カウンターバランスをとるために肩関節を屈曲し（腕を上げる）、後ろ脚の膝が床に触れるか、床すれすれになるまで体を下げきる。床に枕かタオルを置いて膝が床に強くぶつからないようにしてもよい。

ほとんどのスポーツは一瞬一瞬は片脚でプレイされるものだから、エクササイズプログラムに片脚の運動を豊富に加えることは理にかなっている。一般的に、片脚エクササイズでは、股関節の横安定と回転安定が試され、運動中に横に倒れたり、ねじれたりしないように股関節の内転筋・外転筋・回旋筋、腰方形筋、多裂筋などの筋肉のコーディネーション（協調）が要求される。

バリエーション

Skater Squat With Knee Raise
スケーター・スクワット・ウィズ・ニー・レイズ
（膝を引き上げるスケーター・スクワット）

膝を引き上げると片脚安定性がいっそう試される。非支持脚を股関節の伸展から屈曲まで動かしている間ずっと片脚で立っていることになるからだ。非支持脚の股関節が屈曲の最高点に達したとき、支持脚の殿筋を絞り、姿勢をよくして立つこと。

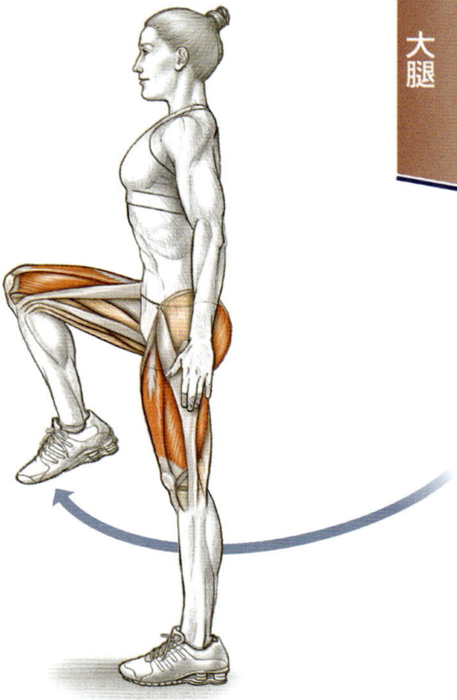

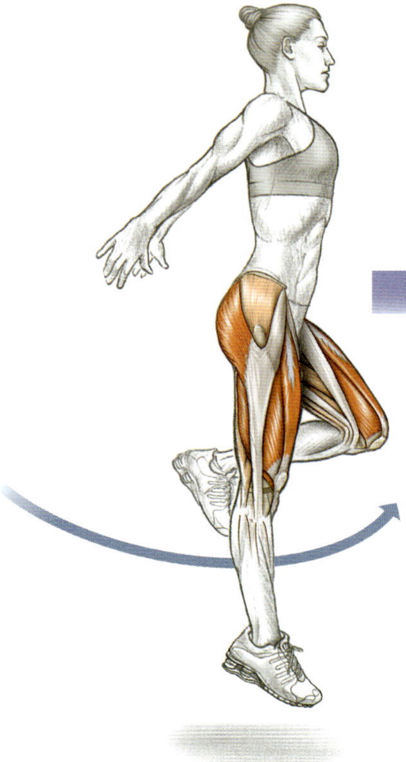

バリエーション

Jumping Skater Squat
ジャンピング・スケーター・スクワット

股関節の安定性、バランス、筋力がかなり要求される上級バリエーションである。ジャンプを加えるだけだが、それには足が床から離れるだけの力を出して立ち上がる動作をなめらかに加速する。なめらかで自然なジャンプにならないなら、このバリエーションをこなせる準備ができていないということだ。

Pistol Squat

ピストル・スクワット

エクササイズ・ステップ

1. 片脚で立つ。
2. 股関節と膝を同時に折り曲げて体を沈める。腕を上げ、非支持脚の股関節を屈曲し、胸を張り、踵で床を押す。
3. 望ましい深さになるまでスクワットしてから、スタートポジションに戻る。

動員される筋肉

主動筋：大腿四頭筋（大腿直筋、外側広筋、内側広筋、中間広筋）、大殿筋

補助筋：ハムストリング（大腿二頭筋、半腱様筋、半膜様筋）、大内転筋、長内転筋、短内転筋、中殿筋、小殿筋、深層の股関節外旋筋

エクササイズ・メモ

ピストル・スクワットは、下半身のための自重エクササイズのなかでも最難関と言えそうだ。股関節と腰椎骨盤の安定性、支持脚の殿筋と四頭筋の筋力、非支持脚の股関節屈筋の筋力と柔軟性、そしてバランスとコーディネーションに尋常ではないレベルが要求される。尻がふくらはぎの裏に触れるまで体を沈める人が多い。それで構わないが、エクササイズ中に背中が丸くなりすぎ、骨盤が著しく後傾してしまうなら、股関節の柔軟性に限界がきたらすぐ停止して、立ち上がろう。直立した姿勢を保ち、胸を張っておくこと。背中を丸めずに床までスクワットできなければ、股関節の柔軟性に限界がきたらすぐ停止し、立ち上がってOKだ。

バリエーション

1 2 3 4

Towel Pistol Squat
タオル・ピストル・スクワット

筋力や筋肉のコーディネーションがピストル・スクワットをこなせるレベルに達している人は少ない。ピストル・スクワットは高度な下半身エクササイズであり、ほとんどの人に正しく行うための補助が必要だ。タオルをドアにはさむか、柱に巻きつけて、立ち上がるときの補助にする方法がある。

Static Lunge

スタティック・ランジ
（静的ランジ）

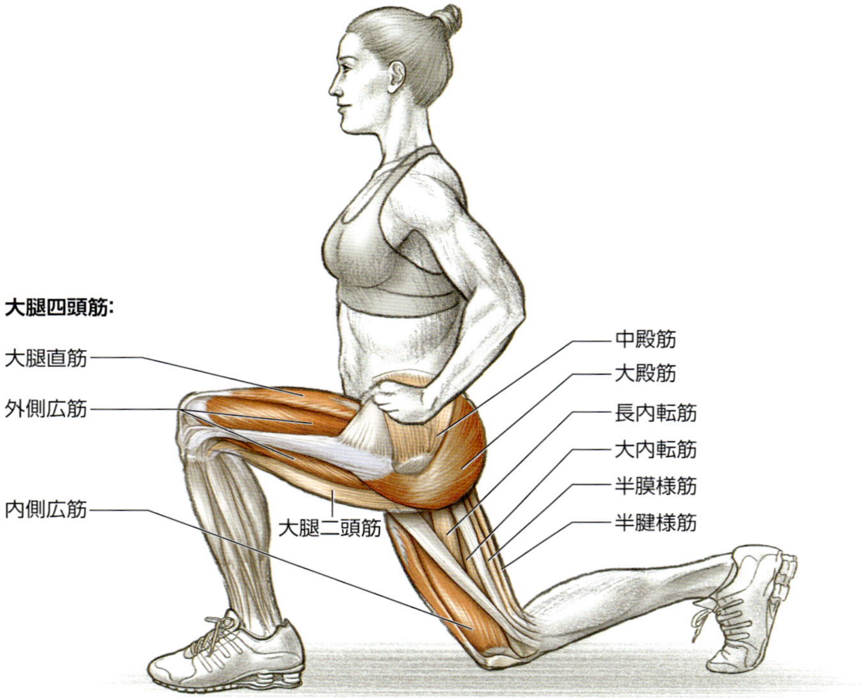

エクササイズ・ステップ

1. 脚を前後に開く（スプリットスタンス）。開く幅は、ランジのボトムポジションで前脚のすねが床に対して垂直になるくらい。手は腰に置き、つま先はまっすぐ前に向ける。
2. 体幹を直立させたまま、後ろの膝が床に近づくか、触れるまで腰を落とす。
3. スタートポジションに戻る。

動員される筋肉

主動筋：大腿四頭筋（大腿直筋、外側広筋、内側広筋、中間広筋）、大殿筋

補助筋：ハムストリング（大腿二頭筋、半腱様筋、半膜様筋）、大内転筋、長内転筋、短内転筋、中殿筋、小殿筋、深層の股関節外旋筋

エクササイズ・メモ

スタティック・ランジは、ほぼ誰にとっても簡単なエクササイズである。この基本的なランジのパターンを習得してから、より難しいバリエーションに進んでほしい。スクワットから立ち上がるとき、支持脚の殿筋が体を引き上げることを感じられるようになろう。体幹を直立させたまま、まっすぐ上下に動くこと。後ろ

の膝の下に折りたたんだタオルか枕を置いて膝が床にぶつからないようにしてもよい。体重は後ろ脚よりも前脚にかけておく。

バリエーション

Forward Lunge
フォワード・ランジ

スタティック・ランジが簡単になったら、より難しいバリエーションに進む頃合だ。ランジのパターンに負荷を加える方法の１つは、１歩前に踏み出して腰を落としてからスタートポジションに戻ることだ。こうすると、足を戻して立ち上がるためにもっと大きな力を出さなければならない大腿四頭筋により負荷がかかる。

バリエーション

Alternating Jump Lunge
オルタネーティング・ジャンプ・ランジ
（ジャンプして脚を入れ替えるランジ）

フォワード・ランジができるようになったら、空中にジャンプして１回ごとに脚を入れ替えるプライオメトリック運動を組み込んだランジにトライしよう。できるだけ高く真上に飛び、ランジポジションに腰を落として着地の衝撃を吸収する。これを反復する。

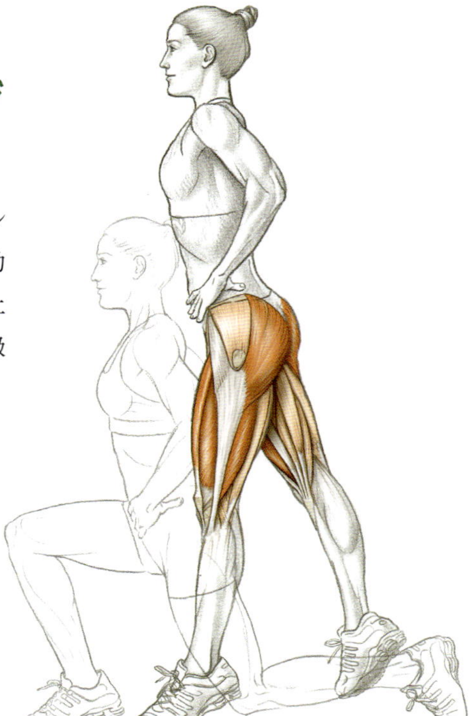

Reverse Lunge
リバース・ランジ

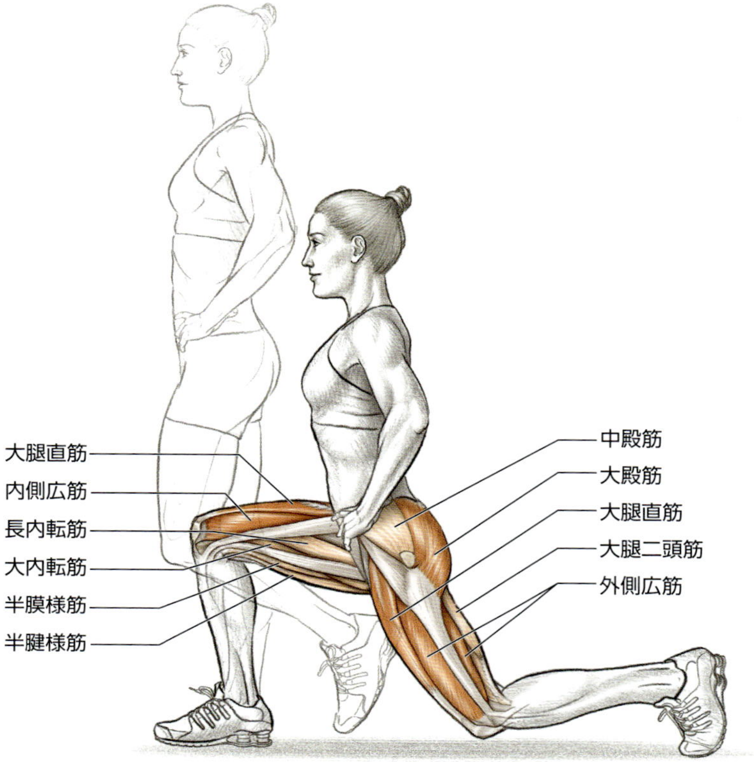

エクササイズ・ステップ

1. つま先をまっすぐ前に向け、手を腰に置いて立つ。
2. 前脚にほとんどの体重をかけたまま、1歩後ろに踏み出して、体幹を約30度前傾させ、支持脚の股関節を曲げて、後ろの膝が床に近づくか、触れるまで腰を落とす。
3. 立ち上がってスタートポジションに戻る。

動員される筋肉

主動筋：大腿四頭筋（大腿直筋、外側広筋、内側広筋、中間広筋）、大殿筋

補助筋：ハムストリング（大腿二頭筋、半腱様筋、半膜様筋）、大内転筋、長内転筋、短内転筋、中殿筋、小殿筋、深層の股関節外旋筋

エクササイズ・メモ

フォワード・ランジが大腿四頭筋により負荷をかけるのに対し、リバース・ランジは股関節により負荷をかける。このバリエーションでは体幹を直立させておく必要はない。体幹を前傾させると股関節の可動域と股関節にかかるトルク（関節を回転させる力）が増えるからだ。前脚の殿筋が力を吸収し、後ろに踏み

出して位置につくのを補助するのを感じてみよう。

後ろに踏み出すときに歩幅が小さくなってしまう人が多い。歩幅に関しては、エクササイズの効果を最大にするスイートスポットがある。そのうち最適な距離がわかるだろう。

ランジは殿筋と内転筋が筋肉痛になることでよく知られている。このエクササイズでは、特に大内転筋が痛めつけられる。腰を落としたとき、内転筋は股関節の伸筋としても優秀な働きをするからだ。

バリエーション

Deficit Reverse Lunge
デフィシット・リバース・ランジ

リバース・ランジができるようになったら、約15-25cmの高さのステップ（または頑丈なボックスや低いテーブル）に立って、難易度を上げてみよう。注意点は同じだが、このバリエーションでは股関節の可動域が広くなり、支持脚の殿筋がより大きくストレッチされる。翌日にご用心。老人のように見える座り方になってしまうかもしれない。つまり、股関節にかかるストレッチのせいで殿筋がひどい筋肉痛になる可能性があるということだ。

バリエーション

Step-Up and Reverse Lunge Hybrid
ステップアップ&リバース・ランジ・ハイブリッド

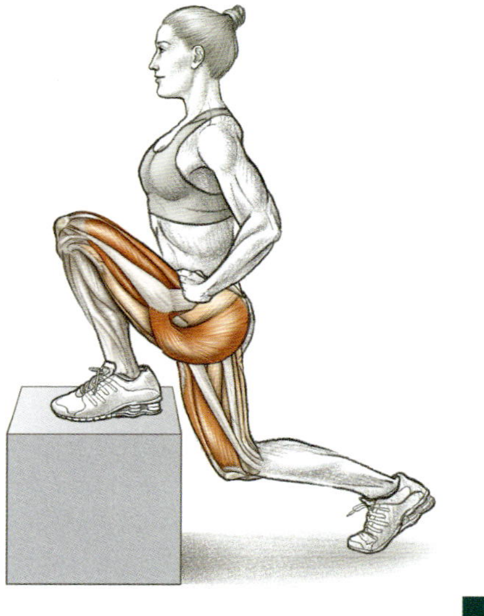

私のお気に入りのエクササイズの1つ。ステップアップとデフィシット・リバース・ランジができるようになったら、きわめて効果的なコンビネーションリフトができる。ステップの上に立つ。支持脚の足裏全体をステップについて踵でステップを押し、反対側の脚を後ろに踏み出して着地したら、ランジポジションに腰を落とす。殿筋が大きくストレッチされるのを感じよう。胸を張り、やや前傾して立ち上がる。前脚にほとんどの負荷がかかるようにし、後ろ脚を補助にしすぎないこと。

Sliding Lunge

スライディング・ランジ

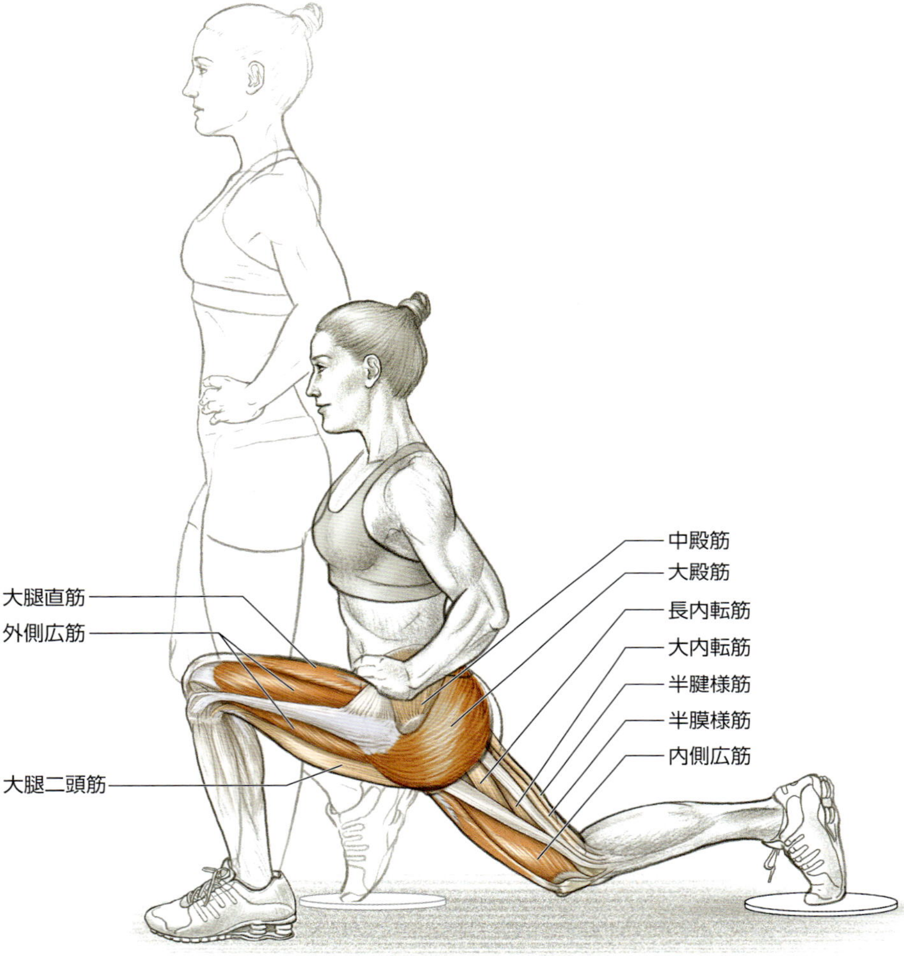

エクササイズ・ステップ

1. 足を肩幅くらいに離し、つま先をまっすぐ前に向け、手を腰に置いて立つ。片足は紙皿に載せる（あるいは、市販のスライディングエクササイズディスクを使うか、つるつるした床の上なら小さいハンドタオルを使う）。
2. 紙皿に載せていないほうの脚にほとんどの体重をかけたまま、紙皿に載せた脚を後ろにスライドし、体幹を約30度前傾させて、支持脚の股関節を曲げ、後ろの膝が床に近づくか、触れるまで腰を落とす。
3. 立ち上がってスタートポジションに戻る。

動員される筋肉

主動筋：大腿四頭筋（大腿直筋、外側広筋、内側広筋、中間広筋）、大殿筋

補助筋：ハムストリング（大腿二頭筋、半腱様筋、半膜様筋）、大内転筋、長内転筋、短内転筋、中殿筋、小殿筋、深層の股関節外旋筋

エクササイズ・メモ

リバース・ランジに似たエクササイズだが、スライディング・ランジでは足が常に接地している点が異なる。リバース・ランジよりもこのバリエーションを好む人が多いが、人による。私は通常のリバース・ランジのほうが好きだが、自分で試してみて判断してほしい。ともかく、どちらもすぐれたバリエーションであり、ランジのパターンは総合的な股関節の筋力にとって必須パターンだから、その時々で両方やっても何の問題もない。

Step-Up

ステップアップ

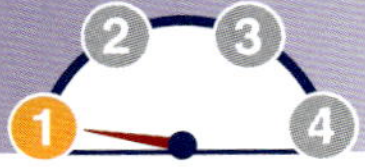

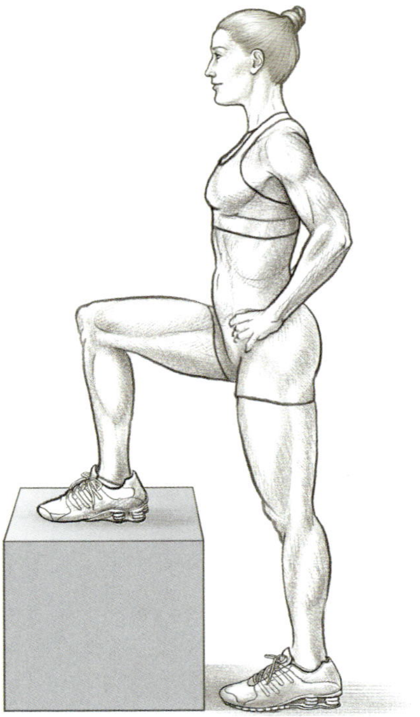

スタートポジション

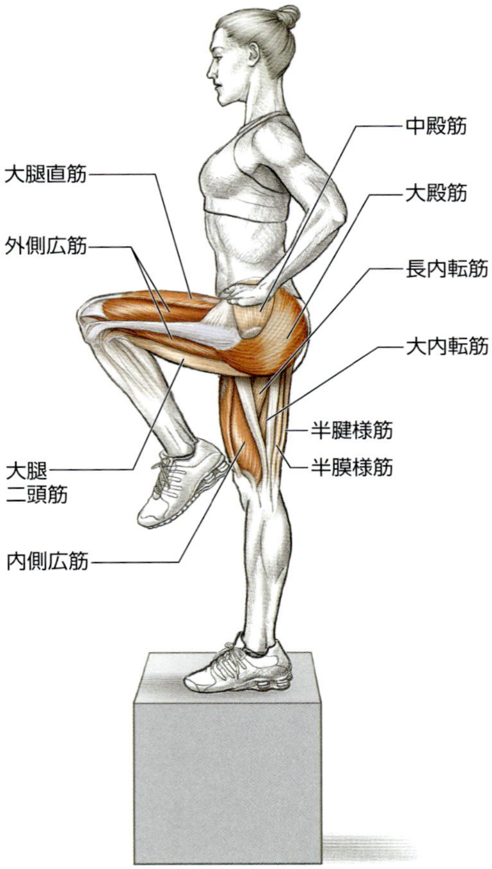

エクササイズ・ステップ

1. 片足全体をステップ(または頑丈なボックス、椅子、ウェイトベンチ)の上に載せる。反対側の足は床につけておく。
2. 体重を前に移動し、床についた足を引き上げて体重を持ち上げる。主に上の脚を使い、下の脚は勢いをつけすぎないこと。
3. 姿勢をよくして立ち、支持脚の殿筋を絞る。動かしている脚はステップに下ろさずに、股関節を屈曲して宙に浮いている膝を振り上げる。ゆっくり、コントロールしながら体を下げてスタートポジションに戻る。

動員される筋肉

主動筋：大腿四頭筋(大腿直筋、外側広筋、内側広筋、中間広筋)、大殿筋

補助筋：ハムストリング(大腿二頭筋、半腱様筋、半膜様筋)、大内転筋、長内転筋、短内転筋、中殿筋、小殿筋、深層の股関節外旋筋、腰筋

エクササイズ・メモ

ステップアップは、時の試練に耐えて生き残ってきた古典的エクササイズである。筋力の弱い人はごく低い高さから始め、時間をかけて高くしていかなければならない。足の半分だけステップに載せるのは誤りだから注意しよう。これでは踵で押せなくなってしまう。もう1つ注意すると、下の脚を蹴り上げる勢いで体を引き上げないこと。こうすると支持脚を重点的に使えなくなる。最後にもう1つ、ステップに上がったとき動かしているほうの足はステップについてはいけない。この足を宙に浮かしておくと、4分の1スクワットのポジションが決まりやすく、両脚を使ってエクササイズを完了できる。可動域いっぱいに動き、スタートからフィニッシュまでなるべくターゲットの脚を使うこと。

バリエーション

High Step-Up

ハイ・ステップアップ

通常のステップアップが上達したら、ステップを高くしていきエクササイズの負荷を上げていこう。ただし、下背部のアーチを維持できず、骨盤をニュートラルポジションかやや後傾に保てないほど高くしないこと。下背部が丸くなり、骨盤が過度に後傾するのは誤りだ。極端に高くすると腰椎の屈曲と骨盤の後傾が起こりやすい。これは避けてほしい。このバリエーションは、私の女性クライアントの多くが気に入っている殿筋エクササイズであり、正しく行えば、すぐれた片脚の筋力トレーニングになる。

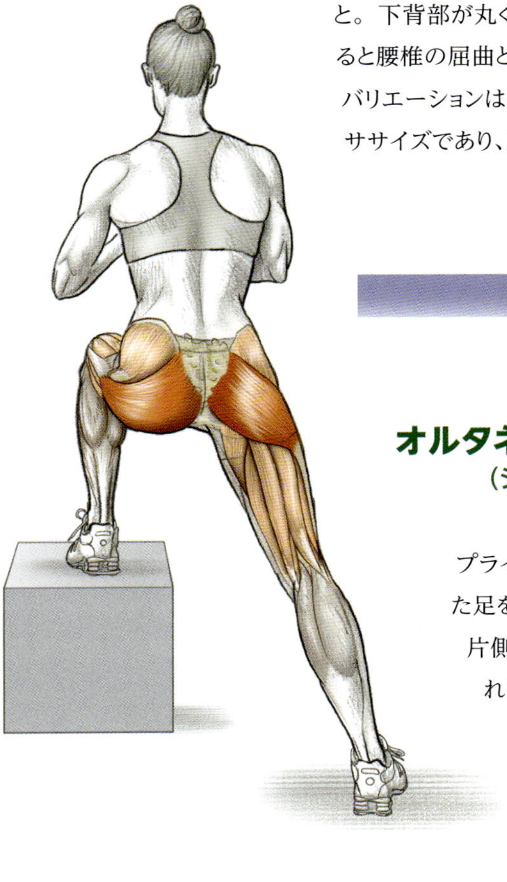

バリエーション

Alternating Jump Step-Up

オルタネーティング・ジャンプ・ステップアップ
(ジャンプして脚を入れ替えるステップアップ)

プライオメトリック運動を組み込んだバリエーション。床についた足をステップアップするとき勢いをつけ、支持脚でステップの片側から反対側へジャンプし、両脚を床に下ろしてから脚を入れ替えて同様に反復する。できるだけ高くジャンプすることを目標にし、最後まで正しい姿勢を崩さないこと。

Bulgarian Split Squat

ブルガリアン・スプリット・スクワット

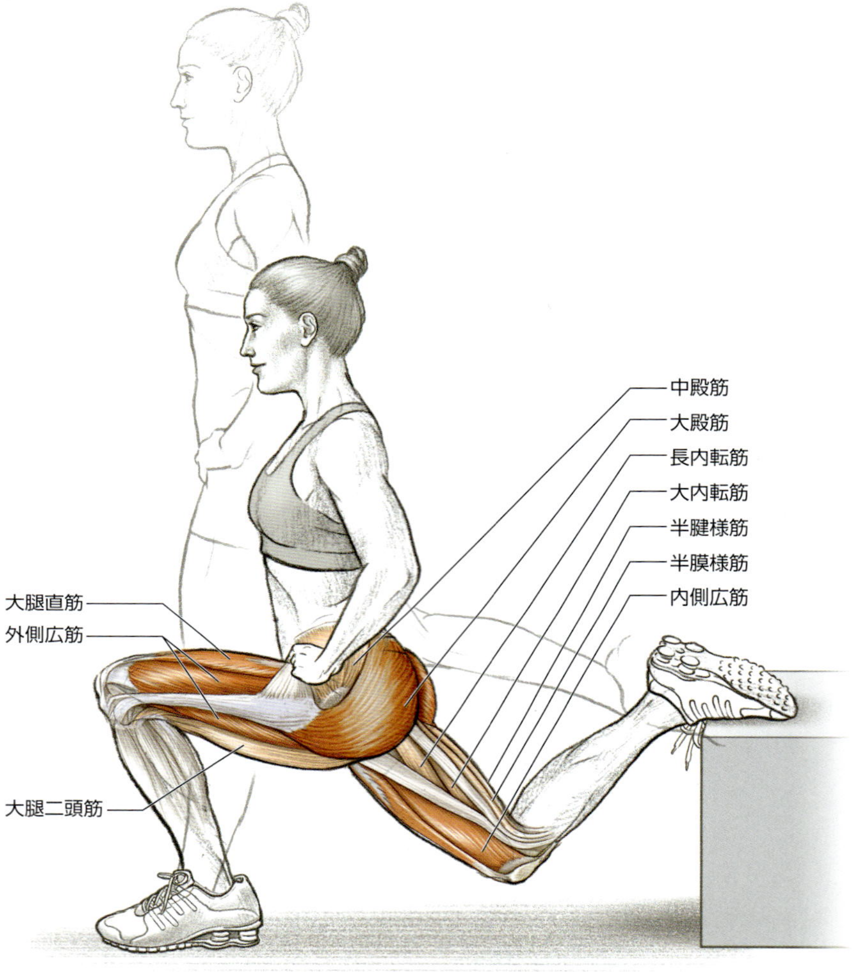

エクササイズ・ステップ

1. ステップ（または階段、カウチ、スツール、ウェイトベンチ）の前に立つ。片足を後ろに伸ばし、足の甲をステップの上に載せ、膝をやや後ろ下に落とす。
2. 体幹を直立させるか、やや前傾させて、体重はなるべく前脚にかけるようにする。
3. 床すれすれになるか、床に触れるまで膝を落とす。体を引き上げてスタートポジションに戻る。

動員される筋肉

主動筋：大腿四頭筋（大腿直筋、外側広筋、内側広筋、中間広筋）、大殿筋

補助筋：ハムストリング（大腿二頭筋、半腱様筋、半膜様筋）、大内転筋、長内転筋、短内転筋、中殿筋、小殿筋、深層の股関節外旋筋

エクササイズ・メモ

ブルガリアン・スプリット・スクワットは、ここ10年で人気が出てきたエクササイズである。確かにすばらしいエクササイズだ。適切な歩幅を見つけるのがなかなか難しい。一般的に言って、自分が思っているより大きいものだが、歩幅を極端に大きくする必要はない。このエクササイズは後ろ下に腰を落とすことになるから、正しく行えば、前脚の膝がつま先より前に出ることはない。踵で床を押して、最後まで正しい姿勢を崩さないようにしよう。

ほとんどの人は左右同じ回数やろうとして苦労する。たとえば、左脚で15回やったら、右脚でも15回やるのはきつくなるかもしれない。左脚をやっている間に右脚の大腿直筋がかなりストレッチされるので、右脚が弱り、次のセットではパフォーマンスが落ちてしまうからだ。というわけで、常に弱いほうの脚から始めることをおすすめする（片側ずつのエクササイズは何でもそうしたほうがよい）。さらに左右の間に1分くらいの休息を入れることをおすすめする。そうすれば、ストレッチが原因の衰えによってパフォーマンスが落ちることはない。

バリエーション

Deficit Split Squat
デフィシット・スプリット・スクワット

通常のブルガリアン・スプリット・スクワットができるようになったら、前の足を頑丈なボックスやステップに載せて高くしてみよう。こうすると、深く体を沈められるし、股関節の可動域も広くなる。このバリエーションは、殿筋がひどい筋肉痛になることで有名だ。ボトムポジションで殿筋にかなりのストレッチ負荷がかかるからだ。後ろ脚の膝の下に枕か折りたたんだタオルを置くと、膝が床にぶつからない。

バリエーション

Jump Split Squat
ジャンプ・スプリット・スクワット

先に紹介した2種類のブルガリアン・スプリット・スクワットが上達したら、空中にジャンプしてプライオメトリック運動の効果を加えてみよう。膝を下げきったら、コンセントリック収縮の推進力を最大限に発揮して、できるだけ高くジャンプし、やわらかく着地する。

Russian Leg Curl

ロシアン・レッグ・カール

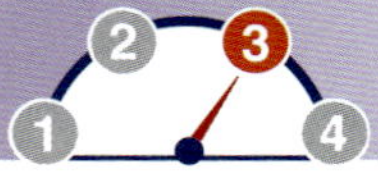

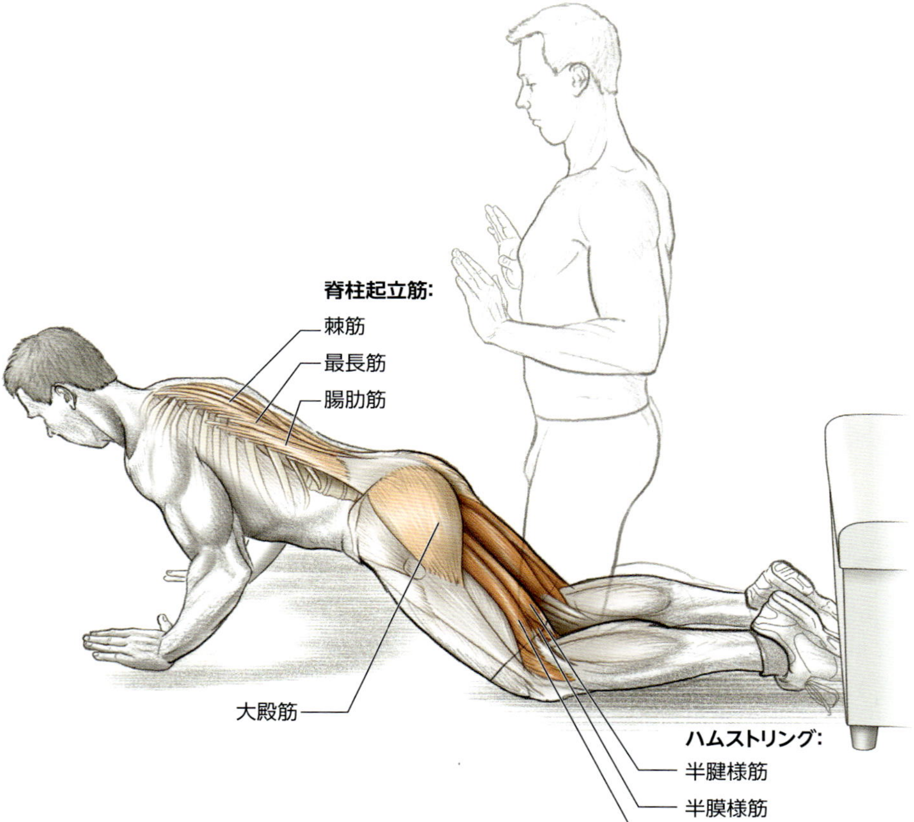

エクササイズ・ステップ

1. レールか横木、あるいは安定したカウチを見つけ、その下に足を差し込む。枕か折りたたんだタオルの上に膝をついて膝にかかる負担を減らす。
2. 体幹を直立させたまま、コントロールしながら体を前に倒す。このとき殿筋を引き締めておく。なるべく股関節で折れたり、骨盤が前傾したりしないようにする。
3. 床に近づいたら、プッシュアップの姿勢で手をつき、体を押し返してスタートポジションに戻る。肩と腕の筋肉を使って補助するが、膝関節のトルクが最大になるようにし、できるだけハムストリングの力で動く。

動員される筋肉

主動筋：ハムストリング（大腿二頭筋、半腱様筋、半膜様筋）

補助筋：脊柱起立筋（棘筋、最長筋、腸肋筋）大殿筋

エクササイズ・メモ

ロシアン・レッグ・カールは自重のレッグ・カールと考えてほしい。効果的で力が試されるハムストリングのエクササイズであり、それだけに初心者がこれをやることは考えられない。途方もないハムストリングの筋力が要求されるのだから。初めて練習するときは、急速に体が倒れてしまうだろうが、それでOKだ。正しい姿勢を維持し、体をゆっくり倒すことを心がけよう。少しずつコントロールしながら動けるようになるはずだ。

バリエーション

Partner-Assisted Russian Leg Curl

パートナーアシステッド・ロシアン・レッグ・カール
(パートナーに補助してもらうロシアン・レッグ・カール)

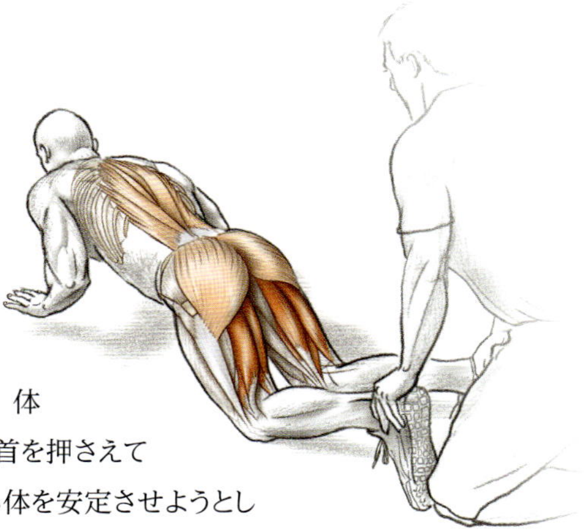

このエクササイズを力の強いパートナーに補助してもらうと、ものすごくやりやすくなる。パートナーに足首の後ろを体重をかけて押さえつけてもらい、体を固定する。体を倒すとき、パートナーはしっかりと足首を押さえて体を安定させるサポートをしなければならない。だから体を安定させようとしてエネルギーを浪費することなく、全エネルギーをエクササイズに集中できる。できるだけハムストリングを使うようにしながら、ゆっくり体を倒し、体を押し返してスタートポジションに戻る。最初から最後まで殿筋を絞って骨盤が前傾しないようにすること。

バリエーション

No-Hands Russian Leg Curl

ノーハンズ・ロシアン・レッグ・カール
(手をつかないロシアン・レッグ・カール)

きわめて高度なバリエーション。このレベルに達する人は少数派だが、トレーニングを続ければ、すべて自力でできるようになる。腕の補助がなくても、ハムストリングの力で前に倒れる動きを逆転し起き上がって停止できるようになるのだ。このレベルに達したら、手は背中に回す。セットの途中からは、万一うつ伏せに倒れたときに手をつく用意として腕を体側に添える。

Single-Leg Romanian Deadlift

シングルレッグ・ルーマニアン・デッドリフト

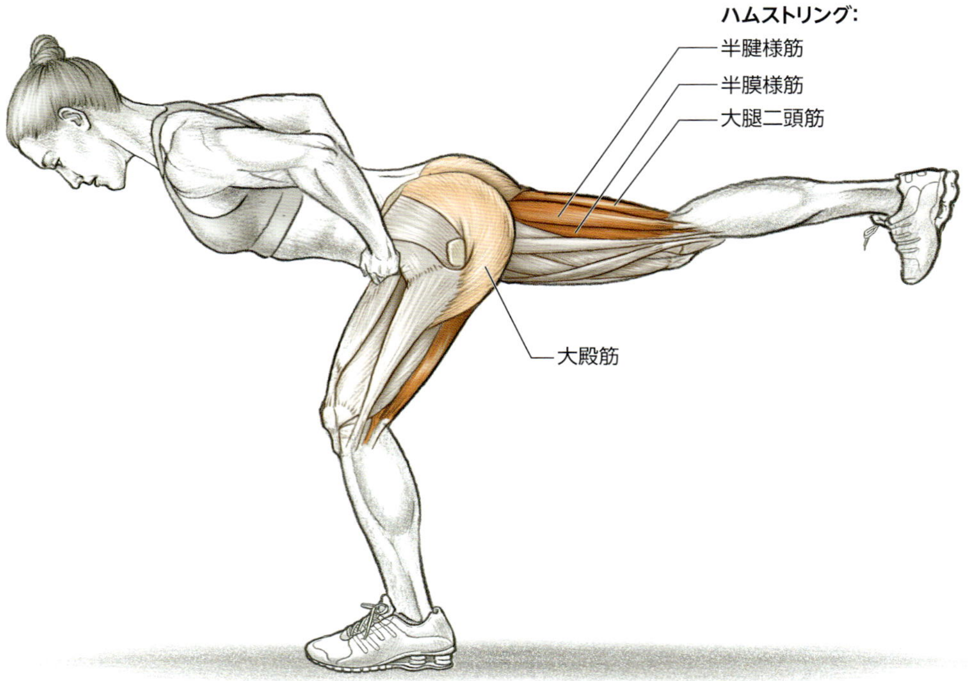

エクササイズ・ステップ

1. 片足で立つ。床についていないほうの脚を後方に伸ばし、殿筋を絞って床と水平になる位置で固定する。
2. 後ろ脚を体幹と一直線にそろえ、ウェストから前屈して体重を後ろに移動し、頚椎が過伸展にならないように（首が反らないように）下を向く。胸を張る。
3. 下背部の強いアーチを保ちながら、ハムストリングの可動域が限界になるまで膝を曲げて体を下げる。動きを逆転してスタートポジションに戻る。先に弱いほうの脚で反復してから、強いほうの脚に替えて反復する。

動員される筋肉

主動筋：ハムストリング（大腿二頭筋、半腱様筋、半膜様筋）

補助筋：脊柱起立筋（棘筋、最長筋、腸肋筋）、大殿筋

エクササイズ・メモ

シングルレッグ・ルーマニアン・デッドリフトでは、リフティングの基本テクニックである重要なヒップヒンジのパターンを使う。リフターは、このヒップヒンジ、すなわち下背部のアーチを保ちながら股関節を軸に蝶番《ちょうつがい》運動ができるようにならなければならない。この運動パターンは多くのエクササイズで必要だからだ。リフターの多くは、このエクササイズを正しくできていない。後ろ脚を曲げてしまう、後ろ脚が体幹と一直線になっていない、上を見て、その結果、首が反ってしまう、背中が丸くなる、という誤りをよく見かける。このエクササイズでは踵から頭まで一直線になるのが正しいから、後ろ脚の殿筋を絞って脚を正しい位置に固定しよう。こうすれば、正しいバランスを維持するのがかなり難しくなり、可動性、安定性、感覚運動を向上させるエクササイズとしてすぐれたものになる。

バリエーション

1 2 3 4

Reaching Romanian Deadlift with Knee Raise

リーチング・ルーマニアン・デッドリフト・ウィズ・ニー・レイズ

（腕を伸ばし、膝を引き上げるルーマニアン・デッドリフト）

シングルレッグ・ルーマニアン・デッドリフトができるようになったら、肩関節を屈曲して腕を上げ、踵まで一直線にそろえるリーチングのテクニックを組み込んでみよう。後ろ脚、体幹、腕がほぼ床と平行になる。これに加え、スタートポジションに戻ったとき片脚でバランスをとりながらニー・リフト（膝を胸のほうに引き寄せる）を行う。このバリエーションは、股関節と胸椎の柔軟性の点でも、固有受容覚（深部感覚）*のコントロールの点でも難易度が上がる。

*身体各部の位置や動き、関節の曲がり具合、筋肉の力の入れ具合などを感知する。

Partner-Assisted Back Extension

パートナーアシステッド・バック・エクステンション
（パートナーに補助してもらう背中の伸展）

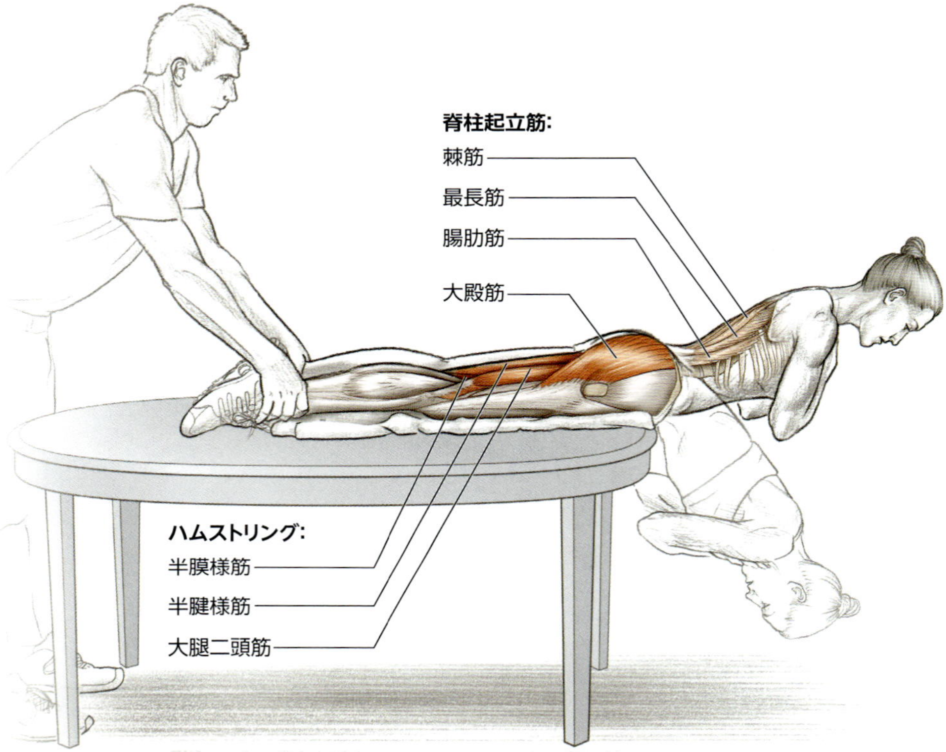

エクササイズ・ステップ

1. パートナーに足首の後ろを押さえてもらい、カウチやしっかりしたテーブルの端から体幹を乗り出して、脚をまっすぐに固定する。首はニュートラルポジションにし、イラストのように腕を胸の前で組む。
2. 背骨ではなく、股関節を曲げて、ハムストリングをよくストレッチする。
3. 体幹を起こして殿筋を絞りきる。

動員される筋肉

主動筋：ハムストリング（大腿二頭筋、半腱様筋、半膜様筋）、大殿筋

補助筋：脊柱起立筋（棘筋、最長筋、腸肋筋）

エクササイズ・メモ

これは、ハムストリング、殿筋、脊柱起立筋のすばらしい、効率的なエクササイズである。ほとんどの人はこのエクササイズを正しくできていない。バック・エクステンションという名前のせいで、背骨を曲げた

り、伸ばしたりしなければと思い込み、脊柱起立筋の動きをできるだけ感じようとする人が多い。股関節を屈曲および伸展させ、背骨は最後まで動かさないで殿筋とハムストリングをムーバー（主動筋）にしたほうが効果的だ。だから、ほんとうはバック・エクステンションというよりヒップ・エクステンションと呼んだほうがいいくらいだ。トップポジションでは最大限に殿筋を絞る。殿筋が体幹をまっすぐに引き上げて体を起こすイメージだ。ハムストリングは短距離走に必須の筋肉であり、このエクササイズはハムストリングを正しく鍛えるのに適している。

バリエーション

Prisoner Back Extension
プリズナー・バック・エクステンション

通常のパートナーアシステッド・バック・エクステンションでは簡単すぎるようになったら、腕を頭上に伸ばし、首の後ろで手を組んで囚人ポジションにすれば負荷が上がる。こうすると、レバー（てこ）の端にかかる負荷が増し、股関節のトルクがもっと要求されるのだ。

バリエーション

Single-Leg Back Extension
シングルレッグ・バック・エクステンション

両脚のバック・エクステンションでは簡単すぎるようになったら、片脚ずつやってみよう。体を固定しておき、横運動や回転運動でエネルギーが漏れてしまわないようにすること。体を下げたときにハムストリングがストレッチされるのを感じ、体を起こしたときに殿筋をしっかり絞る。このバリエーションができるようになったら、腕を囚人ポジションにして負荷を上げる。これは、ハムストリングの自重エクササイズのなかでも最も効果的なものの1つだ。

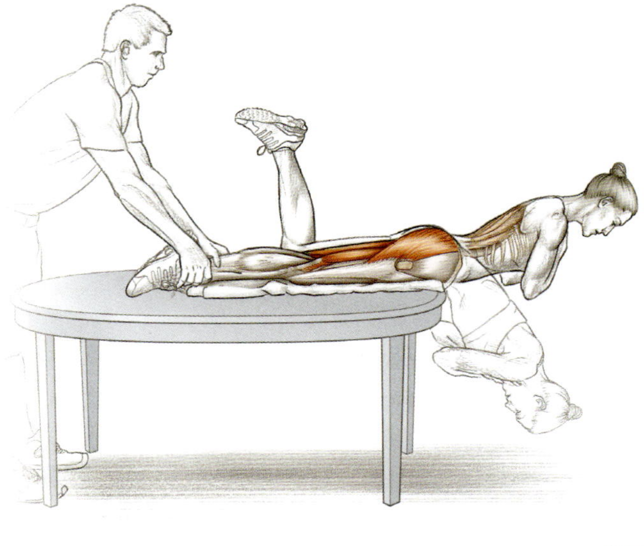

Reverse Hyper

リバース・ハイパー

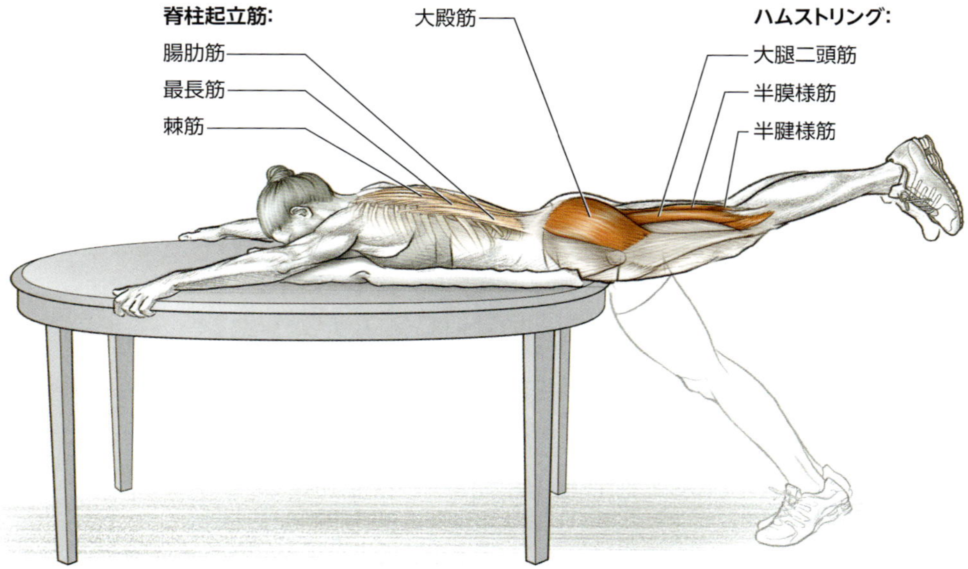

エクササイズ・ステップ

1. しっかりしたテーブルに体幹を伏せ、脚はテーブルの縁にもたせかけ、テーブルの縁をつかむ。膝は伸ばす。
2. 体幹を固定したまま、脚を持ち上げる。トップポジションで殿筋を絞り、下背部が過伸展にならないように(反らないように)すること。
3. 脚を下ろしてスタートポジションに戻る。背骨は動かさず、下背部が丸くならないようにすること。

動員される筋肉

主動筋: 大殿筋、ハムストリング(大腿二頭筋、半腱様筋、半膜様筋)

補助筋: 脊柱起立筋(棘筋、最長筋、腸肋筋)

エクササイズ・メモ

リバース・ハイパーは、ポステリアチェーン（体の後面の筋群）に効くエクササイズであり、体の後面全体をいっぺんにトレーニングできる。テーブルの縁をつかんで体を安定させ、背骨を正しい位置に固定する。首が過伸展にならない（反らない）ように下を見る。脚を下ろしたときハムストリングをしっかりストレッチし、脚を持ち上げたとき殿筋を強く絞りきる。リバース・ハイパーは、正しく行えば、驚くほど効果的な下半身とコアのエクササイズであり、背骨にとってきわめて有益である。

バリエーション

Single-Leg Reverse Hyper

シングルレッグ・リバース・ハイパー

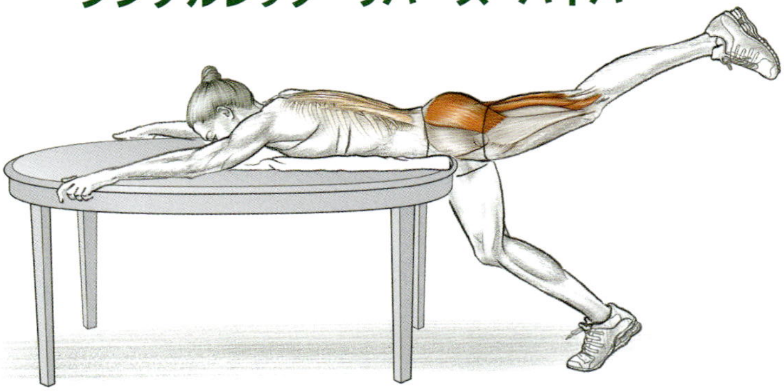

両脚のリバース・ハイパーがきつい人には、脊柱起立筋の力があまり必要ない片脚のリバース・ハイパーのほうが簡単だ。正しい姿勢を維持し、背骨ではなく股関節だけを動かすことに集中する。すぐに両脚のリバース・ハイパーもできるようになるが、まずは片脚バージョンをできるようにしよう。

Sliding Leg Curl

1 2 3 4

スライディング・レッグ・カール

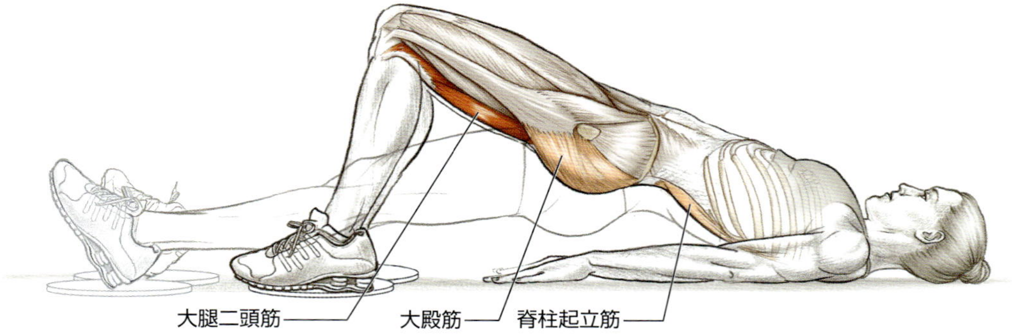

エクササイズ・ステップ

1. 仰向けになり、手のひらを床につき、踵を２枚の紙皿に載せる（あるいは、市販のスライディングエクササイズディスクを使うか、つるつるした床の上なら小さいハンドタオルを２本使う）。
2. 腰を持ち上げてブリッジの姿勢になり、同時に踵を殿部のほうにスライドさせる。
3. 最後まで腰を高い位置に保つ。体を下げてスタートポジションに戻る。

動員される筋肉

主動筋：ハムストリング（大腿二頭筋、半腱様筋、半膜様筋）

補助筋：脊柱起立筋（棘筋、最長筋、腸肋筋）、大殿筋

エクササイズ・メモ

スライディング・レッグ・カールは、股関節の伸展の筋力と膝関節の屈曲の筋力を両方同時に発達させる効果的なハムストリングのエクササイズである。ほとんどの人はこのエクササイズを正しくできていない。腰が落ちてしまったり、セットの最後まで股関節を伸ばしておけなかったりする。正しいフォームで行うには上級レベルの筋力と訓練が必要だ。腰が落ちてしまい、膝を曲げ伸ばししているだけになってしまいがちなエクササイズだからだ。殿筋を絞って腰を持ち上げ、殿筋を収縮させたまま、ハムストリングの力で足を後ろにスライドさせる。このエクササイズを片脚ずつできる強靭な人もいる。私はできないが。

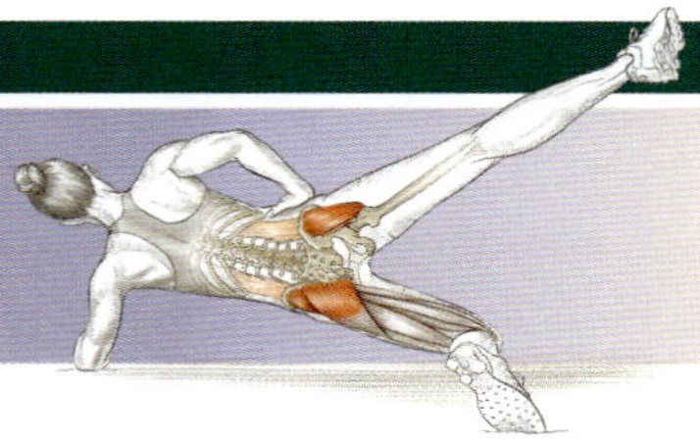

第8章

殿筋

ここ数年、私は「殿筋男」（Glute Guy）として知られるようになってきた。もし私以上に殿筋に興味がある人に出会ったら、私はびっくりするだろう。科学的文献の熟読から、運動中の殿筋の筋電図活動を計測するために自らを電極につなぐことまで、私は膨大な時間を研究に費やしてきた。さらに重要なことに、何百人ものクライアントが殿筋の筋力と形を劇的に改善するのを手伝ってきた実績がある。この殿筋の大改造は、たくましい外見になりたい男性にとって決定的に重要だ。強い殿筋はパワフルな動きを生み出すからだ。同様に、引き締まった形のいいヒップの女性は間違いなく衆人の注目の的だ。歌の歌詞にさんざん登場することやメディアが騒ぐことで証明されているように、魅力的な後ろ姿の人気は衰えることがない。

殿部の筋肉

殿筋は3つの筋肉、大殿筋、中殿筋、小殿筋で構成されている（大腿後面と殿筋の位置関係については図7.1bを参照）。大殿筋は人体のなかで最も強く、最もパワフルな筋肉だとよく言われる。人間が進化し、直立して２本の脚で歩きはじめたとき、殿筋も発達した。さらに殿筋が発達したのは、人間が筋肉のコーディネーション（協調）を獲得し、全力疾走するときや物を投げる・振り動かすときに殿筋を使えるようになってからであり、今や私たちの大殿筋は全霊長類のなかで最も発達している。残念ながら、座ってばかりいる現代のライフスタイルのせいで、殿筋が弱く、発達していない人が多くなった。その罠にはまってはいけない。大殿筋は複数の関節の運動を担っていることを理解してほしい。大殿筋がコンセントリック収縮（筋線維が短くなる）すると、股関節の伸展、外旋、外転（脚を体の中心から遠ざける）、および骨盤の後傾を起こす。大殿筋がアイソメトリック収縮（筋肉の長さがほぼ変化しない）とエキセントリック収縮（筋肉が収縮しながら伸びる）で機能すると、股関節の屈曲を防ぐか吸収し、股関節の内旋と内転（脚を体の中心に近づける）、および骨盤の前傾を起こす。中殿筋と小殿筋は、股関節の回旋に加えて股関節の外転を担う。内旋か外旋かは筋線維と股関節の屈曲度による。

すべての殿筋は、機能上さらに複数の部分に細分化される。つまり、異なる運動を実行するために筋肉内のさまざまな線維が個別に機能するのだ。たとえば、大殿筋上部の線維は股関節の外転に大いに関与するが、大殿筋下部の線維はこの関節運動には関与しない。胸腰筋膜、腸脛靭帯、仙結節靭帯に付着しているため、大殿筋は足および足首（足関節）の仕組みと歩行サイクル中の上半身から下半身への力の伝達に重要な役割を果たす。

殿筋は、人体のパワーハウス(原動力)であるだけでなく、ほかのすべてを正常に保つ要の筋肉でもある。強い殿筋は人体が正しく機能するために不可欠だ。弱い殿筋は、数えきれないほどの異常な運動パターンに関連があるとされている。登る、足を踏み出す、ジャンプする、着地する、しゃがむという動作では、膝がつま先と同じ方向を向いていることが重要だ。股関節が動くときは殿筋が収縮して膝が内股になる(外反膝、X脚)のを防ぐから、殿筋が弱く、この異常な外反膝パターンが繰り返されると、膝蓋大腿部に過剰なストレスがかかり、膝が痛くなる可能性がある。さらに、殿筋が強ければ、運動パターンを変えて股関節でより多くの力を吸収し、生み出せるようになるから、膝関節の負担が減る。たとえば、股関節が強い人は、スクワットのとき深く腰を落とせるが、大腿四頭筋優位の人や単に股関節の伸筋が弱い人は、直立ぎみになり、膝で前かがみになるしかなく、そのうちに膝が痛くなることがある。

屈曲やリフティングのときに背骨を比較的ニュートラルなポジションに保ち、腰椎の正常で自然なカーブを維持することも重要だ。殿筋が強い人は、リフティングのときしっかりしたニュートラルな背骨を保ちやすく、ほぼ股関節を軸にして動ける傾向がある。一方、殿筋が弱い人は、下背部が過剰に丸くなりやすく(腰椎の代償作用)、これがいずれ腰痛につながる可能性がある。仙腸(SI)関節痛は、しばしば殿筋の弱さが原因になる。大殿筋が靭帯をぴんと張ってSI関節を十分に閉じるから、殿筋の弱い人が激しい運動をするとSI関節が不安定になりがちで、それが痛みを引き起こすことがある。

強い殿筋は、骨盤を後ろに引っ張って正しい姿勢の維持を助ける。殿筋が弱いと、「下部(下位)交差症候群」と呼ばれる状態になる可能性がある。この姿勢のゆがみは、腰椎骨盤部のフォースカップルと呼ばれる筋肉のペアのバランスが悪いことが特徴である。基本的に、骨盤を前傾させる脊柱起立筋と股関節の屈筋の緊張は、骨盤を後傾させる殿筋と腹筋の緊張を上回り、そのうちに少しずつ骨盤の前傾を起こし、腰椎の前湾過度(反りすぎ)を併発する。その結果、腰痛になりやすくなる。

大殿筋は、股関節の伸展時に大腿骨上部を後ろに引っ張る。殿筋が弱い人は、股関節前部の痛みに悩まされやすい。この痛みは、股関節を伸展したときに大腿骨頭が寛骨臼の前部に押しつぶされることによって生じる。これは「大腿骨前方すべり症候群」として知られている。動作によっては、殿筋の筋力が不十分だと、大腿四頭筋、股関節の内転筋、ハムストリング、股関節の外旋筋、腰方形筋、脊柱起立筋、さらには腹筋までが余分な出力を要求されることがある。そうなると、「シナジスト(協力筋)優位」という現象のせいで周辺筋肉にさまざまな損傷が起こる可能性がある。たとえば、短距離走でハムストリングの大腿二頭筋や大内転筋が肉離れになるのは、弱い大殿筋の不足を穴埋めしようとして筋肉がオーバーワークになった結果かもしれない。

「殿筋の健忘症」という用語は、弱く、筋肉の発達がお粗末で、座ってばかりいる現代人の後ろ姿の状態を表現している。こういう人たちの殿筋はすっかり萎縮し、コーディネーションを欠いているので機能的運動で正しく動けない。この機能的コーディネーションの欠如が生じる理由はいくらでもある。座ってばかりいると股関節の伸筋の柔軟性が低下し、殿筋の活性化が阻害され、殿筋の組織が圧迫される。その結果、血液供給が遮断され、それが栄養の運搬や神経機能まで妨害する。結局、使わない筋肉は衰えるという法則が殿筋にも大いに当てはまる。すなわち、殿部の筋肉を使う人は殿筋を維持できるが、殿筋を使わない人は少しずつ殿筋が衰えていくのだ。

活動中の殿筋

殿筋は機能的運動に不可欠である。歩く、椅子から立ち上がる、階段を登る、床から物を拾い上げる、部屋の反対側に物を運ぶ、すべての動作に正しく機能するポステリアチェーン（体の後面の筋群）が必要だ（脊柱起立筋、大殿筋、ハムストリングがポステリアチェーンを構成する）。大殿筋はほとんどのスポーツ動作で大きな役割を果たす。アスリートが初心者から上級者、エリートレベルにまで熟達すると、股関節から次第に多くの推進力を引き出せるようになる。走る、カットする、ジャンプする、投げる、打つなど、ほぼすべての主要なスポーツ動作に大殿筋が大いに使われるから、推進力は大殿筋の筋力にかなり影響される。

短距離走の足の着地のとき、反動をつけた垂直跳びのとき、自由形泳や山のハイキングのとき、そして総合格闘技でフルマウントポジション（馬乗りになった状態）から相手を跳ね落とすためにも、大殿筋は強く収縮して股関節を伸展させる。大殿筋の外旋のパワーは股関節でねじりのトルクを生み出す。ねじりのトルクは、野球やソフトボールでバットを、テニスでラケットを力強く振るために、アメリカンフットボールや野球でボールを投げるために、陸上競技で砲丸や円盤、ハンマーを投げるために、あるいはボクシングでフック、クロス、アッパーカットを打つために必要だ。大殿筋の外転のパワーは、走るときに横安定を生み出し、股関節が落ちるのを防ぐのに加え、アメリカンフットボール、サッカー、バレーボール、バスケットボール、ホッケー、テニスなどのスポーツでアジリティ（敏捷な動き）や方向転換で左右にカットするときの横方向のパワーを生み出す。

大殿筋は、陸上競技などハイパワーでハイスピードのスポーツに使われるだけでなく、パワーリフティングやストロングマンなどハイフォースのスポーツにも使われる。ヘビースクワット、デッドリフト、ストーンリフト、ストーンキャリーでは猛烈な殿筋の筋力が要求される。オリンピックウェイトリフティングでは、クリーン（バーベルを肩まで挙げる第１動）、ジャーク（両足を前後に開く反動を利用してバーベルを頭上に挙げる第２動）、スナッチ（バーベルを一気に頭上に挙げる）の動作でバーベルを加速するために多大な大殿筋のパワーが必要だ。

さらに言えば、スポーツ動作では大殿筋がコンセントリック収縮、エキセントリック収縮、アイソメトリック収縮で機能して力を生み出したり、減らしたりする。大殿筋はエネルギー漏れも防いで、運動効率を最大化する。もちろん、スポーツ動作では筋肉が協調のとれた共同作業で働かなければならない。そう、その通り、パワーとスピードを生み出すためにはほかにも重要な筋肉が多数ある。ジャンプのときの大腿四頭筋、短距離走のときのハムストリングのように。とはいえ、総合的な運動能力に関しては、大殿筋が、その股関節に対する複合的な機能ゆえに最も用途が広く、重要な筋肉だということも確かに言えるだろう。

自重エクササイズは殿筋を鍛えるのにとても適しているが、まずは基本エクササイズで正しいフォームを学んでから、より難易度の高いバリエーションに進むことが大切だ。殿筋をうまく活性化できなかったり、強く、パワフルな大殿筋を活用する運動戦略を使い損なったりする人が多い。正しい活性化を習得し、フォームを正しくすれば、スクワット、屈曲、ランジ、ツイスト、歩く、走るなど、多くの主要な運動パターンで大殿筋を頼りにできるようになる。腹筋はキッチン（食事）でつくられるとよく言われる。私はここで言わせてもらいたい――殿筋は筋力トレーニングでつくられると。

Glute Bridge

グルート（殿筋）・ブリッジ

1 2 3 4

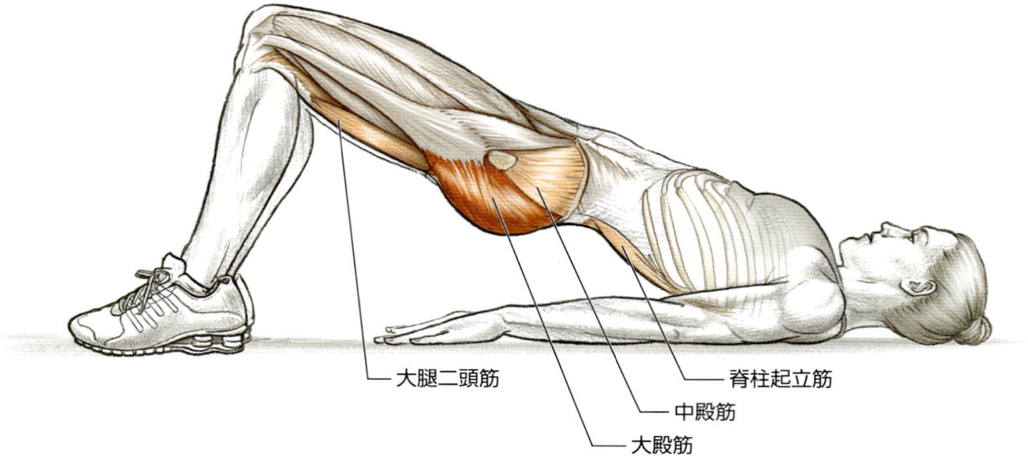

エクササイズ・ステップ

1. 仰向けになり、膝を直角に曲げ、手のひら全体を床につける。
2. 踵で床を押し、殿筋を使って腰をできるだけ高く引き上げる。股関節だけを軸にして動き、下背部をニュートラルポジションに保つ。
3. トップポジションでブリッジを少し保持してから、スタートポジションに戻る。

動員される筋肉

主動筋：大殿筋

補助筋：ハムストリング（大腿二頭筋、半腱様筋、半膜様筋）、脊柱起立筋（棘筋、最長筋、腸肋筋）、大内転筋、長内転筋、短内転筋、中殿筋、小殿筋

エクササイズ・メモ

グルート・ブリッジは、基本的な膝屈曲位の股関節伸展運動であり、あらゆるブリッジ運動の基礎である。目標は、ハムストリングや脊柱起立筋ではなく、殿筋が腰を持ち上げていることを感じることだ。腰椎の過伸展（反る）や骨盤の前傾に注意すること。膝を曲げるとハムストリングが短くなり、ブリッジ運動に動員されにくくなるぶん、大殿筋にかかる負荷が増す。ブリッジ運動をすると初めのうちはハムストリングが痙攣する人が多い。それは、ハムストリングが膝屈曲位の股関節伸展運動に慣れていないからだ。こ

れは、殿筋が股関節伸展の中心的役割を担い、ハムストリングは二次的な役割を果たすようになればすぐに解消する。強い殿筋をしっかり使えば、骨盤の前傾や下背部の過伸展は生じない。それはこのエクササイズを正しく行うためにきわめて重要なことだ。

バリエーション

Glute March
グルート・マーチ

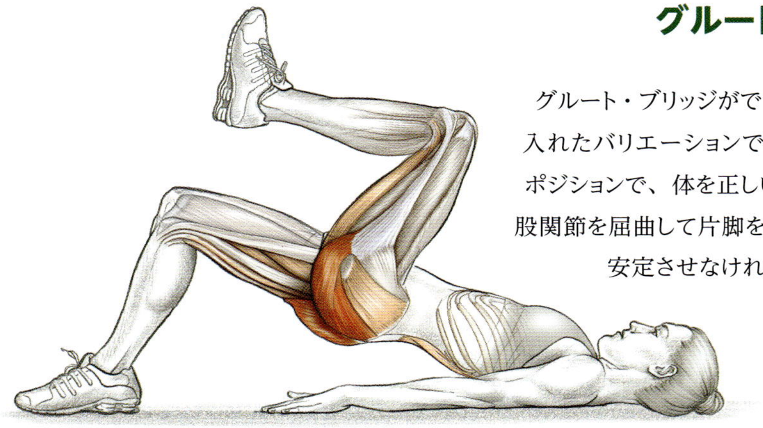

グルート・ブリッジができるようになったら、マーチを入れたバリエーションで力試しをしてみよう。トップポジションで、体を正しいポジションに固定したまま、股関節を屈曲して片脚を上げる。片脚だけで体重を安定させなければならないから、難しいバリエーションだ。脚を床に下ろして、脚を替える。

バリエーション

Single-Leg Glute Bridge
シングルレッグ・グルート・ブリッジ

グルート・マーチが上達したら、シングルレッグ・グルート・ブリッジに進もう。片脚の股関節と膝を直角に曲げておき、反対側の脚でブリッジ運動を行う。片脚だけで反復してから、反対側の脚も同様に行う。

Shoulder-Elevated Hip Thrust

ショルダーエレベイテッド・ヒップ・スラスト
（肩を高くしたヒップ・スラスト）

スタートポジション

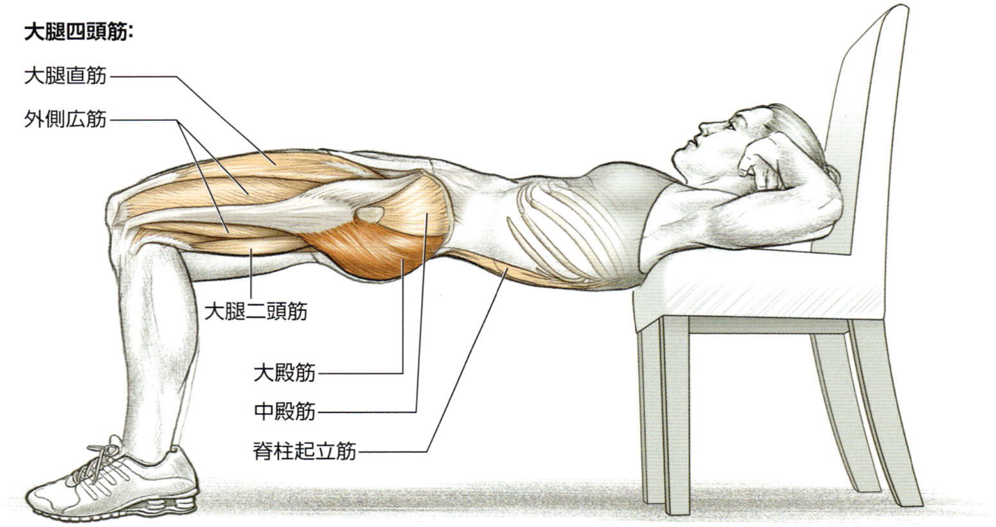

エクササイズ・ステップ

1. 仰向けで手を耳に当て、カウチや頑丈な椅子に上背部を載せ、足裏全体を床につける。
2. 殿筋を絞って股関節を伸ばす。踵で床を押し、下背部をニュートラルポジションに保つ。
3. 腰をできるだけ高く持ち上げてから、スタートポジションに戻る。

動員される筋肉

主動筋：大殿筋

補助筋：ハムストリング（大腿二頭筋、半腱様筋、半膜様筋）、脊柱起立筋（棘筋、最長筋、腸肋筋）、大内転筋、長内転筋、短内転筋、中殿筋、小殿筋、大腿四頭筋（大腿直筋、外側広筋、内側広筋、中間広筋）

エクササイズ・メモ

これは、基本的なヒップ・スラスト(ブリッジ)を股関節と膝関節に対する負荷を上げて改良したエクササイズである。床で行うよりも大腿四頭筋に対する負荷が増し、股関節の運動範囲が広がる。このエクササイズの最も難しい部分はトップポジションだ。このとき股関節がニュートラルもしくはやや過伸展のポジションになるのが正しい。走るときと同じだから、この可動域に強いことが大切だ。比較すると、この股関節可動域はスクワット系エクササイズでは強化されない。股関節伸展トルクが発生する必要条件がないからだ。この理由から、スクワットとヒップ・スラストは互いに補い合うエクササイズだと言える。

バリエーション

Shoulder-Elevated Hip Thrust March
ショルダーエレベイテッド・ヒップ・スラスト・マーチ

ショルダーエレベイテッド・ヒップ・スラストが簡単になったら、マーチを入れたバリエーションで力試しをしてみよう。ブリッジ運動のトップポジションまで腰を持ち上げ、体を安定させながら、股関節を屈曲して左右交互に脚を上げる。マーチを入れたバリエーションは、股関節のスタビリティ(安定)エクササイズとしてすぐれている。

バリエーション

Single-Leg Hip Thrust
シングルレッグ・ヒップ・スラスト

マーチを入れたバリエーションでは物足りなくなったら、シングルレッグ・ヒップ・スラストに進もう。これは、股関節伸展の筋力と腰椎骨盤部の回転安定がかなり要求される高度なバリエーションだ。腰を完全に持ち上げることに注意。疲れてくると、中途半端にしか腰を持ち上げなくなってしまう人が多い。

Shoulder-and-Feet-Elevated Hip Thrust

ショルダー&フィートエレベイテッド・ヒップ・スラスト
（肩と足を高くしたヒップ・スラスト）

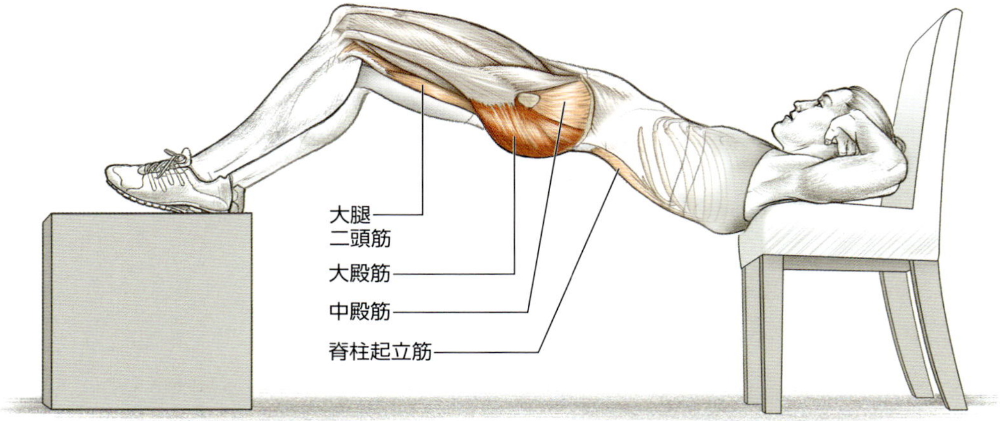

エクササイズ・ステップ

1. 仰向けになり、カウチや頑丈な椅子、ウェイトベンチに上背部を載せ、小さいテーブルやスツール、椅子に足を載せる。両方がだいたい同じ高さになるようにする。
2. 殿筋を絞って股関節を伸ばす。踵を押し、下背部をニュートラルポジションに保つ。
3. 腰をできるだけ高く持ち上げてから、スタートポジションに戻る。

動員される筋肉

主動筋：大殿筋

補助筋：ハムストリング（大腿二頭筋、半腱様筋、半膜様筋）、脊柱起立筋（棘筋、最長筋、腸肋筋）、大内転筋、長内転筋、短内転筋、中殿筋、小殿筋

エクササイズ・メモ

これは、ブリッジの最も難しいバリエーションである。股関節の運動範囲が最大になり、ハムストリングに対する負荷もかなり大きくなる。もっと高度なエクササイズにするには片脚バリエーションにして股関節の伸筋に十分に負荷をかける必要があるが、両脚バージョンでも中級レベルの大半の人にとってはハードルが高い。このバリエーションのほうがハムストリングがはるかに激しく働く理由は、腰が足よりも低く落

ち、その結果、ハムストリングが膝の屈曲トルクも股関節の伸展トルクも生み出さなければならないからだ。したがって、このエクササイズではハムストリングの２つの機能—股関節の伸展と膝関節の屈曲—を両方同時にトレーニングできる。

バリエーション

Single-Leg Shoulder-and-Feet-Elevated Hip Thrust
シングルレッグ・ショルダー&フィートエレベイテッド・ヒップ・スラスト

両脚のショルダー&フィートエレベイテッド・ヒップ・スラストが上達してきたら、片脚バージョンにトライしてもよい。愚かにも準備ができないうちに性急にこのバリエーションをやろうとする人も少なくない。これは、並はずれた殿筋の筋力と安定性が要求されるから、股関節の自重エクササイズのなかでもおそらく最難関だろう。正直なところ、初心者のほとんどは、また中級者であってもほとんどが、そのレベルに達していない。時間をかけてレベルアップしていき、この片脚バリエーションを始める頃には正しくできるようになろう。正しくとは、コントロールしながら可動域いっぱいに股関節を動かしつつ、横運動や回転運動でエネルギーが無駄にならないということだ。１回ごとにトップポジションで少し停止し、正しくできているか確かめながらやろう。

Donkey Kick

ドンキー・キック

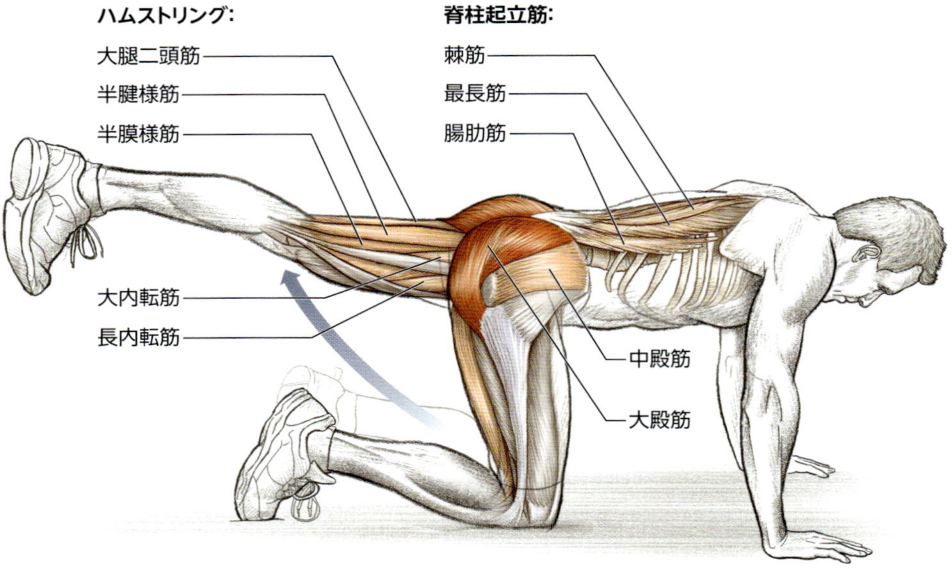

エクササイズ・ステップ

1. 四つんばいになり、頭、首、背骨をニュートラルポジションにし、手は肩の真下に、膝は股関節の真下につく。首と背骨は屈曲も伸展も側屈も回旋もしないこと。
2. 片脚を後ろに蹴って完全に伸ばす。
3. スタートポジションに戻る。片脚で反復してから、脚を替えて同様に行う。

動員される筋肉

主動筋：大殿筋

補助筋：ハムストリング（大腿二頭筋、半腱様筋、半膜様筋）、脊柱起立筋（棘筋、最長筋、腸肋筋）、大内転筋、長内転筋、短内転筋、中殿筋、小殿筋、多裂筋

エクササイズ・メモ

ドンキー・キックは、背骨と骨盤をニュートラルに保ちながら、股関節を可動域いっぱいに動かす能力をトレーニングする基本的な股関節伸展エクササイズである。初心者はたいていこの動きに苦労する。骨盤を前傾させ、腰椎を反らして（過伸展）、脊柱起立筋で補うことに慣れているからだ。そうすると股関節が完全に伸展したかのように錯覚するが、綿密に調べれば股関節の完全伸展にはなっていない。背骨と骨盤を比較的ニュートラルに保ちながら股関節を伸展できるようにすることが大切だ。

バリエーション

Bent-Leg Donkey Kick
ベントレッグ・ドンキー・キック
（膝を曲げたドンキー・キック）

膝を直角に曲げて脚を上げるベントレッグ・ドンキー・キックでは、ハムストリングが短くなり、ハムストリングの関与が少なくなる。ハムストリングが弱くなるぶん、それより強い殿筋が不足を補う。その結果、ハムストリングと脊柱起立筋のトルクはあまり必要とされず、殿筋の緊張が維持されるから、より殿筋をターゲットにしたエクササイズになる。トップポジションで殿筋を絞り、股関節を上げるとき背骨をまっすぐにしておくこと。

バリエーション

Bird Dog
バード・ドッグ

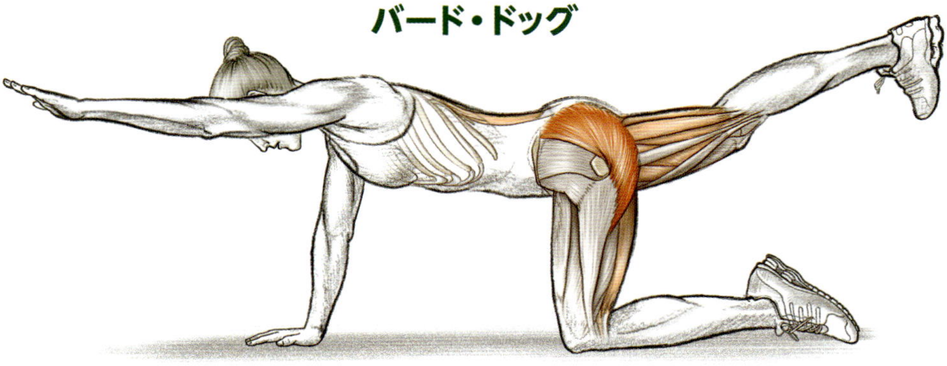

バード・ドッグは、ドンキー・キックに上半身の対角線運動パターンを加えたバリエーションである。下半身運動を補完し、コアを介した正しい力の伝達のトレーニングにもなる。このエクササイズでは、対角線ペア（左腕と右脚、右腕と左脚）の伸展を交互に行う。対角線運動パターンでは、回転運動に抵抗するために脊柱の安定筋が動員され、それが効果的なコアスタビリティエクササイズになる。

Side-Lying Clam

サイドライイング・クラム
（側臥位のクラム）

1 2 3 4

*Clamは「二枚貝」の意

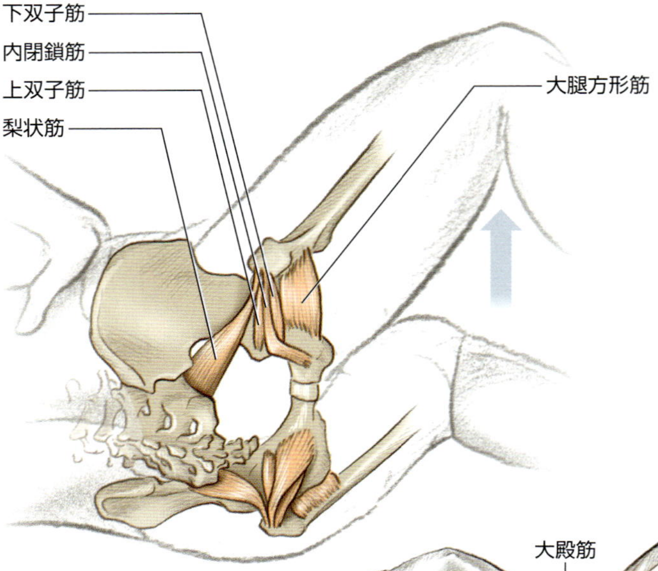

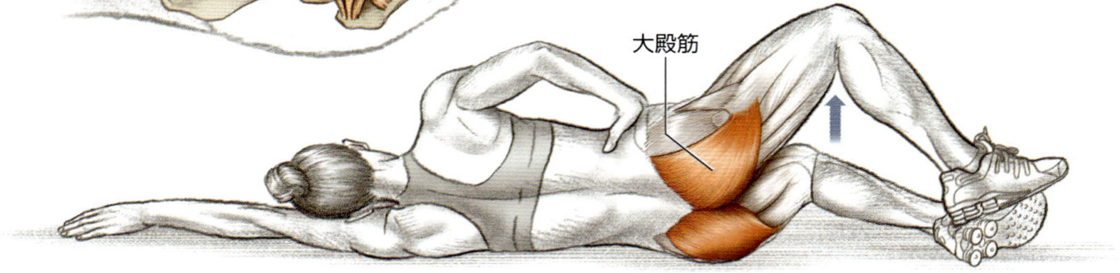

エクササイズ・ステップ

1. 横向きに寝て、股関節を135度くらい、膝を90度くらいに曲げる。首は床に伸ばした腕に載せる。上の腕は腰に当てる。
2. 踵を閉じ合わせて、上の股関節を開く。必ず股関節から動く（膝を開くのではなく）。体が前後に傾いたり、背骨を動かしたりしないこと。踵はセットの最後まで離さない。
3. スタートポジションに戻る。片側を反復してから、反対側も同様に反復する。

動員される筋肉

主動筋：大殿筋

補助筋：深層の股関節外旋筋（梨状筋、上双子筋、内閉鎖筋、下双子筋、外閉鎖筋、大腿方形筋）

エクササイズ・メモ

サイドライイング・クラムは、驚くほど効果的なエクササイズであり、私の女性クライアントの多くがお気に入りのウォームアップ運動でもある。彼女たちによれば、殿筋が痛くなって効いている感じが好きなのだそうだ。正しく行えば、大殿筋と股関節の外旋筋の両方が適度な筋肉痛になる。踵が離れたり、体が後ろに倒れたりして、非効率的なエクササイズになってしまう人が多い。これは、スポーツに不可欠な関節運動、股関節の外旋を強化する運動範囲の小さいエクササイズである。

バリエーション

1 2 3 4

Side-Lying Clam with Neutral Position

サイドライイング・クラム・ウィズ・ニュートラルポジション

（股関節をニュートラルポジションにして行う側臥位のクラム）

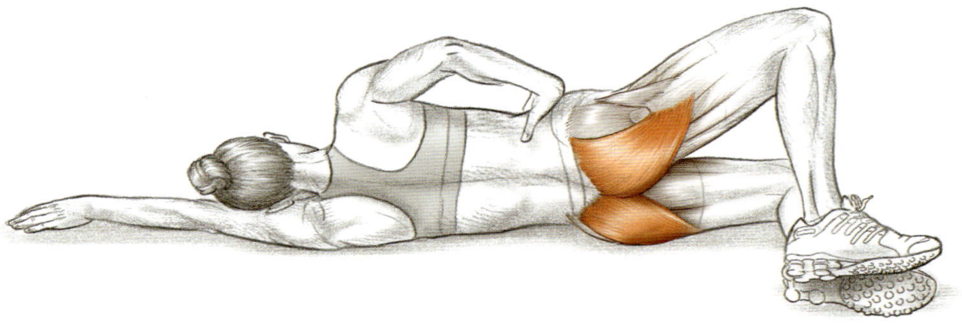

サイドライイング・クラムは、股関節をニュートラルポジションにして、つまり肩から膝までをほぼ一直線にそろえて行うこともできる。踵はセットの最後まで閉じ合わせておき、体が前後に倒れたり、背骨がねじれたりしないこと。

Side-Lying Hip Raise

サイドライイング・ヒップ・レイズ
（側臥位のヒップ・レイズ）

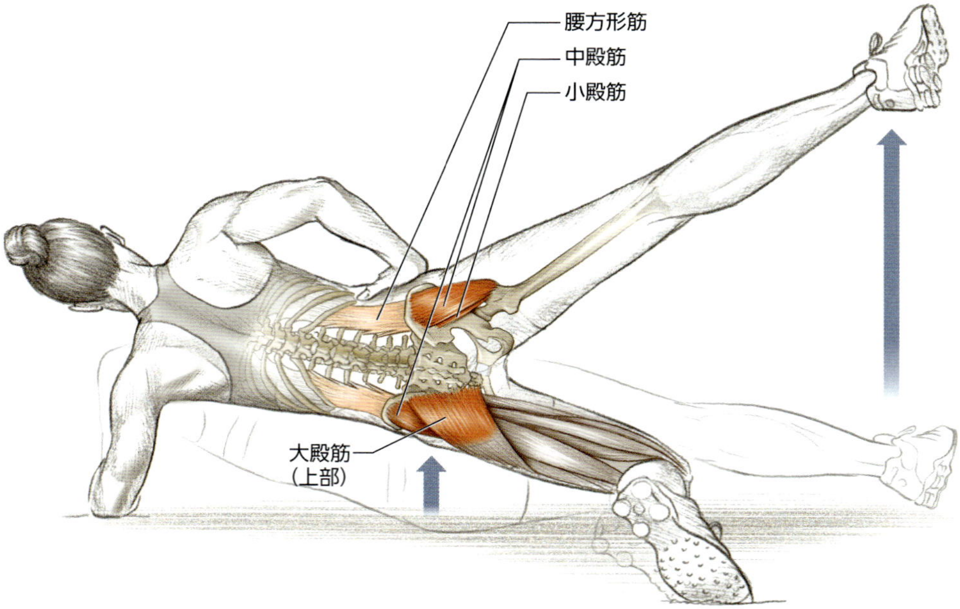

エクササイズ・ステップ

1. 横向きに寝て、下の肘で体を支え、上の手は腰に当てる。
2. 肩から膝までが一直線になるように注意しながら、上下の股関節を同時に外転させて体を持ち上げる。
3. 体を下げてスタートポジションに戻る。片側を反復してから、反対側も同様に反復する。

動員される筋肉

主動筋：中殿筋、小殿筋、大殿筋上部

補助筋：内腹斜筋、外腹斜筋、腰方形筋

エクササイズ・メモ

サイドライイング・ヒップ・レイズは、殿筋上部とコアの筋肉を鍛える高度なエクササイズである。股関節をニュートラルポジションに保ち、股関節で前屈しないようにする。下の膝は常に曲げておくが、上の膝は、望む難易度に応じて、曲げても（簡単になる）、伸ばしても（難しくなる）よい。コントロールしながら体を可動域いっぱいに動かし、勢いをつけて動かさないこと。このエクササイズは、スポーツに不可欠な関節運動、股関節の外転を強化する。

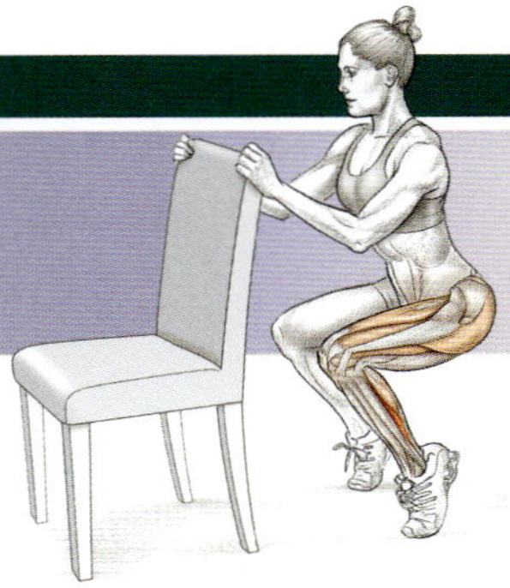

第9章

ふくらはぎ

ふくらはぎは独特の筋群だ。何をしようと、なかなかふくらはぎが発達しない人が多いのに、ふくらはぎを直接トレーニングしなくても下腿が見事に発達する幸運な人もいる。少なからぬ遺伝的要素がふくらはぎの審美性に影響し、自分の遺伝子の青写真を上書きするのは難しい。ふくらはぎの発達にとって理想的な遺伝子ならば、長い筋腹と短いアキレス腱、速筋線維と遅筋線維の最適な比率が実現する。しかし、たゆまずハードなトレーニングをつづけて自分の限界を克服した人もたくさんいる。たとえば、アーノルド・シュワルツェネッガーは、かつては写真を撮るときふくらはぎを隠していたが、トレーニングの量と強度と頻度を攻めの姿勢で組み合わせて過酷なまでに筋肉を鍛え、ついには貧相なふくらはぎを強みにまで変えることができた。

あなたがふくらはぎを直接トレーニングしなくても筋肉隆々のふくらはぎを自慢できる幸運な人の1人なら、この天賦の才をおそらく当然のように受け取っているだろう。しかし、つま楊枝のような下肢の持ち主なら、そこに均整のとれた筋肉をつけるにはおそらく大いに骨を折ることになるだろう。最低限、下肢の筋力と発達が基本的なレベルに達していることが大切だ。

ウォーキングが運動範囲の小さい自重のカーフ・レイズになると思っているなら、ふくらはぎが低強度のトレーニングにはいかに順応しているか実感することになるだろう。典型的なアメリカ人の1日平均歩数は7000歩だ（自動車や電気など文明の利器を使用せずに生活するキリスト教の一派、アーミッシュの人たちは1日18000歩）。ふくらはぎの筋肉は低強度の運動にはすでに十分に慣れているから、それを成長させるには、筋肉を最大限に緊張させる戦略でトレーニングしなければならない。

ふくらはぎの筋肉

ふくらはぎの筋肉と言えば、普通は腓腹筋とヒラメ筋の名前が出る（図9.1）。この2つの筋肉と足底筋（長さ5-10cmしかなく、人口の約10%には欠損している筋肉）は、共同腱であるアキレス腱を共有している。腓腹筋には外側頭と内側頭の2頭ある。ヒラメ筋は腓腹筋の下にあり、足関節だけをまたぐ単関節筋だから、力学的には膝関節の角度の影響を受けない。これは腓腹筋には当てはまらない。腓腹筋は足関節と膝関節をまたぐ二関節筋であり、したがって膝が曲がると短くなり、動きが抑制される。このため、シーテッド・カーフ・レイズなど、足底屈（足を下に曲げる、ポイントにする）を使うベントニー（膝を曲げる）エクササイズでは、ヒラメ筋だけがターゲットになり、腓腹筋はターゲットにならない。

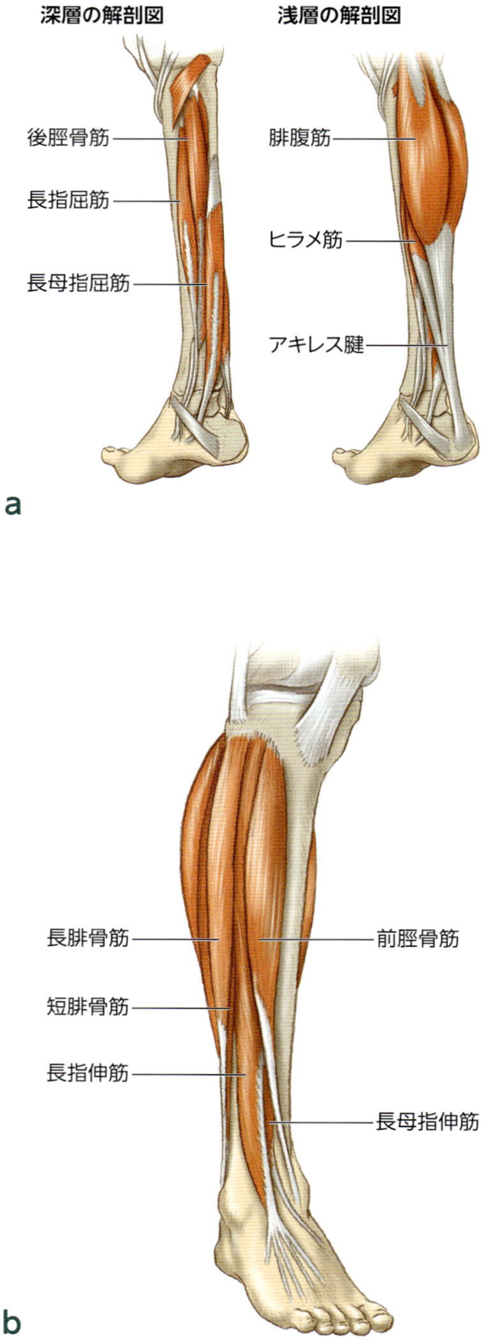

図9-1　下腿の筋肉：(**a**) 後面、深層および浅層の解剖図 (**b**) 前面

ヒラメ筋と腓腹筋はどちらも足底屈筋（立っているときに踵を上げる）として機能するが、腓腹筋だけは、特に膝の伸展時に少し膝を屈曲させることができる。足底筋、長腓骨筋、短腓骨筋、長母指屈筋、長指屈筋、前脛骨筋など、ほかにも多数の下腿の筋肉が足底屈を補助する。

腓腹筋と比較すると、ヒラメ筋は一般的に遅筋線維の割合が多く、したがって遅い筋収縮を起こすことがわかっている。腓腹筋は、より速い収縮を起こす傾向がある。足のポジションを変えることで腓腹筋の外側頭と内側頭をターゲットにすることが可能だ。外旋ポジション（つま先を外に向ける）では腓腹筋の内側頭（体の中心より）がより活性化され、内旋ポジション（つま先を内に向ける）では外側頭（体の外側より）がより活性化される。

ふくらはぎの働き

ふくらはぎの筋肉は、立つ、歩くなど低強度の運動で使われ、バランスをとるための安定の大半を受け持っている。スポーツでは、走る、ジャンプする、全力疾走する、左右にカットする場合にふくらはぎの筋肉がきわめて活性化される。垂直跳びに関しては、ヒラメ筋が腓腹筋よりも重要であることが明らかになっている。腓腹筋は、短距離走で足が接地する推進期で著しく活性化されることがわかっている。したがって、両方の筋肉を強化すべきだ。スポーツが目的なら、下腿の筋力があることだけでなく、パワーと安定性も重要だ。筋肉の収縮とストレッチをすばやく繰り返すプライオメトリック運動は、これらの質を向上させるのに適している。

Elevated Calf Raise

エレベイテッド・カーフ・レイズ
（台を使ったカーフ・レイズ）

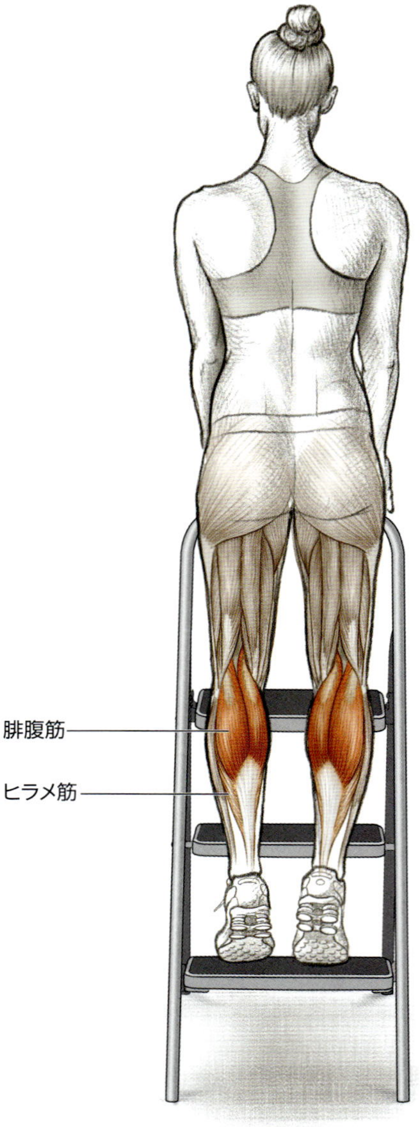

エクササイズ・ステップ

1. 踏み台やステップにつま先を載せ、直立する。
2. バランスをとるために何かにつかまり、体を下げてふくらはぎを適度にストレッチする。
3. つま先立ちで体をできるだけ高く引き上げ、トップポジションを1秒保つ。所定の回数反復する。

動員される筋肉

主動筋：腓腹筋

補助筋：ヒラメ筋

エクササイズ・メモ

エレベイテッド・カーフ・レイズは、すぐれたエクササイズであり、反復回数を多くすることもできる。上下運動の範囲が中途半端になってしまう人が多いので、下がりきって、上がりきることに注意しよう。弾むように速く反復してもよいし、厳密にコントロールしながら反復し、トップポジションを保持する時間を長めにとり、あえてゆっくり体を下げてエキセントリック収縮をていねいに行う方法もある。

バリエーション

Single-Leg Elevated Calf Raise
シングルレッグ・エレベイテッド・カーフ・レイズ
（台を使った片脚のカーフ・レイズ）

両脚のエレベイテッド・カーフ・レイズが簡単になったら、片脚バリエーションに進もう。踵を下げきって、支持脚に限界まで負荷をかけること。毎回トップポジションで１秒停止することを忘れないにようにしよう。私はいまだに20レップがやっとだ。

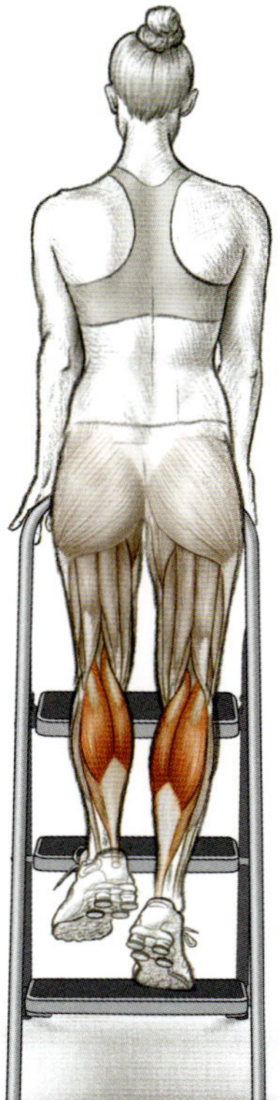

Squat Calf Raise

スクワット・カーフ・レイズ

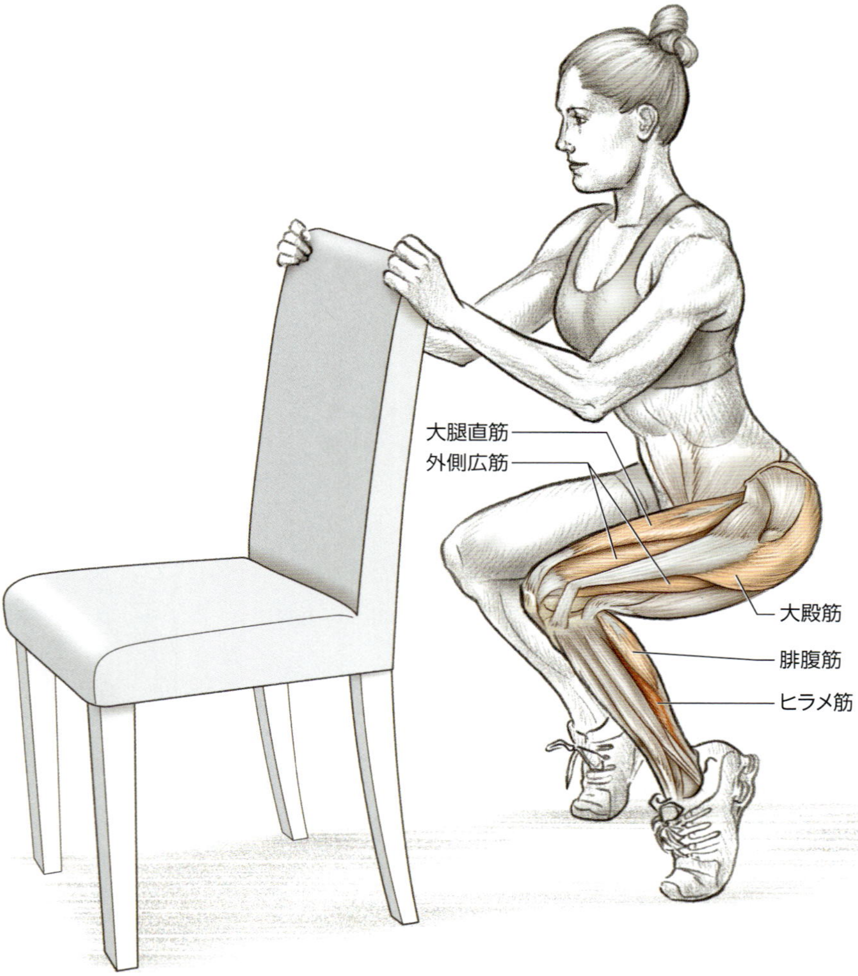

エクササイズ・ステップ

1. つま先に体重をかけ、大腿が床と平行になるまでスクワットする。膝が90度くらいに曲がる。
2. バランスをとるために何かにつかまり、股関節と膝のポジションを変えずに足首を下げて足関節を適度にストレッチする。
3. 体をできるだけ高く引き上げてつま先立ちになり、トップポジションを1秒保つ。所定の回数反復する。

動員される筋肉

主動筋：ヒラメ筋

補助筋：腓腹筋、大腿四頭筋（大腿直筋、外側広筋、内側広筋、中間広筋）、大殿筋

エクササイズ・メモ

スクワット・カーフ・レイズは、腓腹筋を運動に関与させずに、ヒラメ筋をターゲットにして筋肉を活性化するエクササイズである。やや注意が必要なエクササイズなので、正しいフォームを意識しよう。股関節と膝関節の角度を変えずに足関節だけで動く、これには慣れが必要だ。初めのうちはどうしても股関節と膝を伸ばしてしゃがんだり、立ったりしてしまうからだ。股関節と膝は固定して、足の底屈だけで体を引き上げる。大腿四頭筋と殿筋にとっては、よいアイソメトリック運動になる。

Stiff-Leg Ankle Hop

スティッフレッグ・アンクル・ホップ
（膝を曲げないアンクル・ホップ）

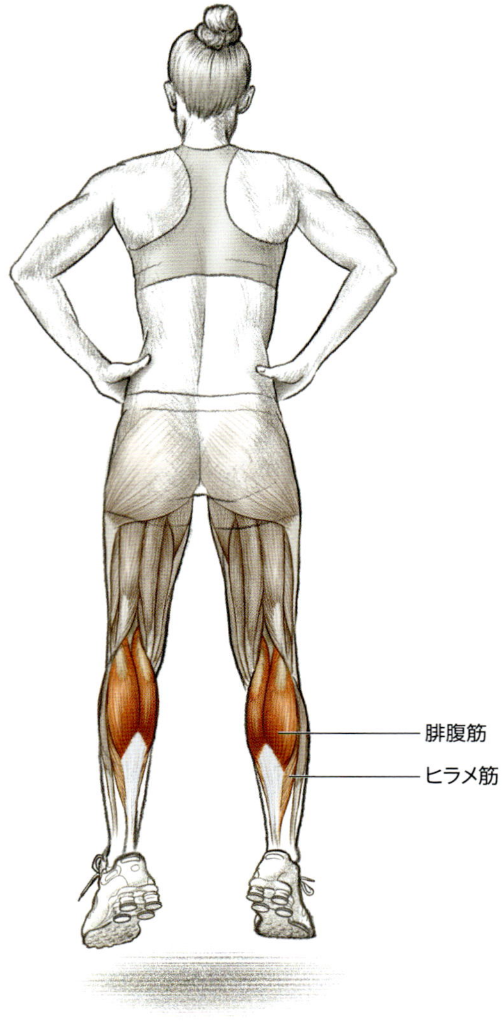

エクササイズ・ステップ

1. 手を体側に添えるか、腰に当てて立つ。足は肩幅に離す。
2. まっすぐ上下に跳びはねる。膝と股関節はあまり曲げず、できるだけふくらはぎの筋肉だけで体を引き上げる。
3. 所定の時間もしくは所定の回数反復する。

動員される筋肉

主動筋：腓腹筋

補助筋：ヒラメ筋

エクササイズ・メモ

スティッフレッグ・アンクル・ホップは、ふくらはぎの筋肉に適したプライオメトリック運動である。一定のリズムでポゴ・スティック*のように、ふくらはぎを使って上下に跳びはねる。膝と股関節はあまり曲げないこと。曲げると大腿四頭筋と殿筋を使ってしまう。膝はやや曲がるものの、直立したまま、ふくらはぎを使って動くことを意識する。

*持ち手と足載せのついた棒状のおもちゃで、バネになっており、跳びはねて遊ぶもの。日本では「ホッピング」などの商品名で販売されている。

バリエーション

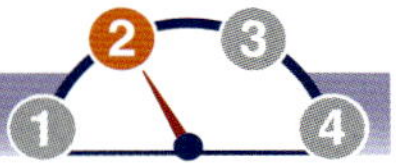

Single-Leg Ankle Hop
シングルレッグ・アンクル・ホップ

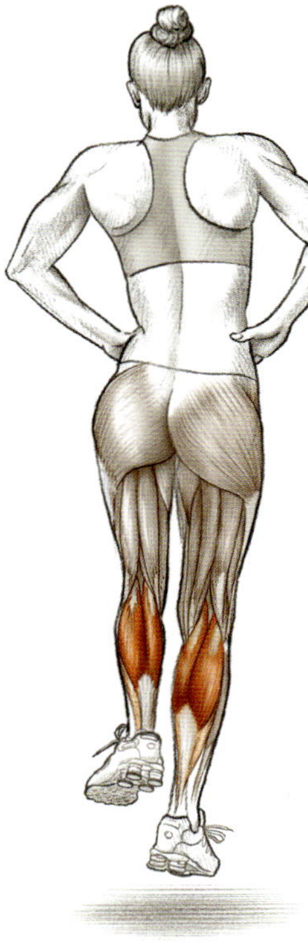

両脚で跳びはねるのが簡単になったら、片脚ずつやってみよう。片脚になると、はるかに要求水準が上がり、ふくらはぎの筋力とパワーがかなり必要になる。動きが雑になり、エネルギーを無駄にしているようなら、片脚ホッピングに進む準備ができるまで両脚バージョンに戻ろう。

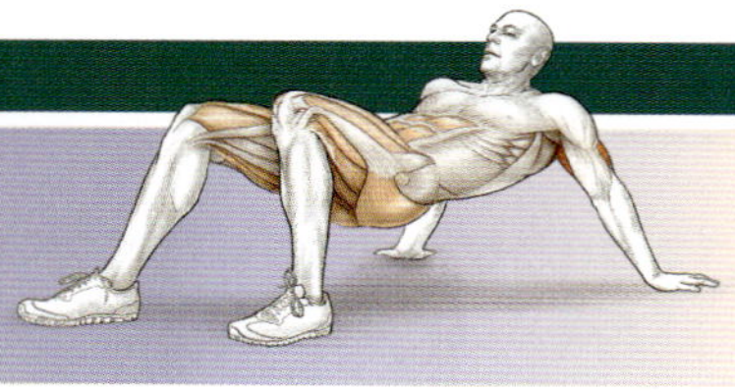

第10章

全身

信じようと信じまいと、有酸素運動は食事制限だけよりも減量効果は大きくないと研究で証明されている。減量だけが目的なら、食事制限を厳しくするのが成功の早道だ。しかし、多くの人の目標は、体組成、すなわち筋肉と脂肪の比率を最適にすることだ。となると、食事とトレーニングの両方を考慮しなければならない。余分な体脂肪を落としながら筋量を維持することは、ぜい肉のない、筋肉のくっきりした体形になるための鍵を握っている。

筋肉のサイズを大きくし、筋肉の形をよくするには、筋力トレーニングで段階的に負荷を上げていくことが欠かせない（漸進的過負荷）。漸進的過負荷とは、要するに少しずつ体に無理をさせていき、その結果、筋肉を強く、大きくすることで筋肉を強制的に適応させるということだ。自重を抵抗に使う場合、漸進的過負荷は、より難易度の高いエクササイズかエクササイズバリエーションに進むか、単に反復回数を増やすかのどちらかになる。こうすれば、少しずつ筋量を増やすか、維持できると同時に体脂肪を減らしていける。

食事も大切だ。タンパク質、炭水化物、脂肪を適切な比率と量で正しく摂取すれば、最大限に筋肉質で体脂肪の少ない体をつくりやすい。ほとんどの人は、食事の大部分を脂肪の少ない肉、魚、野菜を中心にし、それに適量の果物、乳製品、ナッツを加えれば、間違いがない。砂糖やトランス脂肪酸の取り過ぎは避け、総カロリー摂取量を抑えよう。炭水化物を取り過ぎている人が多いから、炭水化物（特に砂糖）を減らしつつ、タンパク質と健康によい脂肪の摂取を少し増やせば、効果があるだろう。

代謝トレーニング

食事と筋力は理想の体形を手に入れるための重要な要素だが、この組み合わせに、もう1つの有意義な要素、代謝トレーニングを加えるとよい。代謝トレーニングは、体の3つのエネルギー系、すなわちクレアチンリン酸系、解糖系、有酸素系の効率を高める。運動するたびに、体は3つすべての系をさまざまな割合で利用する。ただし、エクササイズの種類によって主にどのエネルギー系が使われるかが決まる。たとえば、オリンピックウェイトリフティングはほとんどクレアチンリン酸系に頼り、ジョギングはほとんど有酸素系に頼る。一般的に、クレアチンリン酸系は、持続時間10秒までの全力を出す運動の場合に最大限度まで使われる。この時点で、エネルギー需要は解糖系よりに移行する。そして数分後、持続的なエネルギーはほとんど有酸素系から供給される。繰り返すと、どんな形の運動であれ、3つすべてのエネルギー系が総エネルギー貯蔵に貢献するが、それぞれの系をターゲットにするのに理想的なトレーニングの種類がある。

高強度インターバルトレーニング(HIIT)

代謝トレーニングの傘下には多くの方法が存在する。ロングスローカーディオは有酸素系に特化した方法の1つである。一方、合間に休息を長くとった短時間の全力疾走はクレアチンリン酸系をターゲットにしている。体脂肪を最大限に減らすために重要な解糖系を中心に3つすべての系をターゲットにするすぐれた方法も多数ある。そのような方法の1つは高強度インターバルトレーニング(HIIT)である。HIITには、インターバルスプリントランニング、インターバルサイクリング、インターバルスイミングなど、いろいろな形態がある。HIITは通常、10-40秒の高強度の運動と30-120秒の低強度の運動を交互に行う。たとえば、60秒の低強度運動の間にはさんだ30秒の高強度運動を10回で1セッションにしたりする。最終的には、構成部分それぞれの長さは自由に決められる。

あるHIITの効果に関する研究によれば、被験者の代謝率は集中的なHIITセッションの24時間後に21%、48時間後に19%上昇した。別の研究によれば、運動中に有酸素燃焼したカロリーに加えて運動後に有酸素燃焼したカロリー(運動後過剰酸素消費量[EPOC])と運動で無酸素燃焼したカロリーを考慮すると、3分半の有酸素運動で39カロリー燃焼したのに対し、15秒の全力疾走3回に相当するカロリー燃焼は65カロリーだった。この結果のひときわ興味深い点は、運動時間の合計はゆっくりした有酸素運動の約1/4にもかかわらず(210秒に対して45秒)、HIITのほうがカロリー燃焼が多かったという事実だ。

代謝レジスタンストレーニング(MRT)

レジスタンストレーニングも効果的な代謝トレーニングの一形態である。レジスタンストレーニングを筋肉をつけるのは控えめにして体脂肪を最大限に減らすものに変える方法がある。この形態のトレーニングは代謝レジスタンストレーニング(MRT)と呼ばれており、EPOCのレベルを上げて、かなりのアフターバーン効果を生み出す点がHIITトレーニングに似ている。

MRTの効率を最適にするために、考慮すべき注意点がいくつかある。

1. 複合運動、つまり一度にたくさんの筋肉を動かすエクササイズを入れたサーキットトレーニングを行う。
2. 下半身と上半身のエクササイズを交互に行う。こうすると心臓が常に全身に血液を送れるし、休んでいる筋肉を回復させることができる。

3. 全身エクササイズを組み込む。全身エクササイズは心拍数を上昇させるのに最適だからだ。詳しくは次項で述べる。
4. セット中、反復のコンセントリック収縮（筋肉が短くなって収縮する）の部分では速いペースを維持するが、エキセントリック収縮（筋肉が収縮しながら伸びる）の部分は慎重にコントロールする。両方とも、代謝の観点から消費が大きいことがわかっている。
5. セット間およびエクササイズ間に短い休息をとる。

代謝トレーニングは、筋肉ではなく、エネルギー系をターゲットにするものと考えよう。MRTは、筋力や筋肉のサイズを最適にすることを目的にしているというよりも、カロリーを燃焼させ、代謝を上げることを目的にしている。同じ週に筋力トレーニングとMRTを組み合わせると、筋肉の回復を妨げる可能性が高い。MRTのときは、ある筋群をハードに鍛えてやろうなどと愚かなことを考えないでほしい。さもなければ、週の残りの筋力トレーニングがうまくいかなくなるかもしれないし、そのうちに筋力や筋量が低下するリスクもある。

全身エクササイズ

前章まで下半身、上半身、そしてコアのエクササイズについて述べてきた。全身エクササイズでは、上半身、コア、下半身のすべてがセット中ずっと静的もしくは動的に働く。たとえば、マウンテン・クライマーでは、上半身の押す筋肉と肩甲骨の安定筋がアイソメトリック収縮して体幹を正しい姿勢に保ち、コアと下半身の筋肉は動的に収縮して股関節の屈曲と伸展を交互に繰り返す。このエクササイズは、特定の筋肉に大きな負荷をかけるわけではないが、代謝の観点からはきわめて負荷が大きい。なぜなら、全身の筋肉のかなり広い範囲が一度に働くからだ。全身エクササイズは、体組成を次のレベルに到達させる効果がある有益なツールなのだ。

体力がつくにつれて、トレーニングが次第に生産的になり、トレーニング中により多くのエネルギーを消費できるようになる。だから、多くのアスリートが体重を維持するのに苦労しているのだ。彼らは運動中に消費するカロリーが多いだけではない。過酷なトレーニングによって生じる代謝障害の後で体が均衡を取り戻そうとするので、休んでいるときにもかなりのエネルギーを消費する。あなたが1日中ジムにいるとか、毎日HIITやMRTに取り組むことは重要ではないし、むしろよくないが、短時間で適切に行うHIITやMRTを週2回くらい実行すれば、体形を理想に近づける効果を期待できる。次のページから、最も効果的な全身エクササイズをいくつか紹介していく。そして第11章では、こうしたエクササイズをあなたのトレーニングプログラムに組み込む方法を解説する。

Jumping Jack
ジャンピング・ジャック

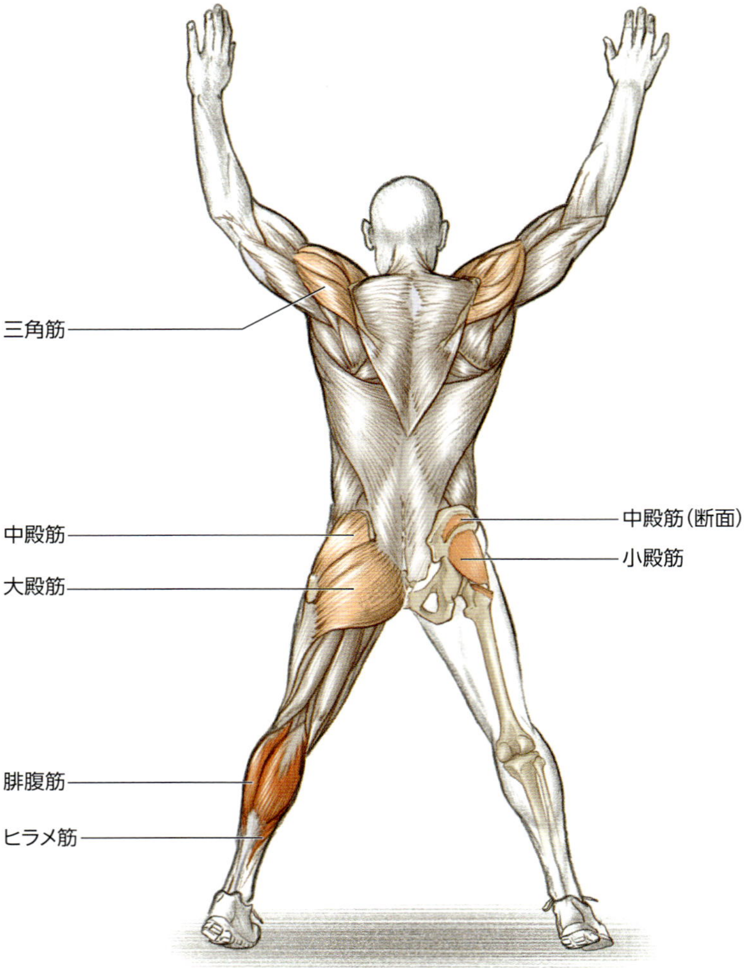

エクササイズ・ステップ

1. 腕を体側に下げ、足を腰幅くらいに離して立つ。
2. ジャンプしながら脚を広げ、腕を頭上にくるまで横に上げる。
3. 着地し、跳んでスタートポジションに戻り、脚を閉じ、腕を下げる。

動員される筋肉

主動筋：大腿四頭筋（大腿直筋、外側広筋、内側広筋、中間広筋）、腓腹筋、ヒラメ筋

補助筋：三角筋、大殿筋、中殿筋、小殿筋

エクササイズ・メモ

ジャンピング・ジャックは、世界中の体育の授業で行われている古典的な健康体操である。効果的に代謝率を上げながら、肩と股関節をウォーミングアップできる。ジャンピング・ジャックの目的は、できるだけ高くジャンプすることではなく、リズミカルに動き、着地をやわらかく吸収することだ。

バリエーション

1 2 3 4

Transverse-Arm Jumping Jack
トランスバースアーム・ジャンピング・ジャック
（腕を交差するジャンピング・ジャック）

通常のジャンピング・ジャックに代わるエクササイズ。このバリエーションでは、胸筋と三角筋後部がよくストレッチされる。胸の前で腕を交差しながら上下にジャンプする。

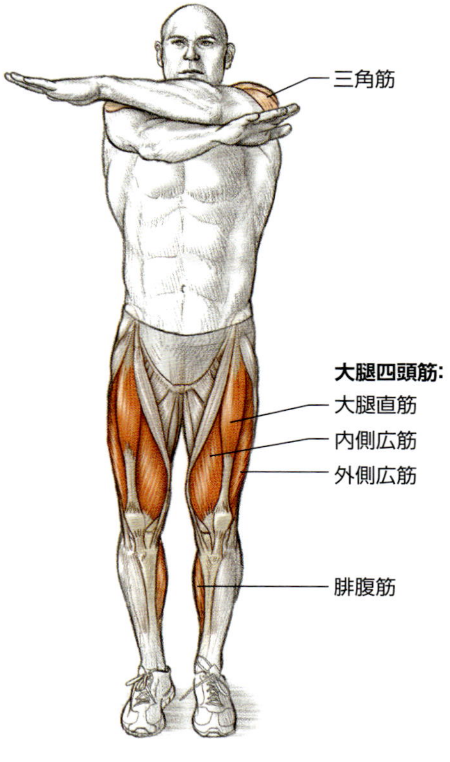

Burpee

バーピー

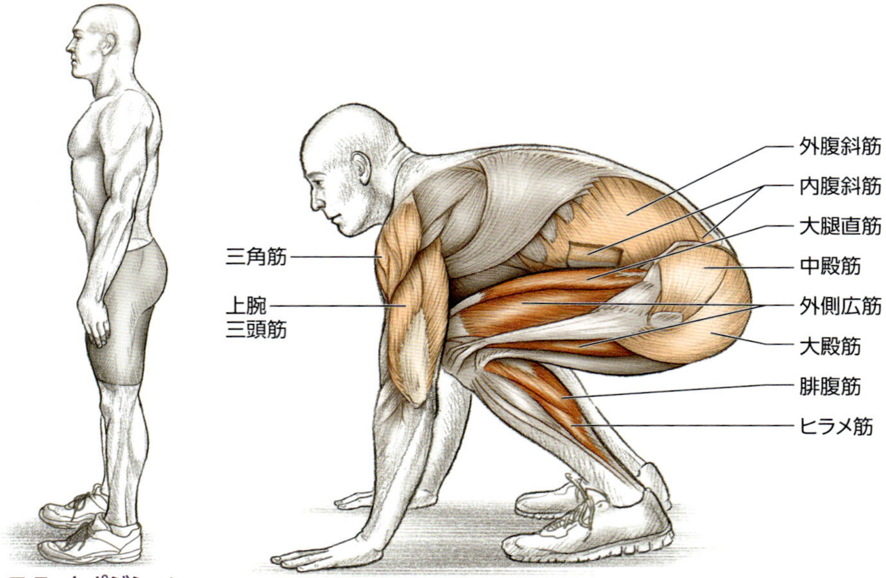

スタートポジション

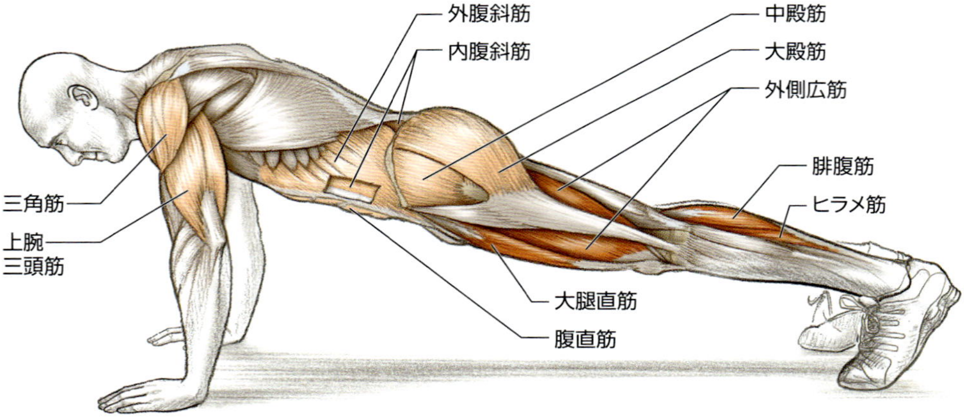

エクササイズ・ステップ

1. 立った姿勢から、しゃがんで手のひらを床につく。
2. 足を後ろに投げ出して、プッシュアップの姿勢になる。
3. 足を腰の下に引き寄せて、しゃがんだ姿勢になってから、立ち上がる。

動員される筋肉

主動筋：大腿四頭筋（大腿直筋、外側広筋、内側広筋、中間広筋）、腓腹筋、ヒラメ筋

補助筋：大胸筋、上腕三頭筋、腹直筋、内腹斜筋、外腹斜筋、大殿筋、中殿筋、小殿筋、三角筋

エクササイズ・メモ

バーピーは、心拍数を急上昇させる容赦ないコンディションニングエクササイズである。難しそうには見えないが、間違いなく、へとへとに疲れる運動だ。正しいフォームに注意しよう。ボトムポジションでしゃがむときに腰椎を過剰に屈曲させず、プッシュアップの姿勢で腰椎が過伸展（反る）にならないようにして背骨を守ること。

バリエーション

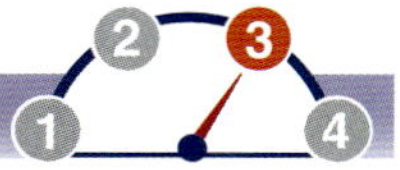

Burpee With Push-Up, Jump, and Reach

バーピー・ウィズ・プッシュアップ、ジャンプ&リーチ

（プッシュアップ、ジャンプ、リーチを入れたバーピー）

健康状態が良好でもっと高度なバーピーをやりたいなら、プッシュアップとジャンプ、そしてリーチ（腕を伸ばす）を追加しよう。こうすると、バーピーは最も負荷の大きいコンディショニングエクササイズになる。立った姿勢から、しゃがみ、足を後ろに投げ出してプッシュアップの姿勢になり、１回プッシュアップをする。足を前に引き寄せて、しゃがんでから、できるだけ高くジャンプし、天井に向かって腕を伸ばす。

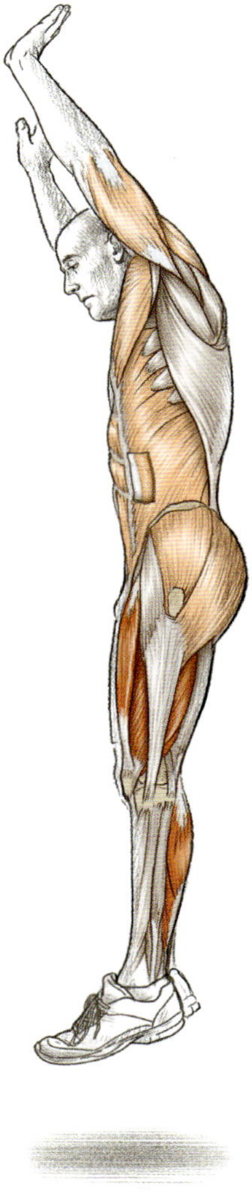

Push-Up with Hip Extension

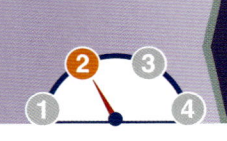

プッシュアップ・ウィズ・ヒップ・エクステンション（股関節の伸展を入れた腕立て伏せ）

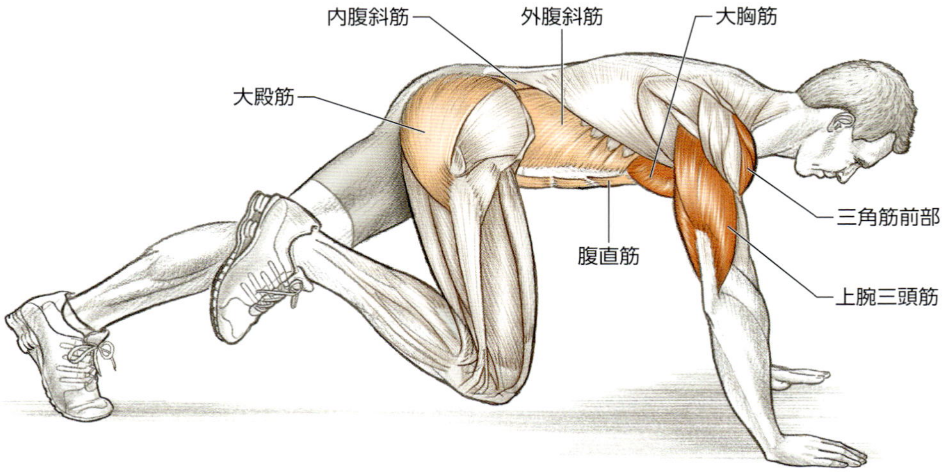

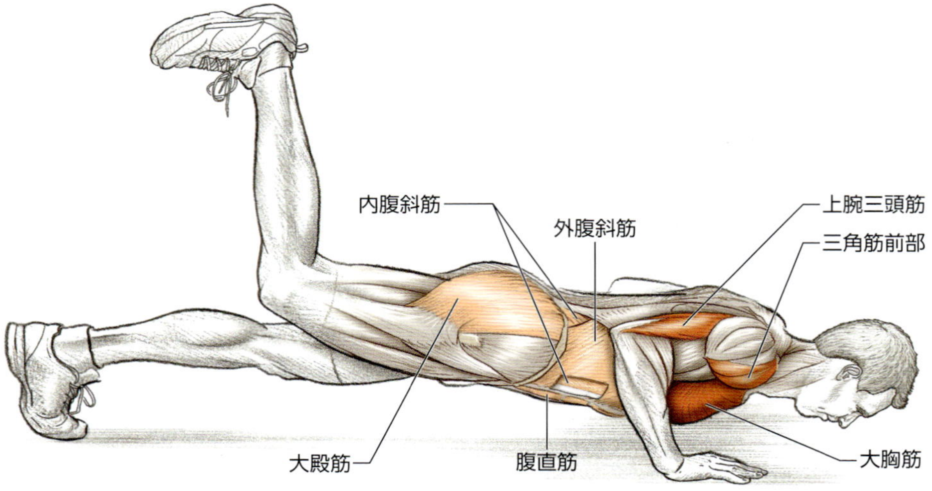

エクササイズ・ステップ

1. プッシュアップのトップポジションになる。頭と首をニュートラルポジションに保ち、膝を曲げて片脚を前に曲げる。3点で体を支えることになる。
2. 床のほうに体を下げ、同時に前に曲げた脚の股関節を伸ばす。最後まで膝は曲げておくこと。股関節を伸ばしきったとき体幹の位置は最も低くなる。
3. 体幹を胸筋、三角筋、上腕三頭筋で押し上げながら、股関節をステップ1の屈曲した状態に戻す。片脚で反復してから、反対側の脚で同様に反復する。

動員される筋肉

主動筋：大胸筋、三角筋前部、上腕三頭筋

補助筋：大殿筋、腹直筋、外腹斜筋、内腹斜筋

エクササイズ・メモ

これは、かなりのコーディネーション（協調）と筋肉のコントロールが要求されるエクササイズである。セットの最後まで正しい背骨の姿勢を保つこと。体が上にあり股関節を前に曲げるときは腰椎が屈曲しないようにし、体を下げて股関節を後ろに伸ばすときは腰椎が伸展しないようにする。そのうち、適切なリズムでできるようになれば、このエクササイズが心地よく感じられるだろう。3点だけで体を支えながら非支持脚を屈曲・伸展させるので、体が回転しないようにコントロールしなければならず、背骨を安定させておくのが難しいバリエーションだ。

Towel Row Isohold with Glute March

タオル・ロウ・アイソホールド・ウィズ・グルート・マーチ
（グルート・マーチを入れたタオル・ロウ・アイソホールド）

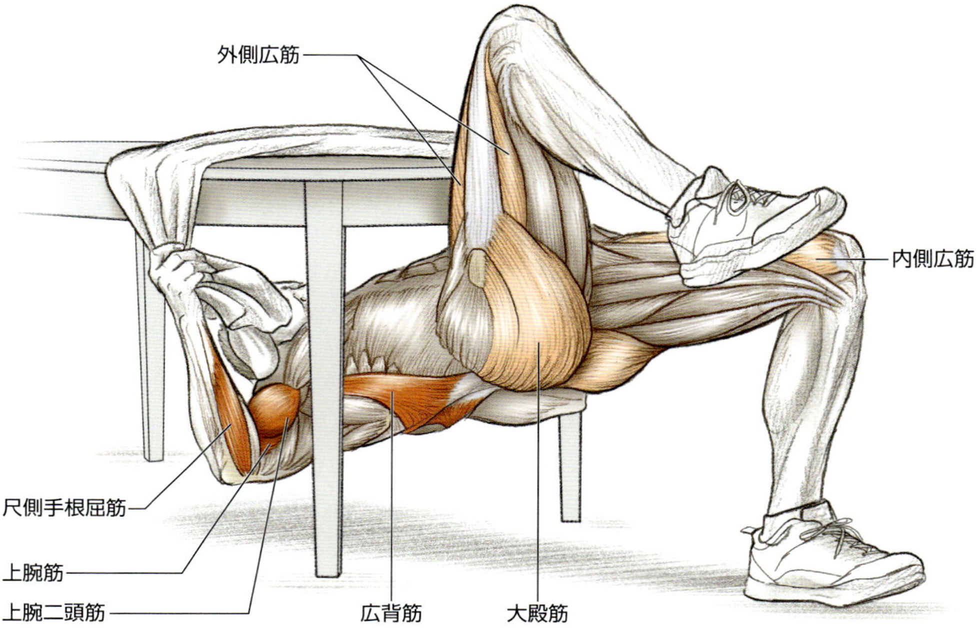

エクササイズ・ステップ

1. ウェストくらいの高さの頑丈なテーブルかウェイトベンチにタオルをかける。足を床について膝を曲げ、タオルの端を握り、体を引き上げる。
2. 体をアイソメトリック収縮でロウイングの姿勢に保ちながら、股関節を曲げて片脚を床から持ち上げてから、まっすぐ伸ばす。
3. 脚を上げきったら、下ろして床に戻す。行進（マーチ）するように左右交互に反復する。

動員される筋肉

主動筋：広背筋、僧帽筋中部、菱形筋、上腕筋、上腕二頭筋、前腕の筋肉（橈側手根屈筋、長掌筋、尺側手根屈筋など）

補助筋：脊柱起立筋（棘筋、最長筋、腸肋筋）、大殿筋、股関節の屈筋（腸骨筋、腰筋）、大腿四頭筋（大腿直筋、外側広筋、内側広筋、中間広筋）

エクササイズ・メモ

これは、簡単そうに見えるかもしれないが、複数の筋群が作用するエクササイズである。そのため体に対する代謝要求が強くなる。セットの最後まで股関節の位置を高く保ち、股関節の完全な伸展を維持する。頭と首はニュートラルポジションに保ち、手を広げて胸を張っておく。このエクササイズは、ポステリアチェーン（体の後面の筋群）全体をいっぺんにトレーニングするという立派な仕事をしてくれる。

Sit-Up to Stand with Jump and Reach

シットアップ・ツー・スタンド・ウィズ・ジャンプ&リーチ

（シットアップから立ち上がってジャンプとリーチ）

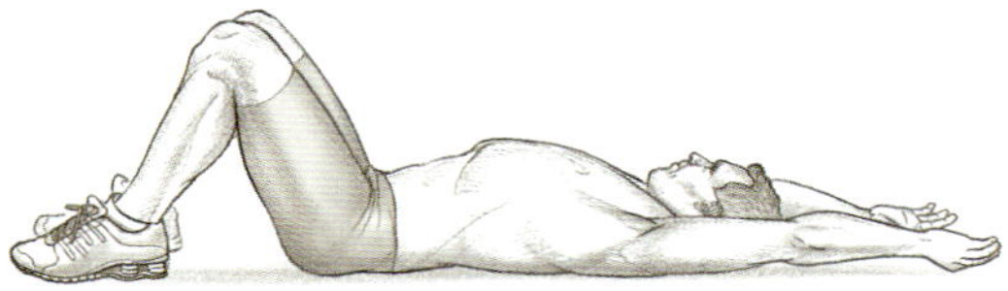

スタートポジション

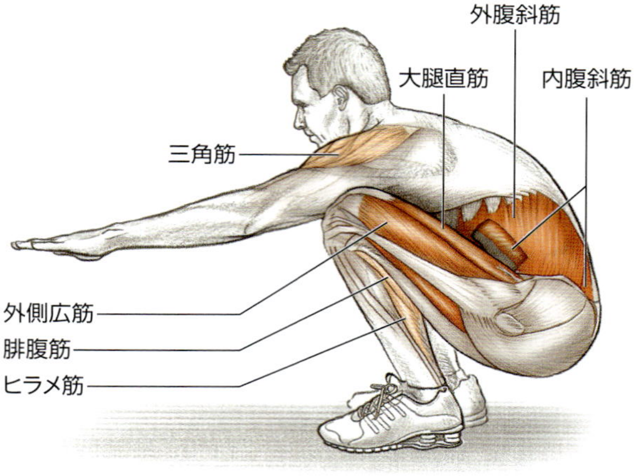

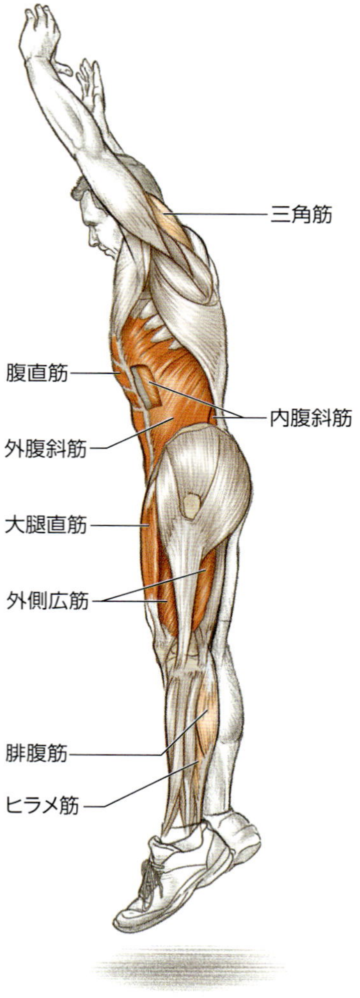

エクササイズ・ステップ

1. 仰向けになり、腕は頭上に伸ばし、膝を曲げて足裏全体を床につける。小さい枕を尻の下に敷いてもよい。腕を前に振りながら、はずみをつけてシットアップする。
2. 勢いよく起き上がって深くしゃがむ。背中を丸くして空中にジャンプしながら腕を頭上に伸ばす。
3. やわらかく着地を吸収して、しゃがみ、静かに体をロールダウンしてスタートポジションに戻る。所定の回数反復する。

動員される筋肉

主動筋：腹直筋、外腹斜筋、内腹斜筋、大腿四頭筋（大腿直筋、外側広筋、内側広筋、中間広筋）

補助筋：腓腹筋、ヒラメ筋、三角筋

エクササイズ・メモ

これは、きわめて難易度の高いエクササイズである。特に体幹が大きめで脚が発達していない人にとっては難しい。尻の下に枕を敷くと、しゃがんだ姿勢から床に座り、スタートポジションに戻るときの衝撃がやわらぐ。まっすぐ上下にジャンプし、移動しないようにする。つまり殿部が常に枕の前にあるようにする。腰椎で動きすぎないようにし、ほぼ股関節と上背部で動く。股関節の屈曲や足関節の背屈（フレックスにする）に制限がある人にとっては、これは無理だ。だから、このエクササイズで下背部に負担がかかるようなら、やらないこと。適切な柔軟性があり、健康状態が良好な人なら、このエクササイズをやっても問題ないだろう。ジャンプの前は胸を張り、着地の衝撃をなめらかに吸収する。

Mountain Climber

マウンテン・クライマー

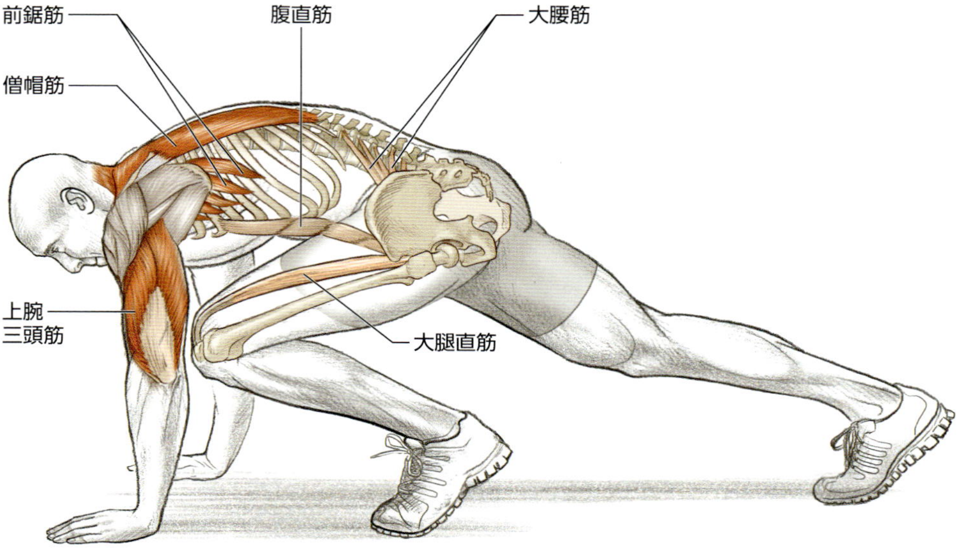

エクササイズ・ステップ

1. 立った姿勢から、前かがみになって手のひらを床につく。
2. 腰を落として、片脚を後ろに伸ばす。
3. 股関節を屈曲して後ろ脚をすばやく胸に引きつけ、股関節を伸展して反対側の脚を後ろに蹴る。山を登るように脚を入れ替えて反復する。

動員される筋肉

主動筋：上腕三頭筋、前鋸筋、僧帽筋

補助筋：腹直筋、股関節の屈筋（腸骨筋、腰筋、大腿直筋）

エクササイズ・メモ

マウンテン・クライマーも容赦ないコンディショニングエクササイズである。表面的には簡単そうに見えるかもしれないが、長い時間やるときつい運動だ。頭と首をニュートラルポジションに保ち、ほぼ股関節だけで動き、腰椎はなるべく動かさない。腰を高く上げ、中途半端に脚を動かして楽な運動にごまかしてしまう人が多い。足をできるだけ前につき、できるだけ後ろにつくこと。

Bear Crawl

ベア・クロール
（クマ歩き）

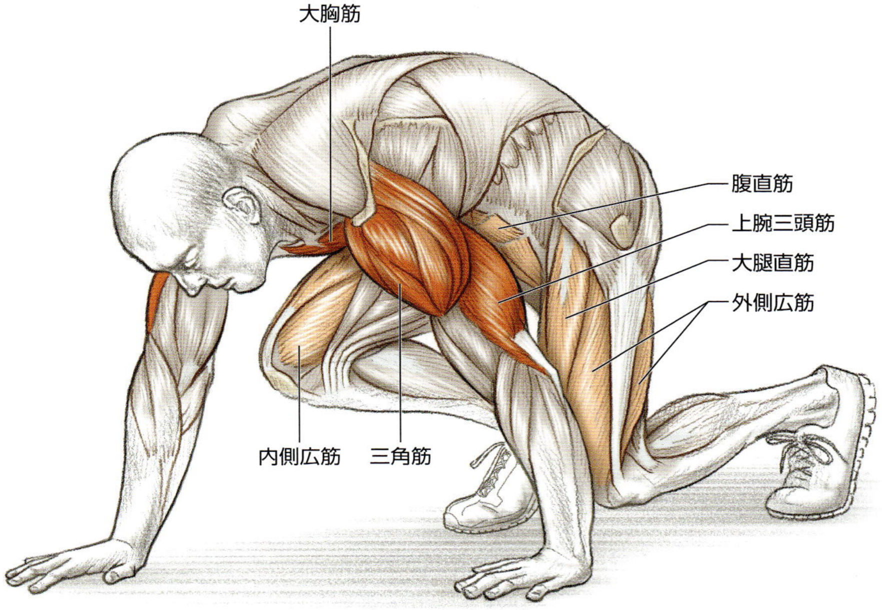

エクササイズ・ステップ

1. 顔を下に向けて、頭と首をニュートラルポジションに保ち、四つんばいになって両手両足を床につく。
2. 体を床に近づけて低くしながら、クマのように前に這う。片側の腕と股関節を屈曲し、同時に反対側の腕と股関節は伸展する。右手－右足、左手－左足で這う。
3. 所定の距離を前に這ったら、後ろに這ってスタートポジションに戻る。

動員される筋肉

主動筋：上腕三頭筋、大胸筋、三角筋

補助筋：股関節の屈筋（腸骨筋、腰筋）、大腿四頭筋（大腿直筋、外側広筋、内側広筋、中間広筋）腹直筋

エクササイズ・メモ

ベア・クロールは自然な運動だが、赤ん坊のハイハイのように膝を床につきたくなる。膝を床につけてはいけない。また顔を上げて首を過伸展にしない（反らさない）こと。体を床に近づけて低くし、リズミカルになめらかに動く。膝の向きを先行する腕にそろえること。初めは前に這うのは簡単に見えるだろうが、後ろに這うのはコーディネーションができあがるまで練習を要する。

Crocodile Crawl
クロコダイル・クロール
(ワニ歩き)

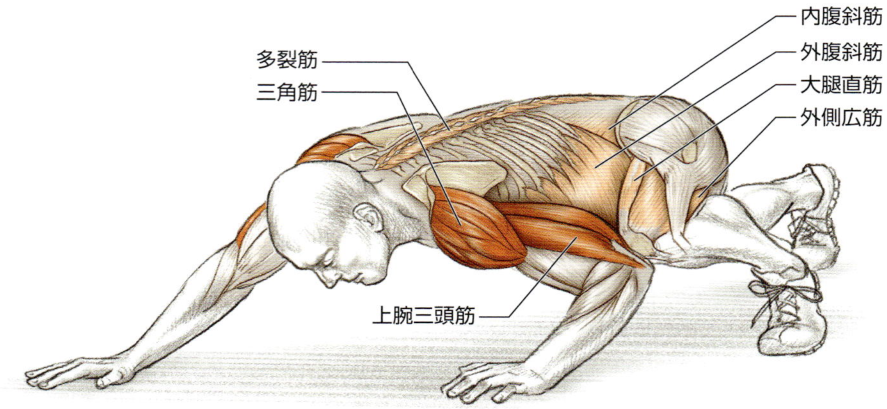

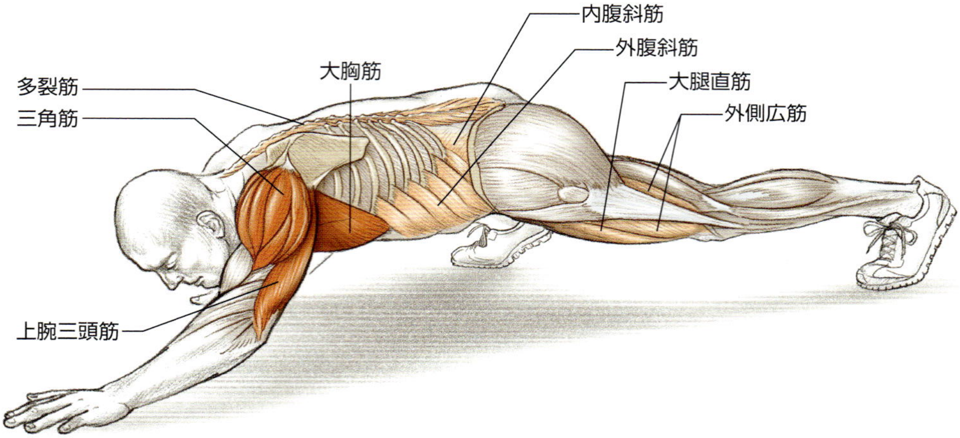

エクササイズ・ステップ

1. 顔を下に向けて、頭と首をニュートラルポジションに保ち、四つんばいになって両手両足で体重を支える。
2. プッシュアップのボトムポジションのように上半身を下げて、ワニのように前に這う。対側の肩と股関節の屈曲、対側の肩と股関節の伸展という対角線パターンを入れ替えて繰り返し、体幹と股関節の回旋(ひねり)も入れて運動範囲を大きくする。右手―左足、左手―右足で前に進む。
3. 膝の向きを先行する腕にそろえること。所定の距離を前に這ったら、後ろに這ってスタートポジションに戻る。

動員される筋肉

主動筋：大胸筋、上腕三頭筋、三角筋

補助筋：股関節の屈筋（腸骨筋、腰筋）、大腿四頭筋（大腿直筋、外側広筋、内側広筋、中間広筋）腹直筋、外腹斜筋、内腹斜筋、多裂筋

エクササイズ・メモ

クルコダイル・クロールは、難易度の高い健康体操であり、上半身、コア、下半身の適切なシンクロナイゼーション（同調）が要求される。体を床に近づけて低くしておく。背骨と股関節を回旋させて股関節を十分に前に曲げながら這う。このエクササイズでは、上半身の持久力、コアの安定性、股関節の可動性が非常に高いレベルであることが必要だ。

Jumping Muscle-Up
ジャンピング・マッスルアップ

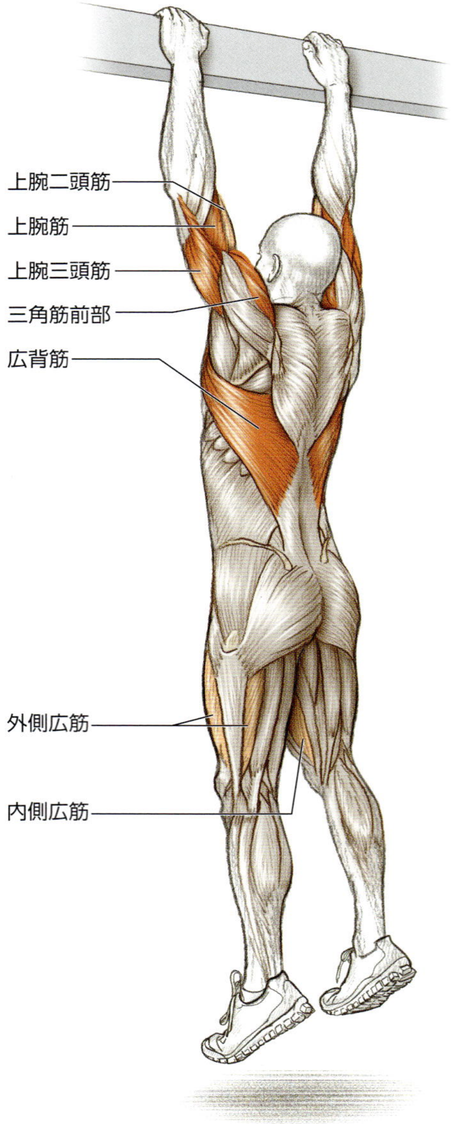

エクササイズ・ステップ

1. 頑丈な梁か懸垂バーの下に立つ。ジャンプして梁かバーに回内グリップ（順手、手のひら前に向ける）でつかまる
2. はずみをつけたままプルアップするように体を引き上げる。
3. 体を引き上げたまま、ディップ運動に移り、体を下ろしてスタートポジションに戻る。

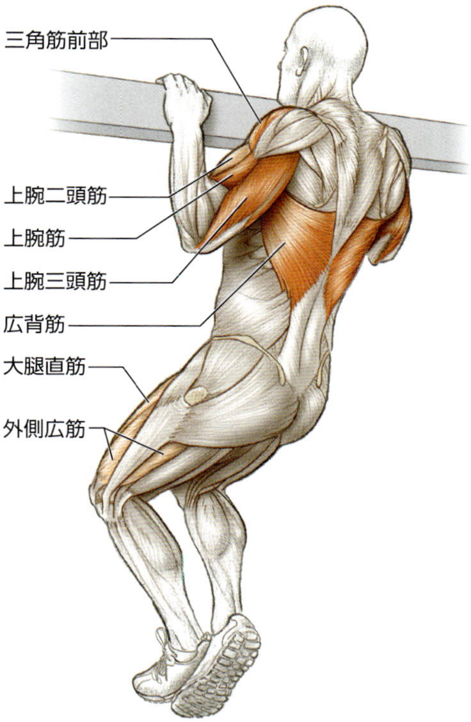

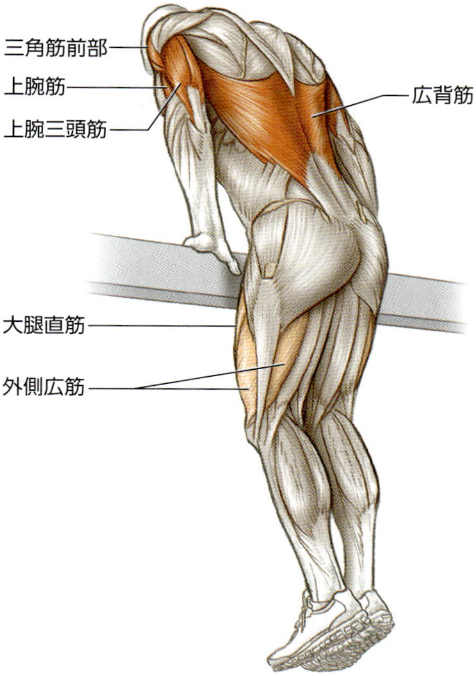

動員される筋肉

主動筋：上腕三頭筋、大胸筋、三角筋前部、広背筋、上腕筋

補助筋：上腕二頭筋、大腿四頭筋（大腿直筋、外側広筋、内側広筋、中間広筋）、腹直筋

エクササイズ・メモ

ジャンピング・マッスルアップは、きわめて高度なエクササイズであり、できる人はなかなかいない。このエクササイズを試みる前にプルアップとディップを余裕でこなせる筋力をつけよう。それでも難しいはずだ。ジャンプからプルアップへ、そしてディップへと流れるように移り、それから動きを逆転して床に戻る。驚くほど強靭な人ならジャンプする必要はない。通常のマッスルアップをはずみをつけずにできる。梁はエクササイズする人の体重を支えられるがっしりしたものでなければならない。梁の代わりとしては懸垂バーや公園のジャングルジムなどがある。

Crab Walk

クラブ・ウォーク
(カニ歩き)

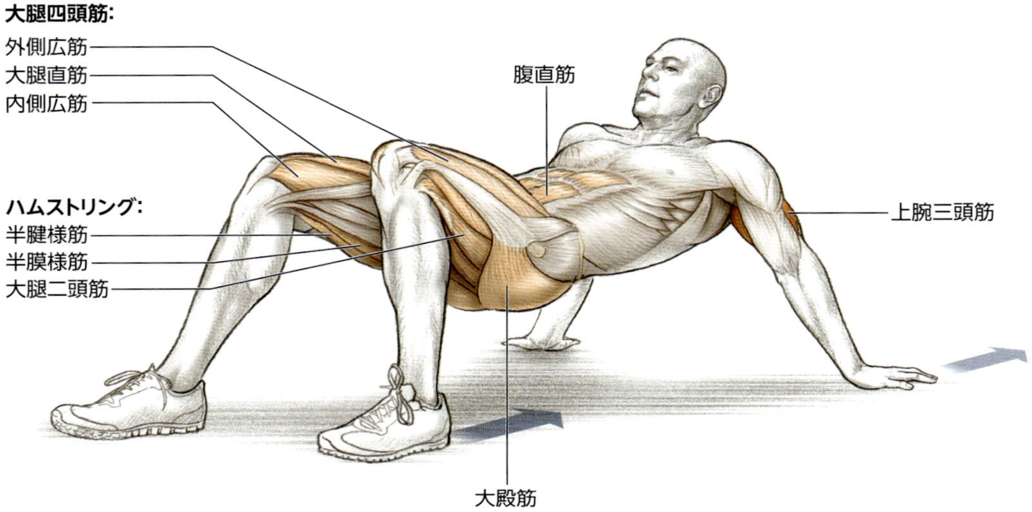

エクササイズ・ステップ

1. 仰向けになり、首をニュートラルポジションにして視線は上に向ける。両手両足を床について殿部を床から浮かす。
2. 腰を高く上げたまま、カニのように後ろに歩く。同側の膝と腕を動かす。
3. 所定の距離を後ろに歩いたら、前に歩いてスタートポジションに戻る。

動員される筋肉

主動筋：上腕三頭筋

補助筋：大殿筋、腹直筋、ハムストリング(大腿二頭筋、半腱様筋、半膜様筋)、大腿四頭筋(大腿直筋、外側広筋、内側広筋、中間広筋)

エクササイズ・メモ

クラブ・ウォークは、肩の可動性とコアの筋力が要求される新しいタイプのエクササイズである。なめらかに動き、ぎくしゃくした動きにならないようにしよう。手首や肩に負担がかかりすぎないように手は外に向けて歩く。腰が床に落ちてはいけない。また、上を見て首が屈曲しないようにすること。

第11章

プログラムのプランニング

自重エクササイズについてはベストなものをすべて紹介したから、本章ではトレーニングプログラムの組み立て方をお教えしよう。プログラム設計にはトレーニングの成否に大きく影響する要素がいくつかある。その要素、すなわち個別化、自己調節、構成のバランスについてまっさきに説明しておきたい。

自分好みにアレンジ

自分好みのプログラムをつくることが大切だ。自分がコンスタントにトレーニングを続けやすいルーチンこそがベストなルーチンだ。私は自分の筋力トレーニングプログラムをこんなふうに自分好みにアレンジしている。私はレップ数（反復数）が少ないかぎり、スクワットとプッシュアップが大好きだ。高レップのスクワットやプッシュアップには身がすくむ。たとえば、ノンストップ100レップの自重スクワットやノンストップ50レップのプッシュアップは考えただけで嫌になる。低レップのトレーニングのほうが好みなのだ。というわけで、私は自重のスクワットや通常のプッシュアップはもうやっていない。最近は、負荷を上げるために片脚ずつのスクワット（片側《へんそく》エクササイズ）だけをやり、レップ数も自分の好きな範囲にしている。高レップのスクワットやプッシュアップが効果的でないと思っているわけではない。まったく逆だ。私はそれに耐えられないし、毎週毎週やらなければならないとしたらトレーニングが怖くなってしまうだろうというだけだ。

もう１つ例を挙げると、私は片側エクササイズ（片腕もしくは片脚の運動）を複数セットやるのも嫌いだ。たとえば、ブルガリアン・スプリット・スクワットやセルフアシステッド・ワンアーム・プッシュアップを４セットやるのはうんざりする。しかし、これらはきわめて効果のあるエクササイズだと思っているので、妥協して左右それぞれ1、２セットだけやることにしている。トレーニングは楽しみにするものであって、嫌々やるものではない。だから、実りあるトレーニングにするためにプログラムはじっくり練り上げよう。

柔軟に調節する

トレーニングを始めるときは、きちんとした計画をもつことが不可欠だが、いかなる状況でも立てたプログラムに頑なにこだわる必要はない。計画したルーチンからはずれ、体の声（バイオフィードバック［生体自己制御］）に基づいて調整するのはまったく構わない。トレーニングを柔軟に調節すれば、より進歩する。毎日のあなたの生理的・精神的状態を予測できるプログラムなどないからだ。あまりにもたくさんの要因がからむので正確に予測することはできないのだ。たとえば、前夜の睡眠の質と量、生活のなかに悪いストレス(ディストレス)とよいストレス(ユーストレス)がどれくらいあるか、どれくらいやる気があるか、その週の前のトレーニングからの回復度合いなど、あらゆることがあるトレーニングセッションの良し悪しを左右する。

このところ疲れていると思うなら、1、2セッションは控えめなトレーニングにして気楽にやる。やる気満々なら、ためらわずに1、2セット多くやる。あるエクササイズがしっくりこないなら、その日はそれを省く。強度、量、エクササイズの種類など、変数を自由に調整し、自分の感覚に基づいてトレーニングしよう。ただし、必要もないのに計画どおりではいけないとは思わないでほしい。そのセッションがうまくいっているかぎり正確に計画を守ることもまったく構わない。

構成のバランスをとる

ルーチンをつくるときは、トレーニングする筋肉だけでなく、トレーニングする運動パターンも考慮しよう。主要な筋群は、僧帽筋、三角筋、胸筋、広背筋、上腕二頭筋、上腕三頭筋、腹筋、殿筋、ハムストリング、大腿四頭筋、ふくらはぎである。1週間でこれらの筋群をまんべんなくトレーニングしたほうがよい。しかし、バランスのとれたプログラム構成にするためには運動パターンについて考えることが絶大に役に立つ。

分類体系によれば、プログラムに組み込むべき主な運動パターンは6-8種類ある。上半身のためには、垂直面と水平面のプレス(押す)運動とプル(引く)運動がある。下半身のためには、膝関節優位か股関節優位の運動がある。そして、コアトレーニングとしては、直線運動に加え、横運動と回旋運動がある。具体的に説明させてほしい。

プッシュアップは、主に体幹前面の筋肉を強化する水平プレス運動である。インバーテッド・ロウは、主に体幹後面の筋肉を強化する水平プル運動である。プッシュアップばかりやって、インバーテッド・ロウをまったくやらなければ、肩甲骨が外転し、肩が内旋した体形(肩が前に丸まり、腕が内側に曲がる)になるリスクがある。このマイナスの適応姿勢は、インバーテッド・ロウを行えば、その傾向に対抗する筋肉が強化されるので防ぐことができる。

ハンドスタンド・プッシュアップは垂直プレス運動であり、プルアップは垂直プル運動である。正しいフォームで妥当な回数行えば、この2つのエクササイズは車の両輪のように作用してバランスのとれた肩をつくり、肩甲骨を安定させる。そして、それが肩の健康維持に役立つ。

スクワットは、膝関節の運動範囲がかなり広く、大腿四頭筋に大きな負荷がかかるから、膝関節優位のエクササイズである。スクワットばかりやると、ハムストリングの発達が不足し、股関節伸展の最終域の筋力が弱くなることはもちろん、大腿四頭筋ばかりが発達することによる膝の問題が起こる恐れがある。

リバース・ハイパー(エクステンション)は、主に股関節周辺の運動であり、ムーバー(主動筋)が殿筋とハムストリングだから、股関節優位のエクササイズである。リバース・ハイパーはポステリアチェーン(体の後面の筋群)を強化し、スクワットするときにハムストリングと殿筋を使えるようにする。だから、深く腰を落とせるようになり、より強い股関節の筋肉に頼ってスクワット運動を行えるようになる。この習慣は膝を守り、膝関節の健康を維持する。さまざまな運動パターンの間には相乗効果があり、運動パターンのバランスをとることで関節のアライメントが正しく保たれ、関節に必要以上に負担がかからなくなる。

あるコアエクササイズは主に矢状面で動く。つまり、直線パターン（前から後ろへ）の運動を起こすか、妨げる。これは、横パターン（横から横へ）や回旋パターン（ひねる）の運動を起こすか、妨げるコアエクササイズと対照的だ。直線パターンのコアエクササイズの例は、クランチ、シットアップ、プランクである。横パターンのコアエクササイズの例は、パートナーアシステッド・オブリーク・レイズやサイド・プランクである。回旋パターンのコアエクササイズの例は、ウィンドシールド・ワイパーやバイシクルである。全方向に強いコアにすることが賢明だから、直線・横・回旋パターンのコアエクササイズをバランスよく含めるようにしよう。

最後になったが大切なことをもう1つ。両肢（両腕や両脚）エクササイズに限定してしまうよりも、片肢（片腕や片脚）エクササイズも混ぜるほうが有益だ。片肢エクササイズは、両肢エクササイズとは筋肉の使い方が異なる。たとえば、ブルガリアン・スプリット・スクワットでは、大腿骨を安定させ、膝関節をつま先と同じ方向に向けておくために股関節の内転筋と外転筋が同時に活性化することが必要だ。片脚安定はパフォーマンス向上に必須である。別の例を挙げると、ワンアーム・プッシュアップは、胸筋、肩、上腕三頭筋の筋力がかなり要求されるだけでなく、体が曲がったり、ねじれたりしないようにコア全域の回転安定も要求される。以上の理由から、片肢トレーニングもプログラムに組み込んだほうがよい。上級者になるにつれ、両肢トレーニングでは必ずしも十分な負荷が得られなくなるから、片肢トレーニングが自重トレーニングに欠かせなくなる。

繰り返すが、理想的なルーチンには、水平プレス／プル、垂直プレス／プル、膝関節優位／股関節優位エクササイズ、直線・横・回旋運動パターンのコアエクササイズ、両側《りょうそく》（両肢）／片側（片肢）運動がバランスよく含まれている。1回のトレーニングに全運動パターンを入れる必要はないし、対になる運動パターンのセット数を完全にバランスよくする必要もない。もっと言えば、エクササイズの大部分が両側運動であってもOKだ。重要なことは、構成のバランスをとるという考え方を念頭に置き、プログラムが特定の運動パターンに偏らないようにすることだ。

表11.1は、ここまで述べてきたことに基づいて本書の全エクササイズを分類したものである。全身ルーチンを続けるなら、この表が参考になる。下半身-上半身スプリット（分割）ルーチン、プッシュ-プルルーチン、部位別スプリットルーチンを選ぶなら、トレーニングする筋肉に応じてエクササイズを選べばよいだけだから、この表を使う必要はない。ただし、単にターゲットになる筋肉でエクササイズを理解するよりも、そのエクササイズの運動パターンを理解するほうが有意義だ。だから、どのトレーニングルーチンを選ぶにせよ、この表に目を通すことをお勧めする。

さて、次はトレーニングの目的がプログラムにどう影響するかを説明したい。

表 11.1　自重エクササイズ一覧

エクササイズ	ページ	エクササイズレベル	水平プレス	水平プル	垂直プレス	垂直プル	膝関節優位	股関節優位	直線コア	横・回旋コア	ターゲット筋の運動	全身	両側	片側
腕														
トライセプス・エクステンション（上腕三頭筋の伸展）	8	3									●		●	
ショートレバー・トライセプス・エクステンション	9	2									●		●	
ショートレバー・インバーテッド・カール（てこを短くした反転カール）	10	2									●		●	
ロングレバー・インバーテッド・カール	11	3									●		●	
バイセプス・チンアップ（上腕二頭筋の懸垂）	12	3				●							●	
ナロー・トライセプス・プッシュアップ（両手の間隔を狭くした三頭筋腕立て伏せ）	14	3	●										●	
ダイヤモンド・トライセプス・プッシュアップ	15	3	●										●	
ショートレバー・トライセプス・プッシュアップ	15	2	●										●	
スリーポイント・ベンチ・ディップ（3 点ベンチ・ディップ）	16	2			●								●	
首と肩														
ウォール・アンテリア・ネック・アイソホールド（額を壁に当てる首のアイソメトリック運動）	22	2									●			
ウォール・ポステリア・ネック・アイソホールド（後頭を壁に当てる首のアイソメトリック運動）	23	2									●			
マニュアル・ネック・アイソホールド（手を使った首のアイソメトリック運動）	24	1									●			
プッシュバック（上後方に体を押し上げる腕立て伏せ）	26	2			●								●	
フィートエレベイテッド・パイク・プッシュアップ（足を高くしたパイク・プッシュアップ）	28	3			●								●	
スリーポイント・パイク・プッシュアップ	29	4			●								●	

エクササイズ	ページ	エクササイズレベル	水平プレス	水平プル	垂直プレス	垂直プル	膝関節優位	股関節優位	直線コア	横・回旋コア	ターゲット筋の運動	全身	両側	片側
首と肩（つづき）														
リア・デルトイド・レイズ（三角筋後部の引き上げ）	30	2									●		●	
YTWL	32	1									●		●	
ウォール・ハンドスタンド・プッシュアップ（壁を支えにした逆立ち腕立て伏せ）	34	4			●								●	
胸														
プッシュアップ（腕立て伏せ）	38	2	●										●	
ショートレバー・プッシュアップ	39	2	●										●	
ワイドウィズ・プッシュアップ（両手の間隔を広くしたプッシュアップ）	39	3	●										●	
エレベイテッド・プッシュアップ（台を使った腕立て伏せ）	40	3	●										●	
ショートレバー・エレベイテッド・プッシュアップ	41	2	●										●	
トルソエレベイテッド・プッシュアップ（体幹を高くした腕立て伏せ）	42	1	●										●	
フィートエレベイテッド・プッシュアップ（足を高くしたプッシュアップ）	43	3	●										●	
サイドツーサイド・プッシュアップ（左右に重心を移す腕立て伏せ）	44	3	●											●
スライディング・サイドツーサイド・プッシュアップ	45	3	●											●
ワンアーム・プッシュアップ（片腕立て伏せ）	46	4	●											●
セルフアシステッド・ワンアーム・プッシュアップ（自分で補助する片腕立て伏せ）	47	3	●											●
クラッピング・プッシュアップ（空中で拍手する腕立て伏せ）	48	3	●										●	
ニー・クラッピング・プッシュアップ	49	3	●										●	

（つづく）

表 11.1　つづき

エクササイズ	ページ	エクササイズレベル	水平プレス	水平プル	垂直プレス	垂直プル	膝関節優位	股関節優位	直線コア	横・回旋コア	ターゲット筋の運動	全身	両側	片側
胸（つづき）														
ホールボディ・クラッピング・プッシュアップ	49	4	●										●	
チェスト・ディップ	50	3			●								●	
スライディング・フライ	52	4									●		●	
ショートレバー・スライディング・フライ	53	3									●		●	
コア														
クランチ	60	1							●					
リバース・クランチ	61	1							●					
サイド・クランチ	61	1								●				
スーパーマン	62	1							●				●	
バイシクル	63	1								●				●
シーテッド・ニーアップ	64	1							●				●	
L シット	65	4							●				●	
ベントニー・シングルレッグ・ロワリング・ウィズ・エクステンション（膝を曲げた片脚を伸展しながら下げる運動）	66	1							●					●
デッド・バグ	67	2							●					●
ダブルレッグ・ロワリング・ウィズ・ベントニー（膝を曲げた両脚を下げる運動）	68	1							●				●	
ライイング・ストレートレッグ・レイズ（仰臥位のストレートレッグ・レイズ）	69	2							●				●	
ドラゴン・フラッグ	69	4							●				●	
ベントレッグ・シットアップ（膝を曲げたシットアップ）	70	1							●					
ストレートレッグ・シットアップ	71	1							●					
ツイスティング・シットアップ	71	1								●				
フロント・プランク	72	1							●					
ショートレバー・フロント・プランク	73	1							●					
フィートエレベイテッド・フロント・プランク（足を高くしたフロント・プランク）	73	2							●					

エクササイズ	ページ	エクササイズレベル	水平プレス	水平プル	垂直プレス	垂直プル	膝関節優位	股関節優位	直線コア	横・回旋コア	ターゲット筋の運動	全身	両側	片側
コア（つづき）														
ローテーティング・スリーポイント・プランク（四肢を順番に上げていく3点プランク）	74	2								●				
ローテーティング・ツーポイント・プランク	75	3								●				
パートナーアシステッド・オブリーク・レイズ（パートナーに補助してもらう腹斜筋の引き上げ）	76	3								●				
RKC プランク	77	2							●					
サイド・プランク	78	2								●				
ショートレバー・サイド・プランク	79	1								●				
フィートエレベイテッド・サイド・プランク（足を高くしたサイド・プランク）	79	3								●				
ハンギング・レッグ・レイズ・ウィズ・ベント・ニーズ（膝を曲げるハンギング・レッグ・レイズ）	80	2							●				●	
ストレートレッグ・ハンギング・レッグ・レイズ	81	3							●				●	
ハンギング・レッグ・レイズ・ウィズ・リバース・クランチ（リバース・クランチを入れたハンギング・レッグ・レイズ）	81	3							●				●	
オブリーク・ハンギング・レッグ・レイズ（腹斜筋をターゲットにしたハンギング・レッグ・レイズ）	82	3								●			●	
ウィンドシールド・ワイパー	83	4								●			●	
スライディング・ロールアウト・フロム・ニーズ（膝をついたスライディング・ロールアウト）	84	3							●				●	
スタンディング・ロールアウト	85	4							●					
スライディング・ボディ・ソー	86	3							●					

（つづく）

表 11.1　つづき

エクササイズ	ページ	エクササイズレベル	水平プレス	水平プル	垂直プレス	垂直プル	膝関節優位	股関節優位	直線コア	横・回旋コア	ターゲット筋の運動	全身	両側	片側
背中														
プルアップ	92	3				●							●	
ラフター・プルアップ（梁を使ったプルアップ）	93	3				●							●	
サイドツーサイド・プルアップ	94	4				●								●
スライディング・サイドツーサイド・プルアップ	95	4				●								●
タオル・プルアップ	96	3				●							●	
ワンアーム・セルフアシステッド・チンアップ（自分で補助する片腕懸垂）	97	4				●								●
モディファイド・インバーテッド・ロウ（改良版インバーテッド・ロウ）	98	2		●									●	
フィートエレベイテッド・インバーテッド・ロウ	99	3		●									●	
タオル・インバーテッド・ロウ	99	2		●									●	
サイドツーサイド・インバーテッド・ロウ	100	4		●										●
スライディング・サイドツーサイド・インバーテッド・ロウ	101	4		●										●
ワンアーム・インバーテッド・ロウ	101	4		●										●
スキャピュラ・シュラッグ（肩甲骨の内転）	102	3									●		●	
コーナー・スキャピュラ・シュラッグ	103	1												
タオル・フェース・プル	104	1		●									●	
大腿														
相撲スクワット	109	2					●						●	
ウォール・スクワット・アイソホールド	110	1					●						●	
ウォール・スクワット・マーチ	111	3					●							●

エクササイズ	ページ	エクササイズレベル	水平プレス	水平プル	垂直プレス	垂直プル	膝関節優位	股関節優位	直線コア	横・回旋コア	ターゲット筋の運動	全身	両側	片側
大腿（つづき）														
ボックス・スクワット	112	1					●						●	
ロー・ボックス・スクワット	113	2					●						●	
ジャンプ・ボックス・スクワット	113	2					●						●	
フル・スクワット	114	1					●						●	
カウンターバランス・フル・スクワット	115	1					●						●	
ジャンプ・フル・スクワット	115	2					●						●	
シシー・スクワット	116	2									●		●	
シングルレッグ・ボックス・スクワット	118	3					●							●
シングルレッグ・ローボックス・スクワット	119	3					●							●
ジャンピング・シングルレッグ・ボックス・スクワット	119	4					●							●
スケーター・スクワット	120	3					●							●
スケーター・スクワット・ウィズ・ニー・レイズ（膝を引き上げるスケーター・スクワット）	121	3					●							●
ジャンピング・スケーター・スクワット	121	3					●							●
ピストル・スクワット	122	4					●							●
タオル・ピストル・スクワット	123	2					●							●
スタティック・ランジ（静的ランジ）	124	1					●							●
フォワード・ランジ	125	2					●							●
オルタネーティング・ジャンプ・ランジ（ジャンプして脚を入れ替えるランジ）	125	3					●							●
リバース・ランジ	126	2					●							●

（つづく）

表 11.1　つづき

エクササイズ	ページ	エクササイズレベル	水平プレス	水平プル	垂直プレス	垂直プル	膝関節優位	股関節優位	直線コア	横・回旋コア	ターゲット筋の運動	全身	両側	片側
大腿（つづき）														
デフィシット・リバース・ランジ	127	2					●							●
ステップアップ&リバース・ランジ・ハイブリッド	127	2					●							●
スライディング・ランジ	128	2					●							●
ステップアップ	130	1					●							●
ハイ・ステップアップ	131	2					●							●
オルタネーティング・ジャンプ・ステップアップ（ジャンプして脚を入れ替えるステップアップ）	131	2					●							●
ブルガリアン・スプリット・スクワット	132	2					●							●
デフィシット・スプリット・スクワット	133	2					●							●
ジャンプ・スプリット・スクワット	133	3					●							●
ロシアン・レッグ・カール	134	3									●		●	
パートナーアシステッド・ロシアン・レッグ・カール（パートナーに補助してもらうロシアン・レッグ・カール）	135	3									●		●	
ノーハンズ・ロシアン・レッグ・カール（手をつかないロシアン・レッグ・カール）	135	4									●		●	
シングルレッグ・ルーマニアン・デッドリフト	136	1						●						●
リーチング・ルーマニアン・デッドリフト・ウィズ・ニー・レイズ（腕を伸ばし、膝を引き上げるルーマニアン・デッドリフト）	137	2						●						●
パートナーアシステッド・バック・エクステンション（パートナーに補助してもらう背中の伸展）	138	1						●					●	
プリズナー・バック・エクステンション	139	2						●					●	
シングルレッグ・バック・エクステンション	139	2						●						●

エクササイズ	ページ	エクササイズレベル	水平プレス	水平プル	垂直プレス	垂直プル	膝関節優位	股関節優位	直線コア	横・回旋コア	ターゲット筋の運動	全身	両側	片側
大腿（つづき）														
リバース・ハイパー	140	1						●					●	
シングルレッグ・リバース・ハイパー	141	1						●						●
スライディング・レッグ・カール	142	3									●		●	
殿筋														
グルート（殿筋）・ブリッジ	146	1						●					●	
グルート・マーチ	147	2						●						●
シングルレッグ・グルート・ブリッジ	147	2						●						●
ショルダーエレベイテッド・ヒップ・スラスト（肩を高くしたヒップ・スラスト）	148	1						●					●	
ショルダーエレベイテッド・ヒップ・スラスト・マーチ	149	2						●						●
シングルレッグ・ヒップ・スラスト	149	2						●						●
ショルダー&フィートエレベイテッド・ヒップ・スラスト（肩と足を高くしたヒップ・スラスト）	150	2						●					●	
シングルレッグ・ショルダー&フィートエレベイテッド・ヒップ・スラスト	151	4						●						●
ドンキー・キック	152	1						●						●
ベントレッグ・ドンキー・キック（膝を曲げたドンキー・キック）	153	1						●						●
バード・ドッグ	153	1						●						●
サイドライイング・クラム（側臥位のクラム）	154	1									●			●
サイドライイング・クラム・ウィズ・ニュートラルポジション（股関節をニュートラルポジションにして行う側臥位のクラム）	155	1									●			●
サイドライイング・ヒップ・レイズ（側臥位のヒップ・レイズ）	156	3									●			●

（つづく）

表 11.1　つづき

エクササイズ	ページ	エクササイズレベル	水平プレス	水平プル	垂直プレス	垂直プル	膝関節優位	股関節優位	直線コア	横・回旋コア	ターゲット筋の運動	全身	両側	片側
ふくらはぎ														
エレベイテッド・カーフ・レイズ（台を使ったカーフ・レイズ）	160	1									●		●	
シングルレッグ・エレベイテッド・カーフ・レイズ（台を使った片脚のカーフ・レイズ）	161	1									●			●
スクワット・カーフ・レイズ	162	1									●		●	
スティッフレッグ・アンクル・ホップ（膝を曲げないアンクル・ホップ）	164	2									●		●	
シングルレッグ・アンクル・ホップ	165	2									●			●
全身														
ジャンピング・ジャック	170	1										●	●	
トランスバースアーム・ジャンピング・ジャック（腕を交差するジャンピング・ジャック）	171	1										●	●	
バーピー	172	2										●	●	
バーピー・ウィズ・プッシュアップ、ジャンプ&リーチ（プッシュアップ、ジャンプ、リーチを入れたバーピー）	173	3										●	●	
プッシュアップ・ウィズ・ヒップ・エクステンション（股関節の伸展を入れた腕立て伏せ）	174	2										●	●	
タオル・ロウ・アイソホールド・ウィズ・グルート・マーチ（グルート・マーチを入れたタオル・ロウ・アイソホールド）	176	3										●	●	
シットアップ・ツー・スタンド・ウィズ・ジャンプ&リーチ（シットアップから立ち上がってジャンプとリーチ）	178	3										●	●	
マウンテン・クライマー	180	3										●		●
ベア・クロール（クマ歩き）	181	2										●		●
クロコダイル・クロール（ワニ歩き）	182	3										●		●
ジャンピング・マッスルアップ	184	4										●	●	
クラブ・ウォーク（カニ歩き）	186	2										●		●

トレーニングの目的

エクササイズを始めるときには、さまざまな理由がある。健康を改善したい人、筋肉を大きくしたい人、体脂肪を落としたい人、筋力をつけたい人、機能的筋力と運動能力を向上させたい人、関節の機能障害をなくし、ケガを予防しようとする人、人それぞれだ。ボディビルダーは筋肥大を最大にすることを、パワーリフターは筋力を最大にすることを、ウェイトリフターはパワーを最大にすることを、スプリンターはスピードを最大にすることを追求する。トレーニングの目的が違えばトレーニング法も変わるのだから、それぞれのトレーニング法がずいぶん違うことは何ら驚くことではない。

スポーツ種目別トレーニング

一般に、スポーツ種目別トレーニングをめぐっては大げさに言われすぎている。種目が違えばアスリートに要求される筋力やエネルギー系の発達の種類も違うというのは事実だが、理想的には、どのアスリートも欠けるところのない運動パターンと運動能力を発揮すべきだ。だからこそ、種目に適応するための土台として、まず基本を習得することが重要なのだ。自分のスポーツを分析し、同じ筋肉を使うエクササイズを実行し、実際のスポーツで起こる運動パターンや運動方向を模倣することは必須とはいえ、基本を見失うほどそれに夢中になってはいけない。アスリートは皆バランスのとれた筋力と可動性をもつべきだ。ブルガリアン・スプリット・スクワットやシングルレッグ・ヒップ・スラストなどの片脚エクササイズとRKCプランクやサイド・プランクなどのコアエクササイズは、あらゆるアスリート向けのすぐれたエクササイズだ。

筋力

最大の筋力をつけることを目的にトレーニングするなら、多関節運動を低レップで、かつセット間の休息を長くして行わなければならない。自重トレーニングの場合、これを常に実現できるとはかぎらない。たとえば、スクワット、ベンチ・プレス、デッドリフトは、多数の筋肉を使い、大きな負荷を持ち上げるのでレジスタンストレーニングの３大エクササイズと言われている。しかし、自重トレーニングでは、筋力レベルに応じて少し調整して負荷を下げたり上げたりできるとはいえ、抵抗として使えるのは、ほぼ体重だけだから、自重トレーニングだけで筋力を最大限に発達させるのは難しいことがある。

自重トレーニングで筋力を最大限に発達させるための最良のアプローチは、柔軟性、安定性、運動制御のレベルを上げることだ。これが、今後の筋力向上のため、難易度の高いエクササイズバリエーションに進んでいくための基盤になる。米国のオリンピック体操コーチのインタビューを読んだことがある。彼が指導している体操選手たちはレジスタンストレーニングをまったくやらず、自重エクササイズだけをやっているが、ほとんどの選手は体重の２倍のベンチプレスや体重の３倍のデッドリフトができるそうだ。明らかに、自重エクササイズの上級バリエーションを行えば、驚くようなレベルの筋力をつけることは可能なのだ。まず基本を習得し、次に片肢エクササイズやプライオメトリック運動など高度な方法に進もう。

筋肥大

筋肉隆々になることを目的にトレーニングするなら、高レップのセットと体のある部位をターゲットにするトレーニングを追加し、かつセット間の休息を短くしなければならない。筋力は筋肥大にとって最優先事項ではあるが、両者の関係は直線的ではない。常に目的の筋肉を使っていることを感じ、フォームをコントロールしながら可動域をフルに使うこと。レップ数の範囲に多様性をもたせることは筋肉の成長にとって理想的だ。多種類のエクササイズをすれば筋肉をくまなく刺激できるのと同じことだ。

部分トレーニング

体の特定の部位、おそらくは三角筋、殿筋、胸筋上部、広背筋を育てることに集中したいこともあるだろう。この場合、ほかの部位のトレーニングは控えめにして、弱い筋群のトレーニングを増やすしかない。あるいは、特定のスキルを改善したいこともあるかもしれない。たとえば、ワンアーム・プッシュアップやピストル・スクワットをできるようになりたいとしよう。この場合、ルーチンのほかの部分を削り、該当のスキルをトレーニングする頻度を上げる方法がある。プログラムを増やしつづけていくことはできない。何かを追加したら、何かを削ること。さもなければ、やりすぎや停滞、悪くすれば後退のリスクがある。

チンアップ（懸垂）をできるようにしたいとする。通常のプログラムで週2、3回背中のエクササイズをやるのではなく、チンアップの負の収縮の段階（体を下ろすとき）を2セット、1日数回行う方法もある。筋力が弱いほうなら、エクササイズをしても体にあまりストレスがかからないから、頻度を上げると進歩が早まり、より短期間で通常のチンアップができるようになる。ただし、1度に1つの動きか、1つの部位しかやらないこと。2つの動きや2カ所を同時にやろうとするのは、もはや部分トレーニングルーチンではない。それは欲張りというものだ。度を越さないこと。さもなければ、停滞という代償を払うことになる。

体脂肪を減らす

減量が目的なら、筋量は落とさずに脂肪を落とすために、できるだけ筋肉を維持しなければならない。格好いい体形になるためにはここが肝心なところだ。筋肉をつくるものが筋肉を維持するということを忘れないでほしい。だから、トレーニングはあまり変える必要はない。筋力トレーニングを基本に週に2、3回のMRT（代謝レジスタンストレーニング）サーキットかHIIT（高強度インターバルトレーニング）セッション（第10章参照）だけ追加し、食事にも気をつけること。詳しくは本章の最後で説明する。

さて、次は筋力トレーニングの重要な変数について説明しよう。

トレーニングの変数

筋力トレーニングとコンディショニングの一般的な10の変数について理解しておいたほうがよい。それぞれを簡単に解説していく。

エクササイズの選定

これは簡単そうに見えて、おそらくこの世で最も理解されていないトレーニング変数だろう。人は現在の能力レベルに見合ったエクササイズを続けたくないようだ。ジムに行き、プッシュアップで腰が落ちている人、脚をばたばたさせてチンアップをしている人、デッドリフトで背中が丸くなっている人、ベンチ・プレスでバーを胸にバウンドさせて持ち上げている人、こんな人たちを見かけたら、ほとんどの人は自分が強く、スポーツマンらしいとどうしても感じる必要があるのだとすぐにわかる。残念ながら、そういう人たちは、重すぎるウェイトを使ったり、実力以上に高度なエクササイズをやったりして、体によいことをしているつもりで害のあることをしている。

ぜひとも後退と進歩について理解しておくべきだ。たとえば、ボックス・スクワットはフル・スクワットより簡単だし、スタティック・ランジはピストル・スクワットより簡単だし、ニー・プッシュアップはフィートエレベイテッド・プッシュアップより簡単だ。現在の能力レベルに適したエクササイズバリエーションを守ること。そして、それができるようになったら、より難しいエクササイズに進もう。あるエクササイズを正しくできないなら、それを簡単にする方法を見つけ、正しくできるようにすること。簡単なバリエーションに戻ったほうが、健全な運動パターンが発達し、より短期間で進歩できる。

エクササイズを選ぶときは構成のバランスを考慮する。そして、少しずつエクササイズに変化をつけて習慣性のリスクや偏ったパターンによって一部に過剰な負荷がかかるリスクを避けること。常に同じ基本的な運動パターンをトレーニングするのだが、エクササイズの種類は変化し、筋肉がプラスの適応を持続していけるように新しいトレーニングの刺激を与えるということだ。

エクササイズの順番

ルーチンのなかで最初に行うエクササイズが最高の刺激になり、トレーニングに最もよく反応する。チンアップの上達を求めるなら、それを真っ先にやる。ピストル・スクワットを3レップから10レップに引き上げることが目標なら、それからトレーニングを始める。いちばん改善したいことが何であれ、それを優先したプログラムにすること。

トレーニングセッションでは、水平面のプッシュとプルなど、アゴニスト（作動筋）運動とアンタゴニスト（拮抗筋）運動、つまり反対の運動を交互に行う。こうすると体に自然な休息時間を与えることになる。たとえば、プッシュアップを1セットやり、次にインバーテッド・ロウを1セットやり、次にまたプッシュアップを1セットやる、など。これは拮抗筋ペアリングと呼ばれ、代謝を回しつづけながら、ターゲットの筋肉に休息時間を多く与えることができる。ポイントは、互いに干渉せず、反対のパターンを使う運動を選ぶことだ。プッシュアップとハンドスタンド・プッシュアップをペアに選んではいけない。どちらもほぼ同じ筋肉を使うからだ。

一般的に、部分トレーニングをしているのでなければ、大きな筋群ほど先にトレーニングし、小さい筋群ほど後でトレーニングしたほうがよい。大まかな目安としては、膝関節優位エクササイズ（大腿四頭筋）を最初に、次に股関節優位エクササイズ（ハムストリングと殿筋）、それから上半身のプル（背中）、上半身のプレス（胸と肩）、コアやターゲットを絞ったエクササイズ（腹筋、腹斜筋、上腕二頭筋、上腕三頭筋）など小さい筋肉と続く。

同じセッションでパワートレーニング、筋力トレーニング、コンディショニングを行うなら、その順番でやろう。元気なうちにパワー、中盤で筋力、最後にコンディショニングだ。

スプリット（分割法）

トレーニングスプリットとは、１週間のトレーニングをどう分割して行うかを指す。普及しているトレーニングスプリットが何種類かある。最も一般的なものは、全身トレーニング、下半身 - 上半身スプリット、プッシュ - プルルーチン、部位別スプリットだ。

全身トレーニングでは、１回のセッションで全身をトレーニングする。つまり、厳密には、何も分割しない。自重トレーニングの場合、これが最も賢明なアプローチだ。下半身 - 上半身スプリットでは、１回のセッションで半身をトレーニングし、次のセッションで残りの半身をトレーニングする。たとえば、あるセッションで脚をトレーニングしたら、次のセッションでは上半身をトレーニングする。プッシュ - プルルーチンでは、押す筋肉（大腿四頭筋、胸、肩、上腕三頭筋）をトレーニングするセッションと引く筋肉（ハムストリング、背中、上腕二頭筋）をトレーニングするセッションを交互に行う。部位別スプリットでは、１回のセッションで１、２カ所の部位を集中的にトレーニングする。たとえば、胸と上腕三頭筋、背中と上腕二頭筋、脚、肩と僧帽筋など。

ボディビルダーは部位別スプリットにこだわる傾向がある。パワーリフターは下半身 - 上半身スプリットに、オリンピックリフターとストロングマンは全身トレーニングにこだわる傾向がある。自重だけでトレーニングをする人は全身トレーニングにひきつけられ、体操選手のようにすばらしい体格になる。自重トレーニングで可能なかぎり最高の体格を達成していく人のルーチンを調べれば、ほんどの人が全身ルーチンを行っていることがわかる。

頻度

トレーニング頻度とは、１週間に何日トレーニングするかを指す。一般にトレーニングは週2-6日で、3-5日が最も多い。トレーニング日数は個人的な状況によるが、私は量よりも頻度を選ぶことをお勧めする（量については次に述べる）。30分のセッションを週４日やるほうが60分のセッションを週２日やるよりも成果が出る。何を選ぼうとも、毎週必ず全身をトレーニングすること。

量（ボリューム）

筋力トレーナーの間では理想的な量をめぐって議論がある。一部の人は低ボリュームが理想的だと考えているが、大半の人は高ボリュームほどよいと考えている。一般に両者の中間あたりが真実だ。

量とは、通常はセット数とレップ数を指す。たとえば、低ボリュームのセッションなら６種類のエクササイズを１セットずつ、高ボリュームのセッションなら８種類のエクササイズを３セットずつとなる。

どんなにセット数が多くても、最初のセットが圧倒的に重要であり、2セット以降は重要性を失っていくということに同意する筋力トレーナーがほとんどだ。この効果が減少していくという法則はプログラム作成にも当てはまる。たとえば、プッシュアップ1セットはよし、3セットはさらによし、しかし、20セットは理想的ではない。それ以上セット数を増やすと筋肉が次のセッションまでに回復できず逆効果になる時点があるのだ。

もちろん、ここでフォームと強度が要因になる。でたらめなフォームのリフターではあまり量をこなせないし、強度の限界をあまり追い込まないリフターなら量をこなせるわけだ。量と強度は反比例の関係にある。ハードにトレーニングするか、長くトレーニングするかのどちらかであって、両方は無理なのだ。

さらに、スプリットの種類も量の判断に影響する。全身ルーチンを行うリフターなら、次のトレーニングでも筋肉が元気でないと困るが、部位別スプリットにこだわるリフターなら、たいてい週1回か2回特定の部位をねらうので普通は回復時間を長くとれる。

強度

強度とは、通常は持ち上げるウェイトの総量を指す。これは、バーベルやダンベルの負荷を使うレジスタンストレーニングにより当てはまることだが、自重トレーニングにも当てはまる。強度が負荷の強さを指すこともあり、負荷の大きいエクササイズもあれば、負荷の小さいエクササイズもある。たとえば、プッシュアップでは、体重の100%ではなく、約68%が負荷になる。体をいくつかの点で支えており、トップポジションで体が一定の角度になるからだ。足を高くすると、プッシュアップで負荷となる体重の割合が増し、ワンアーム・プッシュアップになると肩関節にかかる負荷が一挙に増える。難易度の高いエクササイズに進むにつれて、関節にかかる負荷という点でエクササイズの強度が増していく。

激しさ

強度と比較すると、激しさは努力の強さを指すことがある。「強度 (intensity」と「激しさ (intensiveness)」は交換可能な用語だと思っている人が多いが、強度は負荷を指し、激しさは発揮した労力を指す。つまり、激しさとは、セッション中に自分をどれだけ激しく追い込んだかという意味である。調子がよくて95%の力で張り切れる日もあれば、頑張って70%の日もある。あまり長く無理しすぎると、やりすぎになって空回りしてしまうか、下手すれば、オーバートレーニングの奔流に巻き込まれることになりかねない。体は自然と手をゆるめることを要求するものだから、体の声に耳を傾け、そうしたシグナルに注意を払うことが大切だ。

密度

密度の高い物質は密集しているが、密度の低い物質はそうではない。同様に、密度の高いトレーニングには活動が詰まっている。トレーニングの密度とは、通常は1セッション当たりの仕事量を指す。60分のトレーニングをしてもセット間に5分休めば、結局8セットしかできず、あまり密度の高いトレーニングではない。逆に、60分で25セットやれば、そのセッションはかなり密度が高い。筋力トレーニングは有酸素運動を模倣する必要はないから、最適なバランスというものがある。ハードにトレーニングして、セット間に休むけれども、長く休みすぎないようにする。

ブルガリアン・スプリット・スクワットやチンアップなど、難易度の高いエクササイズの場合はセット間の休息を長くする必要があるが、クランチやバード・ドッグなど、簡単なエクササイズになるほど休息はあまり必要ない。拮抗筋ペアリングはトレーニング密度を上げる方法の1つだが、これにこだわりすぎないようにしよう。サーキットトレーニングをしても筋力がついていかない人は、トレーニング密度があまり高くないのに劇的に筋力がつく人と同じ程度の結果も出せない。セット間の休息が不要なエクササイズもあるが、それ以外のエクササイズには必要だ。ほとんどの場合、セット間の休息30-90秒を目安にしよう。

テンポ

テンポはあれこれ調整するのがおもしろい変数だ。自重トレーニングはテンポの変化をつけるのに適しているからだ。テンポは一般に3つの数字で示される。1番目の数字は、反復のコンセントリック収縮（筋肉が短くなって収縮する）の部分を指す。2番目の数字は、アイソメトリック収縮（固定）の部分を指す。そして3番目の数字は、エキセントリック収縮（筋肉が収縮しながら伸びる）の部分を指す。つまり、1-0-3のテンポなら、1レップごとに1秒で体重を持ち上げ、3秒で体を下げる。2-3-5のテンポなら、1レップごとに2秒でコンセントリック、トップポジションで3秒アイソメトリックを保って休止、5秒でエキセントリックになる。

アイソホールド（アイソメトリックホールド）では、静的ポジションでしばらく動きを保持することになる。プッシュアップやスタティック・ランジのボトムポジションを保てば、そのポジションでの可動性と安定性のトレーニングになる。チンアップやシングルレッグ・ヒップ・スラストのトップポジションを保てば、そのポジションでの筋力と安定性のトレーニングになる。

休止の場合は、そのエクササイズのあるポジションで短く（たいていは1-5秒）休止しなければならない。たとえば、プッシュアップやブルガリアン・スプリット・スクワットのボトムポジション、インバーテッド・ロウやヒップ・スラストのトップポジションで休止する。

負の収縮の部分を強調する場合は、ゆっくり、少しずつエキセントリック収縮で体を下げる。たとえば、チンアップやディップで10秒カウントしながら体を下げる。

瞬発的に反復する場合は、目的によって幅があるが、最大限に加速をつけて動く。たとえば、プッシュアップで胸筋を集中的に鍛えるなら、体をすばやく下ろして、すばやく上げる。上腕三頭筋のパワーを集中的に鍛えるなら、プライオメトリック運動を組み込んだプッシュアップ（クラッピング・プッシュアップ）にして、勢いよく床から体を離し、空中でトップポジションになる。

部分反復は、新しいトレーニング刺激を与えるためならうまくいくことがある。筋力と筋肥大のためにはフルレンジで反復するほうがよいのだが、部分トレーニングが賢明な場合もある。たとえば、プッシュアップやディップで、胸筋をターゲットにする戦略として、あえて体を最後まで上げないで体を下げる動きに集中しても構わない。あるいは、まずフルレンジでできるだけ多く反復し、次に部分反復に切り替えてセットを継続し、そのセットの激しさを高める方法もある。

テンポを操作し、独自の反復戦略で自重トレーニングに多様性をもたせよう。

ピリオダイゼーション

本書全体を通してピリオダイゼーションについて書いてきたから、ここでは簡潔に説明しようと思う。ピリオダイゼーションとは、一定期間のトレーニングにどう変化をつけていくかという意味である。目的と計画のあるリフターは、目的もなくゆうゆうとジムにやって来て、ぶらぶらしているだけの人よりもはるかに好結果を出せる。

トレーニングのピリオダイゼーションの方法は無数にある。たとえば、1カ月高レップでトレーニングし、翌月は中レップ、翌々月は低レップという方法がある。あるいは、1カ月はアイソホールドを組み込み、翌月はあるエクササイズの負の収縮の部分に重点的に取り組み、翌々月はプライオメトリック運動を組み込むという方法もある。2週間コアの筋力アップに集中的に取り組み、次の2週間で上半身の筋力をつけ、さらに次の2週間で下半身の筋力をつけるという方法も考えられる。これらはほんの一例にすぎない。

少しずつ難易度の高いエクササイズバリエーションに進んでいくだけでも、ピリオダイゼーションになる。コーチは自分が指導しているアスリートのために数年単位で計画を立てる場合があるが、大半の人にとってはそこまで必要ない。全体的な計画を立て、感覚に従ってトレーニングするだけですばらしい成果を達成できるからだ。何よりも重要なことは、より正しフォームで、レップ数を増やしながら、強度と激しさと密度も次第に上げてトレーニングを進歩させていくことなのだ。

次は、ルーチンのサンプルを紹介しながら、すべてをまとめてルーチンを組み立てる方法を説明しよう。

ルーチンを組み立てる

成功するルーチンを組み立てる方法はいくらでもあり、万人向けのプログラムは存在しない。ある人にとってうまくいくものが別の人にとってはうまくいかないことがあるかもしれないし、同じ人でも今月うまくいったものが半年後にもうまくいくとはかぎらない。とはいえ、ほかのものと比べてはるかにすぐれたプログラムはある。すでにプログラム設計に必要な情報はすべて伝授した。あなたはもう基本を知っているから、有利なスタートを切れる。初心者なら、紹介するルーチンの1つをじっくり続けよう。ただし、上達したら、自分の好みと体により合うようにそのプログラムを手直しすることも必要だ。

自重トレーニングの場合、レップ数の範囲を推奨することが難しい。その人の筋力と健康状態のレベルによって幅があるからだ。たとえば、15レップ3セットのプッシュアップは多くの人にとってきつすぎるが、それ以外の人にとっては物足りない。そこで、次ページ以降の表ではエクササイズの横にセット数を記載するだけにしている。

プログラムはサンプルフォームの形式で書かれているから、よく計画されたトレーニングのパターンを知ることができるし、自分の現在の体力レベルに応じてエクササイズを置き換えられる。A1やA2、B1やB2といったエクササイズの分類は、休息なしで連続して行う1組のエクササイズ（上位セット）を示している。具体的には、1番のエクササイズを1セットやったら、2番のエクササイズを1セットやる。1分休み、また1番のエクササイズに戻りというように、所定のセット数をやり終えるまで繰り返す。

全身ルーチン、下半身 - 上半身スプリットルーチン、プッシュ - プルルーチン、部位別スプリットルーチンのサンプルを用意した。

全身ルーチン

表11.2のルーチンを週2-5回行う。1週間のエクササイズに多様性をもたせること。これは、自重トレーニングにこだわる人に私がお勧めするトレーニングスタイルだ。このルーチンには上位セットが何組か含まれ、トレーニングの終わりに入れたターゲット筋のエクササイズは、特定の筋肉を鍛えることができるが、過大なボリュームでやりすぎにはならなようにしてある。

表11.2　全身ルーチンのサンプル

	エクササイズのタイプ	サンプルエクササイズ	セット数
A1	膝関節優位	ボックス・スクワット（初心者）かピストル・スクワット（上級者）	3
A2	上半身プル	モディファイド・インバーテッド・ロウ（中級者）かサイドツーサイド・プルアップ（上級者）	3
B1	股関節優位	シングルレッグ・ルーマニアン・デッドリフト（初心者）かシングルレッグ・ヒップ・スラスト（中級者）	3
B2	上半身プレス	トルソエレベイテッド・プッシュアップ（初心者）かワンアーム・プッシュアップ（上級者）	3
C1	直線コア	クランチ（初心者）かハンギング・レッグ・レイズ・ウィズ・ベント・ニーズ（中級者）	1
C2	横・回旋コア	サイド・クランチ（初心者）かサイド・プランク（中級者）	1
D1	ターゲット筋の運動	リア・デルトイド・レイズ（中級者）かスライディング・フライ（上級者）	1
D2	ターゲット筋の運動	エレベイテッド・カーフ・レイズ（初心者）かスキャピュラ・シュラッグ（中 - 上級者）	1

下半身―上半身スプリットルーチン

毎週下半身2セッション、上半身2セッションを行う。表11.3の全エクササイズをストレートセット方式で行う。たとえば、フル・スクワットを3セットなら、3セット続けてやってから、次のエクササイズに移る。

表 11.3　上半身―下半身スプリットルーチンのサンプル

	エクササイズのタイプ	サンプルエクササイズ	セット数
		第 1 日と第 3 日：下半身	
1	大腿四頭筋	フル・スクワット（初心者）かブルガリアン・スプリット・スクワット（中級者）	3
2	ハムストリング	リバース・ハイパー（初心者）かノーハンズ・ロシアン・レッグ・カール（上級者）	3
3	殿筋	グルート・ブリッジ（初心者）かショルダーエレベイテッド・ヒップ・スラスト・マーチ（中級者）	3
4	腹筋の上位セット	ベントレッグ・シットアップ（初心者）とサイド・プランク（中級者）かスライディング・ロールアウト・フロム・ニーズ（中－上級者）とウィンドシールド・ワイパー（上級者）	2
		第 2 日と第 4 日：上半身	
1	胸筋	トルソエレベイテッド・プッシュアップ（初心者）かクラッピング・プッシュアップ（中－上級者）	3
2	背中	タオル・フェース・プル（初心者）かスライディング・サイドツーサイド・プルアップ（上級者）	3
3	肩	プッシュ・バック（中級者）かフィートエレベイテッド・パイク・プッシュアップ（中－上級者）	2
4	腕の上位セット	ショートレバー・インバーテッド・カール（中級者）とショートレバー・トライセプス・エクステンション（中級者）かバイセプス・チンアップ（中－上級者）とダイヤモンド・トライセプス・プッシュアップ（中－上級者）	2

プッシュ-プルルーチン

毎週プッシュ 2 セッション、プル 2 セッションを行う。表 11.4 参照。

表 11.4　プッシュ-プルルーチンのサンプル

	エクササイズのタイプ	サンプルエクササイズ	セット数
		第 1 日と第 3 日：プッシュ	
A1	大腿四頭筋	相撲スクワット（中級者）かハイ・ステップアップ（中級者）	3
A2	上半身プレス	ショートレバー・エレベイテッド・プッシュアップ（中級者）かウォール・ハンドスタンド・プッシュアップ（上級者）	3
B1	殿筋	グルート・ブリッジ（初心者）かシングルレッグ・ヒップ・スラスト（中級者）	3
B2	上腕三頭筋	ショートレバー・トライセプス・プッシュアップ（中級者）かスリーポイント・ベンチ・ディップ（中級者）	2
C	腹筋	ライイング・ストレートレッグ・レイズ（中級者）か L シット（上級者）	2

（つづく）

表 11.4　プッシュ-プルルーチンのサンプル（つづき）

	エクササイズのタイプ	サンプルエクササイズ	セット数
第 2 日と第 4 日：プル			
A1	ハムストリング	パートナーアシステッド・バック・エクステンション（初心者）かスライディング・レッグ・カール（中 - 上級者）	3
A2	上半身プル	モディファイド・インバーテッド・ロウ（中級者）かスライディング・サイドツーサイド・インバーテッド・ロウ（上級者）	3
B1	背中かハムストリングのための追加プル運動	リーチング・ルーマニアン・デッドリフト・ウィズ・ニー・レイズ（中級者）かワンアーム・インバーテッド・ロウ（上級者）	3
B2	上腕二頭筋	ショートレバー・インバーテッド・カール（中級者）かロングレバー・インバーテッド・カール（中 - 上級者）	2
C	腹筋	バイシクル（初心者）かドラゴン・フラッグ（上級者）	2

部位別スプリットルーチン

セッションを分割し、3-5日で全身をトレーニングする。表11.5参照。

表 11.5　部位別スプリットルーチンのサンプル

	エクササイズのタイプ	サンプルエクササイズ	セット数
第 1 日：大腿四頭筋、殿筋、腹筋			
1	大腿四頭筋	リバース・ランジ（中級者）かスケーター・スクワット（中 – 上級者）	3
2	上半身プレス	ウォール・スクワット・アイソホールド（初心者）かステップアップ&リバース・ランジ・ハイブリッド（中級者）	3
3	殿筋	サイドライイング・クラム（初心者）かサイドライイング・ヒップ・レイズ（中 – 上級者）	3
4	上腕三頭筋	リバース・クランチ（初心者）かローテーティング・ツーポイント・プランク（中 – 上級者）	2
5	腹筋	サイド・プランク（中級者）かパートナーアシステッド・オブリーク・レイズ（中 – 上級者）	2

	エクササイズのタイプ	サンプルエクササイズ	セット数
第2日：胸筋、肩、上腕三頭筋			
1	胸筋	トルソエレベイテッド・プッシュアップ（初心者）かエレベイテッド・プッシュアップ（中－上級者）	3
2	胸筋	ショートレバー・プッシュアップ（初心者）かスライディング・フライ（上級者）	3
3	肩	フィートエレベイテッド・パイク・プッシュアップ（中－上級者）かウォール・ハンドスタンド・プッシュアップ（上級者）	3
4	肩	プッシュ・バック（中級者）かリア・デルトイド・レイズ（中級者）	2
5	上腕三頭筋	トライセプス・エクステンション（中－上級者）かナロー・トライセプス・プッシュアップ（中－上級者）	2
第3日：ハムストリング、殿筋、ふくらはぎ			
1	ハムストリング	リバース・ハイパー（初心者）かノーハンズ・ロシアン・レッグ・カール（上級者）	3
2	ハムストリング	リーチング・ルーマニアン・デッドリフト・ウィズ・ニー・レイズ（中級者）かシングルレッグ・バック・エクステンション（中級者）	3
3	殿筋	ベントレッグ・ドンキー・キック（初心者）かシングルレッグ・ショルダー&フィートエレベイテッド・ヒップ・スラスト（上級者）	3
4	ふくらはぎ	エレベイテッド・カーフ・レイズ（初心者）かシングルレッグ・エレベイテッド・カーフ・レイズ（初心者）	2
5	ふくらはぎ	スクワット・カーフ・レイズ（初心者）かシングルレッグ・アンクル・ホップ（中級者）	2
第4日：背中、首、上腕二頭筋			
1	背中	タオル・プルアップ（中－上級者）かスライディング・サイドツーサイド・プルアップ（上級者）	3
2	背中	モディファイド・インバーテッド・ロウ（中級者）かスライディング・サイドツーサイド・インバーテッド・ロウ（上級者）	3
3	背中	タオル・フェース・プル（初心者）かスキャピュラ・シュラッグ（中－上級者）	3
4	首	マニュアル・ネック・アイソホールド（初心者）かウォール・ポステリア・ネック・アイソホールド（中級者）	2
5	上腕二頭筋	ショートレバー・インバーテッド・カール（中級者）かロングレバー・インバーテッド・カール（中－上級者）	2

体脂肪を減らすためのトレーニング

第10章で体脂肪を減らすためのトレーニングとしてHIIT（高強度インターバルトレーニング）とMRT（代謝レジスタンストレーニング）について説明した。この2つの方法は、体脂肪減少を加速させる効果がある。しかし、忘れないでほしいのは、ハードにトレーニングすれば、腹が減るということだ。ほとんどの人が体脂肪を減らす努力に失敗するのは、トレーニングはハードにするけれども、カロリーを減らすのを怠るからだ。減量したければ、消費カロリーよりも摂取カロリーを減らさなければならない。筋力トレーニング、HIIT、MRTはカロリー燃焼を増やし、体重を減らしてくれるが、それは冷蔵庫あさりの誘惑（特に深夜の）から逃れた場合に限られる。体重が減るほど空腹になる。体や空腹ホルモンが目標達成をじゃましたいようなのだ。

厳しい食事制限や激しい有酸素運動をしなくても最適な体形になれるが、それには食事、筋力トレーニング、HIITかMRTの賢い組み合わせが必要だ。心得ておくべき原則を挙げておく。

- 適切なカロリー数を摂取する。ほとんどの人は毎日の摂取カロリー数を少なく見積もっている。カロリー計算に便利なツールがオンラインで簡単に見つかる。
- 理想的な割合の炭水化物、タンパク質、健康によい脂肪を摂取する。炭水化物を取りすぎ、タンパク質と健康によい脂肪は足りない人が多い。
- 筋力トレーニングを優先する。体脂肪燃焼を増やして減量するためには筋力トレーニングで筋組織をつくり、維持しなければならない。恐怖の“隠れデブ”（標準体重だが余分な脂肪がついており、筋肉がほとんどない人）になりたくないら、筋肉をつけて、維持すること。週3-5回の筋力トレーニングセッションを実行しよう。
- 短時間のHIITもしくはMRTセッションを週何回か追加するが、ひどい筋肉痛になって、筋力トレーニングセッションの質を妨げるほどやってはいけない。

HIITは、陸上競技場、水中、トレッドミル（ランニングマシン）、自転車、ロウイングマシン、エリプティカルステッパー、ステアステッパー*などで行える。HIITとMRTのサンプルセッションを紹介する。

HIITセッションのサンプル

HIITプログラム1：全力疾走10秒、歩行50秒を10回。合計トレーニング時間は10分。
HIITプログラム2：全力疾走30秒、歩行90秒を8回。合計トレーニング時間は16分。
HIITプログラム3：全力疾走60秒、歩行240秒を4回。合計トレーニング時間は20分。

*エリプティカルステッパーは、両手でハンドルを前後に動かしつつ、それと連動するように足踏みをして上・下半身を同時に鍛えられるもの。足の動きが楕円（ellipse）を描くためこう呼ばれる。ステアステッパーは、負荷の調節できるペダルを階段を登るように左右交互に踏みつづけて足腰を鍛えるクライミングマシンやステアクライマーの一種。

MRTセッションのサンプル

MRTプログラム1：膝関節優位の下半身エクササイズ（スクワットなど）を1つと上半身のプレス系エクササイズ（プッシュアップなど）を1つ選ぶ。1つ目のエクササイズを60秒間行い、すぐに次のエクササイズを60秒間行ってから60秒間休む。これを3回繰り返す。今度は股関節優位の下半身エクササイズ（ショルダーエレベイテッド・ヒップ・スラストなど）を1つと上半身のプル系エクササイズ（インバーテッド・ロウなど）を1つ選ぶ。1つ目のエクササイズを60秒間行い、すぐに次のエクササイズを60秒間行ってから60秒間休む。これを3回繰り返す。合計トレーニング時間は18分。

MRTプログラム2：第10章から全身エクササイズを3つ選ぶ。似通ったものではなく、違いの大きいものにすること。たとえば、バーピーとマウンテン・クライマーとベア・クロール。1つ目のエクササイズを30秒間行って、15秒休み、2つ目のエクササイズを30秒間行って、15秒休み、3つ目のエクササイズを30秒行って、15秒休む。これを3回繰り返す。合計トレーニング時間は6分45秒。

MRTプログラム3：下半身の複合エクササイズ（ジャンプ・フル・スクワットやリバース・ランジなど）を1つ、上半身の複合エクササイズ（パイク・プッシュアップやチンアップなど）を1つ、全身エクササイズ（プッシュアップ・ウィズ・ヒップ・エクステンションやタオル・ロウ・アイソホールド・ウィズ・グルート・マーチなど）を1つ選ぶ。1つ目のエクササイズを30秒間行って、15秒休み、2つ目のエクササイズを30秒間行って、15秒休み、3つ目のエクササイズを30秒行って、15秒休む。これを3回繰り返す。合計トレーニング時間は6分45秒。

前述したように、効果的なHIITやMRTのセッションをつくる方法は豊富にあるから、トレーニング時間、休息時間、合計時間は自由に調整しよう。

著者について

ブレット・コントレラス(Bret Contreras)

理学修士、CSCS*。クライアントの殿筋を強く、格好よく育てるノウハウが高く評価され、ストレングス&コンディショニング業界では「殿筋男(The Glute Guy)」として知られる。現在、スポーツ科学の博士号取得のためニュージーランドのオークランド工科大学(AUT)に在籍し、生体力学の専門家、ジョン・クローニンの下で学んでいる。

アリゾナ州スコッツデールのリフツ・スタジオ(Lifts Studio)元オーナーとして、運動不足の人からエリートアスリートまで、数々のクライアントを指導した実績があり、「スコーチャー(Skorcher)」という名称の殿筋強化マシンを考案。現在は、フィギュアコンペティション(女性ボディビルダーのコンテストの一種)出場者のトレーニング、世界中のクライアントのためのプログラム作成、さまざまなプロスポーツチームのコンサルタントを行っている。

ストレングス&コンディショニング分野の講演者としても著名であり、2013 NSCA Personal Trainer Conferenceなど、全米の多数のコンファレンスで講演している。『Men's Health』『Men's Fitness』『Oxygen』『MuscleMag』など有名業界誌でも取り上げられる執筆者であり、レギュラー寄稿者である。『Oxygen』誌の2010年殿筋特集号では「殿筋エキスパート(The Glute Expert)」に選ばれた。www.BretContreras.comでストレングス&コンディショニングの重要なトピックを論じる、The Strength of Evidence Podcastと人気ブログの発信を続けている。

---

*CSCSは認定ストレングス&コンディショニング・スペシャリスト、NSCA(National Strength and Conditioning Association)の認定資格。

ガイアブックスは
地球《ガイア》の自然環境を守ると同時に
心と身体の自然を保つべく
“ナチュラルライフ”を提唱していきます。

著者：
ブレット・コントレラス（Bret Contreras）

翻訳者：
東出 顕子（ひがしで　あきこ）

翻訳家。主にノンフィクション、実用書の翻訳を手掛ける。訳書に『ピラーティスアナトミィ』『ドラヴィエのコアトレーニングアナトミィ』『トライアスロンアナトミィ』『アスリートヨガ』『瞬発力トレーニングアナトミィ』『最新ピラーティスアナトミィ』（いずれもガイアブックス）などがある。

BODYWEIGHT STRENGTH TRAINING ANATOMY
自重筋力トレーニングアナトミィ

発　　行　2014年 8 月15日
第 5 刷　2020年11月10日
発 行 者　吉田　初音
発 行 所　株式会社**ガイアブックス**
〒107-0052 東京都港区赤坂1-1 細川ビル2F
TEL.03（3585）2214　FAX.03（3585）1090
http://www.gaiajapan.co.jp
印 刷 所　シナノ書籍印刷株式会社

ISBN978-4-88282-922-5 C2075

ガイアブックスの関連書籍

レスリー・カミノフのヨガアナトミィ

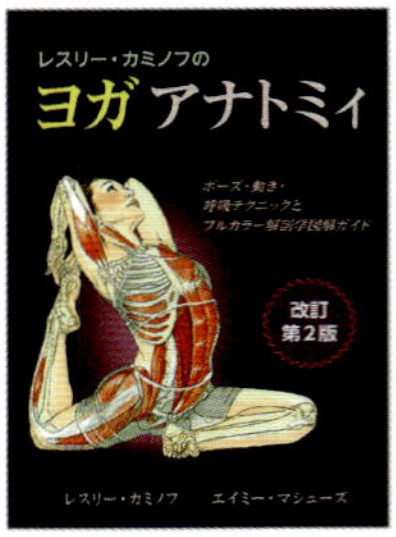

本体価格 3,200円+税

レスリー・カミノフ／エイミー・マシューズ 著
288頁／B5変形／並製／オールカラー

ヨガの呼吸、立位のポーズ、そしてインバージョンで、筋肉がそれぞれ関節の動きに従ってどのように動いているのか確かめながら実践できるので、従来の参考書よりもぐっと理解が深まる内容になっている。ヨガを始めて間もない人にとっても何年もヨガを練習している人にとっても情報の宝庫となる1冊。

瞬発力トレーニング アナトミィ

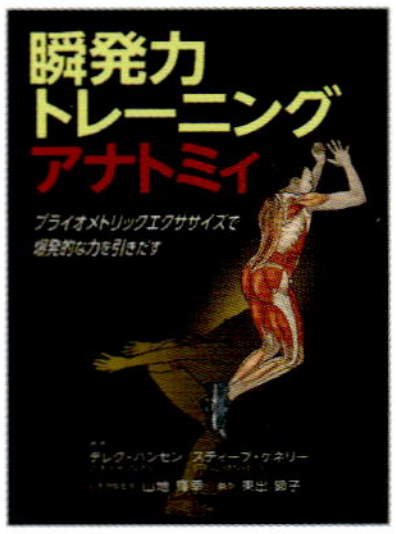

本体価格 2,600円+税

デレク・ハンセン／スティーブ・ケネリー 著
山地 輝幸　監修
264頁／B5変形／並製／オールカラー

94のプライオメトイリックエクサイズ、難易度を上げて持続的な上達が狙える78のバリエーションを詳しく解説した総合的な内容と専門家のアドバイスで、本書はトレーニングから憶測をなくし、動的筋力と瞬発力を獲得するための最高のツールになる。スポーツのパワーを最大化するための究極の図解ガイド。

ドラヴィエのコアトレーニング アナトミィ

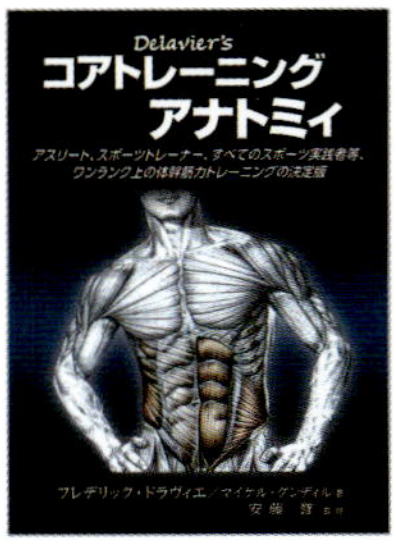

本体価格 2,200円+税

フレデリック・ドラヴィエ／マイケル・グンディル 著
安藤 誉 監修
144頁／B5変形／並製／オールカラー

美しく引き締まった腹筋と強靱で安定したコアをつくるパーフェクトトレーニングガイド。シックスパックを手に入れるために最も効果的な100以上のエクササイズを、ドラヴィエならではの驚くほど詳細な解剖学的イラストとフルカラー写真とともにレクチャーする。ワンランク上の体幹筋力トレーニング書の決定版。